ZHIYE JIAOYU
KEXUE FAZHAN LUN

职业教育
科学发展论

朱其训◎著

人民出版社

目 录 | CONTENTS

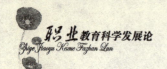

第一章

职业教育科学发展的目的及内涵

　　"职业教育"一词在我国已有相当长的历史了。据考证它发源于"五四"运动前夕我国教育界、实业界知名人士黄炎培、蔡元培、陶行知等人创立的"中华职业教育社"。[1] 职业教育从改革开放之后得到了快速的发展，到了 2007 年，职业教育的招生数已大于高等教育招生数。由于科学技术的快速发展，职业教育的教学内容必须尽快跟上；又由于我国独生子女人口政策的影响，在未来两三年之后，职业教育的生源将大幅下滑，有可能部分职业院校将出现生存危机。职业教育必须审时度势，居安思危，认真落实科学发展观，不断提升自身的素质，以质量、技术、人才保持自身优势，使自己能够在日趋激烈的竞争环境中全面、协调、可持续地发展。

一、职业教育科学发展的目的

　　职业教育被赋予"就业教育"、"吃饭教育"、"创业教育"等等不同内涵，这些内涵都不能概括职业教育的实质。职业教育既要按照国家对职业教育发展的要求，又要根据自身的特色，还要根据市场的需要，找准位置，把握市场，抓住实质，科学发展。在分析职业教育科学发展过程中，我们必须搞清楚职业教育自身的概念，这有助于我们对职业教育发展的理解。

1. 厘清职业教育的概念

　　我国职业教育概念有些含糊不清或者说是概念交叉，这容易使人们误解。有的家长搞不清职业教育是什么类型的教育，职业学校是一种什么样的学校。

(1) 教育概念中的职业教育

　　职业教育是教育的一种类型，它是我国教育事业的重要组成部分。职业教育不是孤立的教育，它应该是同其他教育类型互相配套、沟通、协调发展的教育。

　　第一，职业教育在教育中的构成。我国的教育体系由普通教育、职业教育和成

---

① 李继坤：《职业教育内涵探析》，www. bylw8. com。

人教育构成。普通教育指包括学前教育、初等教育、中等教育和高等教育的学校教育。职业教育是"根据实际需要，同国家制定的职业分类和职业等级标准相适应，实行学历证书、培训证书和职业资格证书制度"①的教育。成人教育是指通过业余、脱产或半脱产的途径对成年人进行的教育。应该说职业教育有着普通教育的内涵即学历教育，也有成人教育的内涵即培训和进修教育，更有自己的职业教育的特色。

第二，职业教育的概念。职业教育是指"对受教育者进行思想政治教育和职业道德教育，传授职业知识，培养职业技能，进行职业指导，全面提高受教育者的素质"②的教育。

第三，职业教育的体系。职业教育体系指国家根据不同地区的经济发展水平和教育普及程度，实施以初中后为重点的不同阶段的教育分流，建立、健全职业学校教育与职业培训并举，并与其他教育相互沟通、协调发展的职业教育体系。职业教育体系主要由两个子体系构成。一是职业学校教育体系，由初等、中等、高等职业学校教育构成。二是职业培训体系，由从业前培训、转业培训、学徒培训、在岗培训、转岗培训及其他职业性质的培训构成。这些职业培训根据实际情况分为初级、中级、高级。

第四，职业学校的概念。职业学校指专门从事职业教育和培训的各类职业院校。初等职业学校指在完成小学教育的基础上实行职业教育的学校。我国义务教育法规定，国家实行九年制义务教育，一般的地区都能够完成九年制义务教育，少数老少边穷地区尚有办初等职业教育学校的可能，而且这种职业学校教育越来越少。中等职业学校指在完成初中教育的基础上实行职业教育的学校。中等职业教育的形式有职业高中、技工学校、中专等，应该说我国的中等职业教育较为发达。高等职业教育学校指在完成高中或者完成中等职业教育基础上实行职业教育的学校。高等职业教育的形式有高等职业技术学院和技师学院。技师学院是从本世纪初开始实行的高等职业教育的形式。"技师学院是高等职业教育的组成部分，是以培养技师和高级技工为主要目标的高技能人才培养基地，同时，承担各类职业教育培训机构师资培训和进修任务。"③

（2）职业教育与职业技术教育

职业教育属于在现代社会的快速发展中应运而生、蓬勃成长起来的教育类型，其本质特征是对社会需求的适应。从常规理念上分析，社会上有什么样的职业，就

---

① 《中华人民共和国职业教育法》，《中华人民共和国常用法律大全》上卷，第1053页，法律出版社1996年版。

② 同上注。

③ 张启迪主编：《最新技工学校建设标准与教学实习培训计划实施及就业工作指导手册》，第29页，《中华人民共和国劳动和社会保障部关于推动高级技工学校技师学院加快培养高技能人才有关问题的意见》，中国劳动出版社2007年版。

应该有什么样的职业教育，或者进一步说，社会上有什么样的职业"需求"或什么样的职业"构想"，职业教育就应该完成这样的"需求"和"构想"，表现出对社会职业的引导性。

第一，职业与教育。职业指从业人员为获取主要生活来源所从事的社会工作类别的总称。而职业教育中的教育指技能等级的培养和涵化。它既包含了教育的通过传递社会生活经验和培养人类社会特有的一种实践活动的内涵，又包含了职业需求的某一类别的培养和提升。

第二，职业技术教育。我们已对职业与教育作了分析，职业技术教育源于1985年《中共中央关于教育体制改革的决定》。[①] 职业技术教育指对职前、职后的各级各类职业和技术教育以及普通教育中的职业教育的总称。包括学习科学技术、学科理论和相关技能的技术教育、技能训练以及技能理论的学习。

第三，职业教育与职业技术教育。应该承认，我国的职业教育与职业技术教育的说法一直一起并提，细细分析，这两种叫法只是名称不同而内涵基本一致，都是职业教育，而职业教育包括了职业技术教育，《中华人民共和国职业教育法》已规范为"职业教育"。职业教育包括了"职业知识"、"职业技能"、"职业指导"，技能已包含了技术能力。因此，应该按照法律的规范说法，不再用职业技术教育的概念。

(3) 普通教育与职业教育

普通教育与职业教育是互相联系并在概念上具有交叉的内容，这也是职业教育中概念"模糊"的原因。

第一，普通教育中的高等职业教育。我们知道，普通教育包括学前教育、初等教育、中等教育和高等教育，而高等职业教育又属高等教育的范畴，这便是我们所说的概念的交叉。

第二，职业院校中的高等职业院校。高等职业院校性质是高等教育，而又属职业教育的范畴，这也是容易造成人们概念"模糊"的原因。

第三，建立职业教育相对独立的体系。《中华人民共和国职业教育法》第二章中专门阐述了职业教育体系，这个体系有别于普通教育，应该相对独立，上下联系，这样有利于职业教育的创新，有利于职业教育的科学发展，有利于高技能人才素质的不断提升。

第四，学制的基本结构分析。从我国的学制结构现实来看，学制的结构可以从横向和纵向两个维度加以剖析。从纵向划分，我国的学制可以分作学前教育、初等教育、中等教育和高等教育四个前后相继的阶段；自横向切割，学制由普通教育与职业教育两大类组成。[②] 这样分析应该较为明了。

---

① 李继坤：《职业教育内涵探析》，www.bylw8.com。
② 周金浪主编：《教育学》，第108页，上海教育出版社2006年版。

2. 职业教育面临的形势

职业教育是随着社会需求而发展，随着市场经济的变化而变化的。职业教育面临着主观与客观的不同条件，必须认真对待，科学审视，以求科学发展。

(1) 主观条件分析

职业教育主观条件指职业教育本身的现实状态。包括职业院校、培训机构自身所具有的优劣态势以及主观上的战略思维和主观意义上的努力。

第一，职业教育师资队伍建设状态分析。一是师资队伍严重不足。按照中华人民共和国教育部规定，职业院校的师生比应该为1：18，而在现有的职业院校尤其是有的技师学院中，师生比已达1：30，严重影响了教学工作的正常开展。二是师资队伍结构不合理。按规定高级技校高级职称的老师占30%，高级实习指导老师达45%以上，理论实习教学一体化教师占专业课教师总数的60%以上等方面也严重不足。文化课教师大大超过专业教师的比重，使得实训实习指导老师严重不足，制约了职业院校内涵的提升。三是部分老师对课程的把握理论多于实践，理论落后于实践。在专业理论课教学中，个别教师仍照本宣科，对实践知之甚少，还有的教师仍用陈旧的理论教学，不仅使理论跟不上教学实践的进步，更无法满足实训实习的需求。四是没有做到因材施教。学生的来源不同，接受能力不同，学生的喜好也不相同。有的教师用普通一致化的要求对待职业教育的学生，不能因个体不同而异，不能照顾不同能力的学生，结果使有些学生厌学，没有达到应有的教育目的。五是师德缺失。个别教师没有以育人为己任，个别外聘老师"师德"不足，他们不仅不能为人师表，而且给学生以失德教育，严重影响职业教育中的"成人"教育。

第二，职业教育中培养学生的目标分析。在职业院校里，不少职业教育工作者认为职业院校就是培养学生的技能，使得学生的培养目标不全面。《中华人民共和国职业教育法规定》："实施职业教育必须贯彻国家教育方针，对受教育者进行思想政治教育和职业道德教育，传授职业知识，培养职业技能，进行职业指导，全面提高受教育者的素质。"由此看来，职业教育不仅仅是技能教育、就业教育，根本的还是"做人"教育。在整个教育活动中，必须以学生为本，首先教会学生做人，其次教会学生掌握技能知识的方法，再次是传授给学生技能和知识。可以说，职业教育是一种"成人"的教育，绝对不可以只传授技能，而忽视做人的教育。在职业教育中，已存在着几种不容忽视的现象。其一是认为学生是"垃圾"，认为经过了初中升高中，高中升大学之后的"垃圾"学生才进入职业院校，这种观点是错误的。据专家研究，人们的思维存在两种基本形式，一种是形象思维，一种是逻辑思维。逻辑思维的人应对考试是自身的特长，形象思维的人应对考试是短处。进入职业院校的学生多是以形象思维为主，而以逻辑思维为辅的。这部分学生是一种特殊的难得的可造之才，他们有思考，怕孤立，自卑感较强，而动手技能却比逻辑思维的人要强。考不上高中、大学主要是因为思维方式的不同。其二是认为职业院校主要目的是传授技能。我们已分析过，职业院校主要目的和任务是培养学生成人成才，不是只教技能，那样就违背了我们的教育方针，培养出来的人才不会成为社会所需要的人才。其三是以其昏昏，使人昭昭。有的职业院校的教师对自己干什么都不明白，对培养学生做什么也不清楚，自身没技能也没有才能，结果既教不会学生做人，也教不会学生成才。其四是对学生放任自流。职业院校的学生是个性较足的群体，如何教好学生，让学生在有限时间内学到应学的东西，这是职业院校应该明白的。不少职业院校的教职工对学生的学习生活听之任之，放任自流，还经常讲"树大自直"，完全放弃了作为师长的责任和义务。为此，我们必须重申：职业教育是做人的教育。

第三，职业院校自身管理体系分析。职业院校的自身建设越来越重要。从管理体系上分析，有教育主管部门管理的职业院校，包括高等职业技术学院和中等、初等技校，应该说这一部分学校的教学及管理较为规范，运转较为正常。也有劳动保障部门管理的职业院校，这类学校为技师学院和中等、初等技校，在教学及管理上不如教育行政部门管理的院校。还有行业管理的职业院校，这是由于历史原因由行业主管部门主管的学校，主要以中等、初等职业学校为主。最后是企业主管的职业院校，培养的技能人才主要为企业自身服务，这类学校的学生倒是学有所用，就业方便。从劳动部门以及行业、企业部门主管学校来看，缺少统一的管理和统一的规范，影响了职业教育的科学发展。建议国家有关部门应该尊重《中华人民共和国职业教育法》，统一由相关部门管理和规范职业院校，形成自下而上的、由低到高的职业教育体系和职业教育管理体系，更好地为社会服务，为市场经济服务，为社会培养"四有"人才。

第四，职业院校领导层面诸因素分析。不同管理体系中职业院校的领导，来自于不同的上级任命，这也独具中国特色。我国的职业院校是参照"官员"的管理办法管理的，有它的"级别"和"身份"，这的确与国外职业院校不同。综合分析我国职业院校的领导层面，多数领导是内行，是为职业教育发展作了重大贡献的。但是，由于主管部门不同，职业教育中职业院校的领导层面的确存在不少问题，影响了职业教育的科学发展。其一，照顾型的领导。所谓照顾型是指由主管部门照顾某种级别或者年龄、收入等原因，安排和任命的领导。这种领导不会有多远的战略眼光，顾及的可能是两个方面的因素，一是任期内不出大事；二是有好处自己先取。这种类型的领导，不仅不会努力做好当前的工作，而且不会有长远的战略安排。其二，过渡型领导。所谓过渡型指由于体制等原因某些领导到职业院校任职只是过渡一下而已。过渡型领导要么认真工作，在短期内做出一定的成效，要么在过渡期中无所事事，得过且过，这也严重影响了职业院校的科学发展。作为职业院校的主管部门不应该任命过渡型人物作为职业院校的领导，不能因为某个具体的"人情"，而失去职业院校教职工的"大人情"。其三,外行型领导。所谓外行型领导指职业院校上级主管部门任命不懂教育的人任职业院校的领导。现在仍有不少领导讲"就是要外行领导内行"。外行领导内行的结果可能有两种情形,一种是这些外行领导肯钻研,成为教育的内行,成为职业院校的好领导;另一种情况是这种外行领导,刚愎自用,自以为是"老子天下第一",这样职业院校的科学发展不仅谈不上,而且还会误了职业院校发展的前途。其四,应付型领导。所谓应付型领导指对工作应付差事,得过且过。我们知道职业院校的领导一部分来自职业院校等教育部门,一部分来自政府官员。来自官员队伍的职业院校领导有的是提拔、有的是平调,从政府实权部门到职业院校,实际上是明升暗降,这便严重地影响了这一部分领导的积极性,有的职业院校领导采用应付的态度对待工作,对待职业教育事业。其五,奉上型领导。所谓奉上型领导指对上级主管部门唯命是从,奉迎拍马。这种职业院校领导多出自行业和企业办的职业院校,这些院校的领导级别较低,往上仍有较大的发展空间。他们奉上是形式,争取自己在职务上的进步是实质。应该说绝大多数职业院校的领导是敬业的、称职的,是受到本院校师生拥护的。但少数职业院校领导的"负"作用也不能小视,职业院校的上级主管部门一定要本着既要对职业院校负责又对领导干部负责的精神,切实配好职业院校的领导班子,以推动职业院校的科学发展。

(2) 客观条件分析

客观条件指相对职业教育主观条件而言的条件部分。我们仔细分析职业教育的客观条件,发现职业教育的客观条件总体是好的,是基本能够满足职业教育的主观要求的。当然,客观条件也有不能满足职业教育的地方,那只是一些规律的必然性的条件。

第一,政府积极引导职业教育发展的条件分析。从1985年中共中央在《中共中央关于教育体制改革的决定》中提出发展职业技术教育之后,中央作出一系列相关的决策。1996年5月15日第八届全国人民代表大会常务委员会第十九次会议通过了《中华人民共和国职业教育法》,规范了职业教育,并为职业教育的发展指明了方向。随后几年中,中央又下发了《中共中央、国务院关于进一步加强人才工作的决定》、《中共中央、国务院关于实施科技规划纲要增强自主创新的能力的决定》等重要文件,对高技能人才的培养提出了新的要求。为了贯彻上述中共中央、国务院的文件,中共中央办公厅、国务院办公厅又下发了《关于进一步加强高技能人才工作的意见》,为进一步加快高技能人才队伍建设,充分发挥高技能人才在国家经济社会发展中的重要作用,提出了相关意见。《关于进一步加强高技能人才工作的意见》指出:"在国家发展职业教育、实施国家技能型人才培养培训工程中,突出高技能人才培养工作。充分发挥高等职业院校和高级技工学校、技师学院的培训基地作用。"[1] "进一

---

[1]《中共中央办公厅、国务院办公厅印发〈关于进一步加强高技能人才工作的意见〉的通知》,《高技能人才工作文件汇编》,第57页,中国劳动社会保障出版社2006年版。

步调整教育结构，对承担高技能人才培养任务的各类职业院校，要规范办学方向和培养标准。职业院校应以市场需求为导向，深化教学改革，紧密结合企业技能岗位的要求，对照国家职业标准，确定和调整各专业的培养目标和课程设置，与合作企业共同制定实训方案，采取全日制与非全日制、导师制等多种方式实施培养。对积极运用市场机制开展校企合作、实施产学结合，并在高技能人才培养方面作出突出成绩的职业院校，中央财政在实训基地建设等方面给予支持和奖励。"① 各级政府在发挥职业教育的作用加快高技能人才培养方面做了大量的工作，并积极支持职业教育的发展，全力扶持实训基地建设，引导职业教育为当地社会经济的发展多做有效的工作。政府的引导和扶持主要体现在两个方面。一是政策的引导和扶持。从中央政府到地方政府都制定了相关的政策，为职业教育的发展和培养高技能人才创造了政策的环境。二是政府对院校和实训基地的全力扶持。省、市政府为了支持高技能人才的培养，组合和组建不同的职业院校，加强对职业教育的领导。不少地方政府为职业教育建立了公共的实训基地。三是财力的支持。在培养高技能人才方面，政府加大了投入力度，支持职业院校在基地建设上的资金投入。对职业院校的学生，中央和地方政府又拿出专款，设立职业院校的助学金，每生每年达1500元，这是比普通高校在校生更为优惠的实际支持，基本解决了职业院校在校生的生活费用。四是职业院校的干部的配备。不少职业院校的政府主管部门，从不同教育岗位选配较为优秀的干部，支持职业院校的领导班子建设。可以说，政府的全力扶持，为职业院校的科学发展发挥了关键性的作用。

第二，企业市场的需求分析。市场经济的快速发展，加大了高技能人才的需求力度。高技能人才的总量、结构和素质远不能适应经济社会发展的需要，特别是在制造、加工、建筑、能源、环保等传统产业和电子信息、航空航天等高新技术产业以及现代服务业领域，高技能人才严重短缺。尤其是在加快产业优化升级、提高企业竞争力、推动技术创新和科技成果转化等方面，高技能人才具有不可替代的重要作用。市场经济的发展需要高技能人才，为职业教育解决了人才的"出口"问题。任何事物都是辩证的，市场急需，容易刺激职业院校的培养热情，同样会推动职业院校的盲目发展。企业的需求在职业院校的反映至少有四点。一是解决了职业院校的毕业生就业问题，这是学生和家长所希望的。二是刺激了职业院校专业设置的热情。对企业所急需的专业（工种）职业院校一定会加快建设，以满足市场的需求。三是扩大招生规模。有些职业院校在市场的刺激和经济效益的牵引下，不断加大招生规模，有的已远远超过职业院校的"容量"。四是刺激了部分职业院校的盲目发展。在职业教育一片"利好"的形势下，个别职业院校已不顾自身的条件超速发

① 《中共中央办公厅、国务院办公厅印发〈关于进一步加强高技能人才工作的意见〉的通知》，《高技能人才工作文件汇编》，第58页，中国劳动社会保障出版社2006年版。

展，盖宿舍、教室，征地招人，一派大跃进的景象。这已不是科学发展所应有的内涵。

第三，生源条件的分析。我国是人口大国，普通高等教育不能满足学生就读的要求，必须有一部分学生分流到职业院校，这便使职业院校生源充足，这其中也有企业需求的原因。职业教育生源有几个特点。一是生源充足。2006年中央决定普通高校招生稳定规模，剩余的学生要就业，就必须进入职业院校或培训机构培训，这便客观地为职业院校提供了生源。二是生源条件良莠不齐。普通高校招生是通过高考后具有一定分数标准而就读的。而职业院校尤其是技师学院和技工学校是没有分数要求的。进入职业院校的学生各具特色，给职业院校的教育和管理带来了困难。三是生源的流动性大。既然没有了入学的门槛，进来容易，流出也容易。据有关技工学校统计，每年从学校流出的学生已达9%，这是普通高等教育不可能出现的现象。四是生源充足刺激了部分职业院校不顾条件地扩招。不顾条件地扩招的本身就不"科学"，这样不仅培养不了好的高技能人才，而且有可能还损坏了学校的声誉，给以后的发展造成隐患。

第四，实训必需条件的分析。高技能人才培养的本质就是实训，就是技能培养。应该说在"成人"的教育之后职业院校的第一要务是实训。国务院已决定将高技能人才实训基地建设纳入国家支持职业教育发展的规划。从目前职业院校的发展形势看，实训基地远远不能满足学生的实训需要，这已表现为职业教育的发展不科学。一是实训场地不足。所谓实训场地指职业院校必须有的实习和实训的工厂或模拟场地。由于职业教育的快速发展，学生实习实训场地已凸显不足。学校所设的专业本地企业提供不了足够的实习场地。二是实习实训岗位不足。原国家劳动和社会保障部规定："保证每生有实习工位"。而有些职业院校，每五生一个实习工位已经不错了，这便出现了一个实训工位几个人或十几个人操作的局面。这不仅影响了学生对技能的掌握，也影响了学生将来在社会上的实际技术技能的运用。三是校企合作不足。原国家劳动和社会保障部规定：每一个专业至少有两个以上合作企业。校企合作是培养高技能人才的必由之路，可真正实现校企合作又非常困难。从职业教育实践情况看，校企合作多是挂名的，许多学校仍然是关门办学，直到毕业前送出实习时才能初步达到合作的要求，这与职业教育要求的合作相距甚远，大大降低了职业院校培养高技能人才的质量。四是实训中创新指导不足。实训中我们仍然用老方法老产品进行培训，缺少企业发展新的技术，也缺少实训中创新的指导。不少指导实习实训的老师，技能一般，技术陈旧，根本谈不上技术上的创新，这严重影响了学生创新思维的培养。

（3）职业教育与相关体系关系的分析

职业教育不是单独存在的教育方式，它与社会、经济、人口、政治、文化等密切相关。我们在这里只把与职业教育密切相关的体系关系进行分析，尤其是以教育内部体系分析为主，以求在内部关系发展上有所突破。

第一，职业教育与普通教育之间的沟通与渗透是单向的。所谓单向指有普通教育向职业教育的渗透，缺少职业教育向普通教育的渗透，虽然这种渗透有时是无意识的。其一，这种单向表现为普通教育文化在职业教育中占据非常重要的地位。普通教育的教学模式深刻影响着职业教育，其影响表现在职业教育的课程设置和教学过程上。我们知道，普通教育是一种选拔教育，主要是为上一级院校输送新生，课程设置以学科为中心，与职业实践完全脱离。虽然在有些农村地区实行了绿色证书工程，那也只是一种探索。其二，这种单向表现在国家某些制度的规定上。例如，国家有关文件规定，中专、技校、职业高中的毕业生可以报考普通院校，而实际上职业院校的学生几乎不可能再接受高一级普通教育。而普通教育的毕业生可以接受高一级或同级的职业教育。

第二，职业教育系统中，中、高等职业教育的衔接不畅。① 应该说我们虽初步建立了职业教育的中、高体系的形式，但在实际操作中却不通畅。在我国，高职教育的人才培养设计是以高中毕业生为基准的，因此在课程设置等诸多方面与中职教育脱节，有的专业中职与高职设置基本一样，如果某专业的中职学生进入高职学习，有可能学习的课程是重复的，例如市场营销专业、财会专业等等。本世纪初建立了技师学院之后，解决了一部分中、高职教育的脱节问题，但高等职业院校同中等职业院校的脱节问题仍然存在。

第三，职业教育与企业脱节。职业教育与企业的脱节表现在企业用人上。现在不少企业反映有些职业院校培养出来的学生用不上、拿不起，根本原因是职业教育在技能人才培养上与企业实际脱节。职业院校提出与企业"零距离"、"无缝对接"，只是一种愿望。职业教育与企业脱节体现在职业教育的一头热上。所谓一头热，指职业院校热与企业对接，而企业并不买账。企业是生产经营性的单位，讲的是效率和效益，他们并不希望学了"半瓶子"技能的学生去对接他们的熟练技能人才的岗位。而不少院校，用自认为成熟了的培养方式，不断地培养技能人才，到社会上却找不到工作。目前，部分职业院校毕业生找不到职业已显现出职业教育与企业脱节的实质，我们估计，这种现象可能会越来越严重，应该引起我们的重视。

3. 科学发展职业教育的目的

我们已基本厘清了职业教育的概念，分析了职业教育面临的形势，找出了职业教育发展中存在的主要问题，得出了职业教育必须科学发展的结论。为此，我们必须明确科学发展职业教育的目的。

---

① 徐涵：《关于我国现代职业教育体系的构想》，论文网：www. lwwang. net.

(1) 科学发展职业教育是实施人才强国战略的需要

职业教育的发展是依据经济社会的发展而发展的,它既要依据自身的发展规律而发展,又必须与经济社会的发展相结合,为经济社会的发展培养高技能人才。因此,职业教育必须也只有科学发展才有出路。

第一,科学发展职业教育是落实科学发展观的需要。胡锦涛同志在十七大报告中指出:"全党同志要把握科学发展观的科学内涵和精神实质,增强贯彻落实科学发展观的自觉性和坚定性,着力转变不适应不符合科学发展观的思想观念,着力解决影响和制约科学发展的突出问题,把全社会的发展积极性引导到科学发展上来,把科学发展观贯彻落实到经济社会发展各个方面。"① 科学发展职业教育就是在落实科学发展观,而职业教育必须在科学发展观指导下才能科学发展。科学发展职业教育是人才兴国、人才战略、科教兴国的需要,是职业教育前进的必由之路,是职业教育健康发展之路。"以人为本,全面、协调、可持续的发展观"② 是职业教育发展的纲领。职业教育落实科学发展观必须树立科学发展职业教育的理念。这种理念既要解放思想,又要实事求是,要根据不同院校的实际、办学特长、地理环境、办学实力等情况树立科学发展的理念,让全体师生真正用科学发展观规范自己的思维方式。落实科学发展观,我们还必须解决院校领导班子的科学决策问题。职业教育发展要有一定的规模,要有一定的经济效益,但是职业教育的效益实质还应该以社会效益为主,保证培养人才的质量。因此,职业院校领导班子的科学决策水平就是解决科学发展职业教育的重中之重。落实科学发展观还必须发扬民主,让师生科学地监督学校的发展走向,用民主的方式保证职业教育科学发展。

第二,科学发展职业教育的目的是为了培养合格的高技能人才。《中华人民共和国教育法》规定:"教育必须为社会主义现代化建设服务,必须与生产劳动相结合,培养德、智、体等方面全面发展的社会主义事业的建设者和接班人。"③ 职业教育是教育的组成部分,必须落实教育法规定的国家教育方针。科学发展职业教育就是为了更好地培养社会主义事业的建设者和接班人,培养社会主义建设需要的高素质、高技能人才。一是科学发展职业教育必须把握职业教育是"就业"教育这一特点。任何教育都是在培养人,都是在教会学生做人,传授学生知识和技能。如果一个学生只有才而不成为人,那将会祸害社会。在职业教育轰轰烈烈发展的过程中,必须毫不掩饰地指出,职业教育的首要任务是培养有德有才的高技能人才。现在,

① 胡锦涛:《高举中国特色社会主义伟大旗帜 为夺取全面建设小康社会新胜利而奋斗》,《十七大报告辅导读本》,第 18 页,人民出版社 2007 年版。

② 胡锦涛:《树立和落实科学发展观》,《保持共产党员先进性教育读本》,第 280 页,党建读物出版社 2005 年版。

③ 《中华人民共和国教育法》,《中华人民共和国常用法律大全》(上),第 1034 页,法律出版社1996 年版。

不少职业院校打着就业教育的旗号，放弃了培养社会主义事业建设者和接班人的主要目标，培养出一些有才而无德的毕业生，那将会成为社会和谐的隐患。我们认为坚持"以就业为导向"，并不是"坚持以就业为目的"，坚持以就业为导向就是在就业导向下，培养全面发展的人才。我们并不排除职业教育帮助学生就业的任务，为学生就业打下素质基础和技能基础，但是，要看到就业不是学校的培养目标，这一点必须正确认识，必须科学地厘清，如果非要把就业与职业教育的目的放在一起，我们认为就业是职业教育后的间接结果，职业教育的直接结果是培养高素质、高技能人才。二是科学发展职业教育是为了把我们的人口资源变成人力资源。现代社会的知识经济、高科技发展越来越占主流，世界范围内的竞争越来越激烈。在很大程度上竞争的实质已成为人才的竞争。中央提出科教兴国、人才强国战略，一是基于国际发展的大趋势，一是基于我国人口众多的现实。把人口优势变成人力资源，就是以人为本，科学发展，不仅仅是为了使无业者有业，更重要的是让众多的无业者成为"人才"，掌握本领，使有业者乐业。职业教育让"人口"变成了"人力"，功莫大焉，它已经使人在"能"和"德"上发生质的变化，其结果是在"人力"面前，就业已不再是谋生的手段，而是生活的手段和人生价值的实现途径。三是科学发展职业教育必须以人为本。职业教育落实科学发展观，实现职业教育的科学发展就是以学生为本，而不是以往的以"技能"为本，或以物为本，就是要以促进学生的全面发展为目的，全面协调学校内人与人、人与物的关系，调动全部人的积极性，调整劳动市场与人才培养的关系，保证职业院校协调地可持续地发展。

第三，科学发展职业教育是为了增强国家的核心竞争力。国家核心竞争力指竞争的核心能力，这种核心能力就是科技等方面的人才。国家的高素质人才不仅仅只是科学家，还需要为配合科学家搞科研的一大批高技能人才，就是说，科学家的创造与设想必须有高技能人才来操作，而职业教育正是培养这些"操作"的人。国家的核心竞争力说明了掌握知识和一定技能的高素质人才是一个国家经久不衰的源泉，人才竞争已成为国际竞争的焦点，科技人才资源被各国视为战略资源和提升国际竞争力的核心因素。温家宝同志在全国职业教育工作会议上的讲话中指出："当今世界，教育同产业的结合愈来愈密切。无论是发达国家还是新兴工业化国家，都把发展职业教育作为振兴经济、增强国力的战略选择。这是因为国家核心竞争力的增强，需要拥有大量素质高、适应性强的技能型人才。国际经济竞争的核心，是技术和人才的竞争。我国要更加有效地参与国际合作和竞争，切实提高产业和产品的竞争力，就必须不失时机地大力推进职业教育发展。"① 职业教育是高科技发展的基础。职业教育培养大量的高技能人才，这些人力具有较高的技能操作水平，是完成

---

① 温家宝：《大力发展中国特色的职业教育》，《中国教育报》2005 年 11 月 14 日。

高科技发展计划和任务的实际操作者。职业教育培养高技能人才素质的高低，影响着产业和产品的竞争力。职业教育是高技能创新的源泉。高技能人才的技能操作，不是机械性的、被动性的，其中有极大和极强的创新创造空间。职业教育培养的高技能人才的创新思维和创新操作影响着产业和产品的可持续发展。

(2) 科学发展职业教育是经济科学发展的需要

我国经济建设已进入了快速发展时期，但经济发展还存在许多不足。"经济实力显著增强，同时生产力水平总体上还不高，自主创新能力还不强，长期形成的结构性矛盾和粗放型增长方式尚未根本改变；社会主义市场经济体制初步建立，同时影响发展的体制机制障碍依然存在，改革攻坚面临深层次矛盾和问题。"[1] "一二三产业发展不协调，工业特别是重工业比重偏大，服务业比重偏低；自主创新能力不强，经济增长的资源环境代价过大。"[2] 这些经济方面不科学的问题，有的需要调整加以解决，有的需要科学地发展才能解决，而职业教育的科学发展能够解决一部分经济发展中有关技能人才等相关的问题。

第一，科学发展职业教育是推进我国工业化、现代化的迫切需要。我们的经济发展存在着某些不科学的问题，科学发展职业教育，有助于解决经济科学发展中的部分问题。"我们要坚持以信息化带动工业化、以工业化促进信息化，走出一条科技含量高、经济效益好、资源消耗少、环境污染少、人力资源优势得到充分发挥的新型工业化路子；要推进产业结构优化升级，转变经济增长方式，提高自主创新能力，不断提高现代化水平，都对我国人力资源的结构和素质提出了新的更高的要求。国民经济的各行各业不但需要一大批科学家、工程师和经营管理人才，而且需要数以千万计的高技能人才和数以亿计的高素质劳动者。没有这样一支高技能、专业化的劳动大军，再先进的科学技术和机器设备也很难转化为现实生产力。"[3] 而基本实现工业化、大力推进信息化，加快实现城镇化、市场化、国际化，加快建设现代化是本世纪头20年我国经济社会发展的战略任务。科学发展职业教育，是实现上述目标的保证措施之一。

第二，科学发展职业教育是解决经济科学发展中急需高技能人才和高素质劳动者的迫切需要。"我国目前在生产一线的劳动者素质偏低和技能人才紧缺问题十分突出。现有技术工人只占全部工人的1/3左右，而且多数是初级工，技师和高级技师仅占4％。"[4] 近两年有了大的推进，但"适销对路"的技师仍然非常紧缺。我国

① 胡锦涛：《高举中国特色社会主义伟大旗帜　为夺取全面建设小康社会新胜利而奋斗》，《十七大报告辅导读本》，第13页，人民出版社2007年版。
② 温家宝：《政府工作报告》，《人民日报》2008年3月20日。
③ 温家宝：《大力发展中国特色的职业教育》，《中国教育报》2005年11月14日。
④ 同上注。

是制造业大国，工业增加值居世界第四，进出口总额居世界第三，但还不是制造业强国。从制造业比较发达的沿海地区看，技术工人短缺，已成为制约产业升级的突出因素。我国的"产业结构不合理，技术创新能力不强，产品以低端为主、附加值低，资源消耗大，而且安全生产事故也多，这些都与从业人员技术素质偏低、高技能人才匮乏有很大关系"。①

第三，科学发展职业教育是知识经济、文化产业科学发展的需要。知识经济是以现代科学技术为核心，建立在知识的生产、处理、应用与传播基础上的经济。知识经济是以知识为基础的经济，它强调劳动者必须具有较全面的能力，尤其是创造能力和学习的能力，这些必须由教育来培养，必须由职业教育推进高技能人才和高素质劳动者的培养。职业教育培养的高技能人才可以满足文化产业的结构调整和结构优化的需要，职业教育要为文化产业培养和培训众多的高技能人才。

（3）科学发展职业教育是职业院校自身发展的需要

职业院校近几年发展迅速，形势喜人，但也出现了一些令人担忧的问题，诸如数量与质量同步的问题；外延与内涵统一的问题；理论与实践脱节的问题；职业院校领导与职工离心离德等等问题。这些问题不仅影响到职业教育的科学发展，还影响社会尤其是企业和行业对职业教育培养高技能人才的信任。

第一，科学发展职业教育必须处理好数量和质量的关系。处理好职业教育数量和质量的关系是科学发展职业教育的基本要求。《国务院关于大力发展职业教育的决定》指出："到2010年，中等职业教育招生规模达到800万人，与普通高中招生规模大体相当；高等职业教育招生规模占高等教育招生规模的一半以上。"② 2010年中等职业教育招生800万人的指标，在2007年已经完成。2007年中等职业教育招生已超过800万人，在校生已达2100万人，提前达到了国务院规划的要求。高等职业教育也已接近2010年的目标。在职业教育发展中，不少职业院校一直在数量与质量上感到"头疼"。我们一定要辩证对待数量与质量的关系，从两者的起始看，没有数量便没有质量；从数量达到了一定规模时候来看，没有质量，数量再多也是空谈，因为那等于没有"做功"；从发展的结果来看，规模固然重要，但质量更为重要。我们一定要在科学发展中抓住质量这个"牛鼻子"，保证进入职业院校的"人"出来时都成为"才"。

第二，科学发展职业教育必须处理好外延与内涵的关系。职业教育的外延指企业的需求、政府的引导、生源的变化等。职业教育的内涵指职业教育的形式、内容和结果。职业教育的内涵与外延必须相辅相成，互相统一。既要科学地发展内涵，保持内涵的独立性、特色性和实践性，又要保持外延的延伸性、辅助性和声誉性，

---

① 温家宝：《大力发展中国特色的职业教育》，《中国教育报》2005年11月14日。
② 《国务院关于大力发展职业教育的决定》，《光明日报》2005年11月10日。

关键还是要抓好职业教育的内涵建设，使职业教育尤其是职业院校成为货真价实的名校，使学生成为货真价实的高技能人才。

第三，科学发展职业教育必须处理好理论与实践的关系。现在，有不少职业院校仍然套用普通院校的课程设置和学科建设，使理论与实践脱节，导致职业院校毕业生的"动手能力"的最大特色成为部分职业院校的弱项。当然，理论与实践的关系是在动态中发展的，但理论指导实践，以实践为主的职业特色必须保持。科学发展职业教育，必须处理好理论和实践的关系。一是处理好课程设置。处理好课程设置就是要科学地设置课程，使文化课和教育方式服务于实训和专业理论课。二是设置好课程内容。要根据经济社会科学发展的需要、产业结构调整的需要、自主创业的需要来设置课程内容，让课程内容具有针对性、实用性和科学性。三是处理好理论课与实习实训课的时间关系。职业院校乃至职业教育必须保证学生的实习与实训的时间，使职业教育的学生通过实训真正实现学得好、把握住、用得上。

第四，科学发展职业教育必须处理好企业与院校的关系。科学地讲，企业与院校的关系应该属于职业教育的外延与内涵的关系。为了强调企业的需求导向，我们在这里把企业与院校的关系单列出来分析。其实，检验职业院校办学办得成功与否并不是一时的发展速度、发展规模、办学条件的优势等等，而是企业对职业院校的毕业生是否欢迎，职业院校的毕业生是否在企业中成为"人才"。要"大力推行工学结合、校企合作的培养模式。与企业紧密联系，加强学生的生产实习和社会实践，改革以学校和课堂为中心的传统人才培养模式。"① "要深化职业教育的教学内容、教学方法的改革，培养目标、专业设置、课程教材、学制安排等，都要适应企业和社会需求，着眼于提高学生的就业和创业能力。"② 与企业的零距离对接，为企业直接培养用得上的人才，这是职业院校的根本任务，任何睁着眼睛瞎说，关起门来瞎培养的方式都会受到"市场"的惩罚。科学发展职业教育，必须促进教学与生产实践、技术推广、社会服务紧密结合，积极开展订单式培养，加强职业指导和创业教育，建立和完善职业院校毕业生就业和创业服务体系，推动职业院校更好地面向社会、面向市场办学，真正实现校企合作，提高院校自身的核心竞争力。

二、职业教育科学发展必须遵循的规律和原则

职业教育的科学发展不仅要遵循教育规律，还要遵循市场规律和相关的原则。在中国特色的旗帜下，职业教育与政府、与企业、与学生及家长、与社会都有着密切的联系。不遵循这些规律和原则，职业教育就不可能实现科学发展。

---

① 《国务院关于大力发展职业教育的决定》，《光明日报》2005年11月10日。
② 温家宝：《大力发展中国特色的职业教育》，《中国教育报》2005年11月14日。

1. 职业教育科学发展必须遵循不同规律

职业教育是教育的组成部分，职业教育必须遵循教育规律、职业教育自身规律和市场经济的规律。职业教育只有遵循各种规律，按照规律办事，才能科学发展，才能为社会培养出合格的高技能人才。

（1）职业教育科学发展必须遵循教育规律

教育规律指教育现象同其他社会现象或教育现象内部各构成要素之间的内在联系。根据不同侧面的研究，教育规律可以分为教育的结构规律、功能规律、发展规律和与社会协调规律。这些规律是总的规律，是职业教育必须遵循的基本规律。

第一，职业教育必须遵循教育的结构规律。所谓教育的结构规律指揭示教育系统内部各种要素、各个方面、各个层次的相对位置、空间分布等之间的关系。职业教育只有保持与大教育结构之间的联系和协调，保持与普通教育、成人教育以及各种培训形式之间的结构联系，才能保持职业教育自身结构的合理性，保证职业教育系统的健康发展。

第二，职业教育必须遵循教育的功能规律。所谓教育功能规律指教育系统结构中不同的组成部分、要素之间的相互作用，每一种要素和成分的功能以及这种功能与其他因素的关系。职业教育必须依据教育功能规律，按照功能的要求办事，并注意增加功能对职业教育的正面影响，减少教育功能规律的负面影响。

第三，职业教育必须遵循教育发展规律。教育发展规律指教育系统转变中的连续、间断，继承、创新的统一关系以及教育系统进化中进化动力、发展方向、运动趋势、结果实现和彼此间的相互关系。教育发展规律必须遵循社会发展规律。职业教育必须遵循教育发展规律，在教育发展的总体趋势中，根据自己的特点，把握发展方向，争取较好的发展结果。

（2）职业教育科学发展必须遵循自身的规律

职业教育除了遵循教育规律之外，还必须遵循职业教育自身的规律。所谓职业教育规律指职业教育现象内部各构成要素之间和与一定时期社会经济发展的内在联系。作为职业院校，必须要遵循教育规律，按教育规律办事，又要遵循职业教育规律按职业教育规律办事。这样，才能使职业教育的发展更科学，效果更好，这也是职业教育自身发展的目的。

第一，职业教育的结构规律。所谓职业教育结构规律指揭示职业教育要素之间的关系及其组合形式、结构形式的关系。职业教育结构规律勾画出职业教育内部相关推动、影响、制约的构成，展示了职业教育系统的总体空间分布。职业教育结构要素之间必须相互协调、和谐。职业教育结构的整体功能的大小，既取决于各要素或子系统的功能，也取决于整体结构组合的方式或合理程度，尤其取决于与企业联系的程度。也就是说，职业教育结构越适合企业的需要，其成功程度就越大，合理

程度也就越强。职业教育结构必须处于相对稳定状态。职业教育科学发展的目的，也是为了保持相对的稳定，这符合职业教育科学发展的基本目的。职业教育系统结构一般由体制、层次、种类、形式、区域、目标、教学、管理、教育思想等基本部分构成，每个部分又由各自的相应要素所构成。例如体制结构包括了教育方针、政策、制度、法规、规划等等，这些结构必须具有相对稳定的基本构成。[①] 结构的动态变化也是在相对稳定的原有结构上从量变到质量逐步取代而实现的。职业教育系统的结构应具有开放性、动态性。结构在相对稳定的基础上保持开放和动态，这是符合事物发展规律的。职业教育系统结构并不是一建立就保持不变，那种结构不科学。职业教育的整体结构和子结构都是为了适应一定的社会经济或文化目标和组织过程而建立的，社会经济或文化目标和组织过程的变化，必然使职业教育的整体结构发生变化。职业教育系统"总要与社会进行物质、能量和信息的交换，并在交换过程中实现从量变到质变的演化"。[②] 这种演化可分为外部的推动或者系统内部的调节。职业教育系统的表层结构与深层结构必须是逐步协调的。任何事物的结构总是在不协调中逐步走向协调并产生新的不协调再走向协调。职业教育系统中的表层结构主要指体制、层次、种类、形式、区域等；职业教育系统中的深层结构主要指目标结构、教学结构、管理结构、教育思想构成等。职业教育的表层结构与深层结构应该是一个相互交织的整体，并为职业教育的和谐发展发挥作用。

第二，职业教育的功能规律。职业教育的功能规律指系统结构中不同的组成部分、不同的要素之间的相互联系以及功能与其他要素的关系，包括与环境（政治、经济、文化等）之间的相互作用及其本质联系。职业教育系统结构中的功能称内功能规律，职业教育系统与"环境"相互作用的功能我们称外功能规律。职业教育的内功能规律指职业教育活动直接对受教育者发生作用，即从对个体的知识、技能、思想品德、能力、体力和情感意志等心理方面的全方位作用。这种规律也被称为职业教育的个体功能规律。职业教育的外功能规律指职业教育通过影响人的发展对经济社会发展发生作用，这种规律也被称为职业教育的社会功能规律。正是这两种相互作用的职业教育系统运动，使职业教育规律有序地、同期地进行着。

第三，职业教育的发展规律。职业教育的发展规律是描述教育系统从一种状态向另一种状态的质的转变的规律。它揭示的是职业教育系统在进化中的规律性联系以及进化动力、发展方向、运动趋势、结果实现的相互联系。这种发展必须同社会相结合。职业教育系统随着经济社会的发展而发展。唯物辩证法认为，教育具有社会上层建筑的特点，最终受生产力和生产关系矛盾运动的制约，随着生产方式的变更而构成不同社会类型的教育。职业教育是教育的一种，职业教育具有上层建筑的

---

① 柳斌总主编：《学校教育科研全书》，第852页，九洲图书出版社、人民日报出版社1998年版。
② 同上注。

特点，那么一定的经济基础便决定了职业教育的基本面貌和发展基础。在上层建筑系统中，职业教育还受着上层建筑中诸因素的影响，有的影响具有巨变性和历史性，虽然那种影响可能是短暂的。对职业教育的影响主要表现在政治方面，它决定了职业教育的制度、方针、政策、指导思想、意识形态等等。另外，上层建筑中的法律、道德、哲学、宗教、艺术等等都影响职业教育的发展。职业教育的继承与革新是职业教育发展的特殊规律，任何教育都必须有继承，而继承中创新又是职业教育所必须遵循的规律，继承与革新所构成的矛盾运动，推动着职业教育不断丰富自己和改变自己。今天的职业教育的成就，明天会沉积为新的职业教育的传统，成为以后职业教育发展的基础。中国职业教育体制确定于 1902 年（清光绪二十八年）的《钦定学堂章程》，称"实业教育"，1917 年黄炎培等创办中华职业教育社，改称实业教育为职业教育。而国外最早于 18 世纪末产生于欧洲。我们今天的职业教育都是在前人创造的基础上发展起来的。另外，职业教育目标与受教育者之间的矛盾，是职业教育发展的动因。职业教育目标与受教育者的矛盾又是一种对立统一的关系。说对立，指职业教育目标与受教育者和其现有水平的差距是相对对立的，职业教育目标所要形成的受教育者的身心特点和水平是作为现实对象的受教育者所不具备的。说统一，即指职业教育目标以教育对象身心发展的实际客观趋势为依据，职业教育目标必须通过受教育者来实现，这便是统一。

（3）职业教育的发展必须遵循市场经济规律

职业教育具有上层建筑的特点，必然受到经济基础的制约，这也就决定了职业教育必须遵循市场经济的规律，以市场为导向，在竞争中谋发展。市场经济以其或明或暗的方式，影响着职业教育的发展。所谓市场经济规律，表征为以市场为联结，以商品等价交换为基础的配置资源的经济关系。它依靠价值规律，通过市场机制自发调节国民经济活动。

第一，职业教育遵循市场经济规律，表现为以市场为导向。"坚持'以服务为宗旨、以就业为导向'的职业教育办学方针，积极推动职业教育从计划培养向市场驱动转变，从政府直接管理向宏观引导转变，从传统的升学导向向就业导向转变。"① 职业教育遵循市场经济规律表现在资源配置上，不再是以国家投入配置为主要方面，而是以价值的市场机制，推动院校及企业投入积极性，以此保证资源的"供给"。职业教育遵循市场经济规律表现在以市场为导向的专业设置上。经济建设需要什么专业的人才，职业院校就设置什么专业。职业教育遵循市场经济规律表现在自主就业上。学校根据企业或行业的需求培养学生，尽量使学生掌握某些技能，以便学生自主就业。

---

① 《国务院关于大力发展职业教育的决定》，《光明日报》2005 年 11 月 10 日。

第二，职业教育遵循市场经济规律，表现为以价值规律调节办学规模。由于以就业为导向，就业又以市场为导向，职业教育运用市场经济的经济杠杆的方式调节学校的办学规模。办学规模分为招生规模、资产规模、师资规模和学科规模。而后三个规模又都以招生规模为前提，招生规模又是以市场需求为前提。招生的多少紧紧与经济收入挂钩，招生多少又受市场对高技能人才需求的控制。这便表现为一种看不见的"价格"在控制着"生源"的供求关系。

第三，职业教育遵循市场经济规律，表现为以竞争为手段。市场经济又一大特点是市场竞争平等，成本与效率原则是决定优胜劣汰的基本准绳，职业教育运用竞争为手段表现在学校质量的竞争方面。不同的职业院校培养出来的学生素质不会相同。质量好的院校，毕业生在企业市场上供不应求；质量差的院校，培养出来的学生就业艰难。职业教育运用竞争为手段还表现在生源的竞争上。得到企业、行业认可的学校，生源就爆满，学生入学的门槛就高，学生整体素质也就高，同时，培养出来的学生素质也就高。对学生的个体来说，掌握的技能越精深越熟练，就业行情就越好，将来创新的机会也就越大。

2. 职业教育的科学发展必须坚持不同的原则

职业教育能否科学发展有主观上的原因即院校或企业行业的原因，也有客观的原因，诸如政府的领导力度、引导力度、扶持力度等都影响着职业教育的科学发展。从不同的侧面分析，有许多的原则必须遵循。

(1) 政府的主导原则

政府主导指从政府的层面对职业教育向某方面发展的引导。主导原则指政府在引导中应该坚持的原则，这些原则不仅仅关系到职业教育的科学发展，而且有时关系到职业教育的存亡。从职业院校层面来讲，应该推动政府坚持这些原则，保证职业院校的科学发展。

第一，政府必须坚持指导性原则。所谓指导性原则指政府对职业教育的重视程度和在政策、宏观导向、管理等方面的引导原则，为职业教育创造良好的条件和环境。温家宝同志讲，要"切实把加强职业教育作为关系全局的大事。改变职业教育薄弱的状况，要解决体制问题、投入问题、社会环境问题，但首先是要解决对职业教育的思想认识和领导重视问题。认识要到位，领导要到位，工作要到位。现在，一些远见卓识的领导者都认识到，职业教育越来越重要，抓职业教育，就是抓就业、抓产业素质、抓投资环境、抓发展后劲和竞争力"。[①] 政府不仅仅要在思想上重视，加强领导，还必须在国家经济发展的走向上予以明示，使职业教育真正同经济

---

① 温家宝：《大力发展中国特色的职业教育》，《中国教育报》2005 年 11 月 14 日。

发展同步，成为科学发展经济的保障。

第二，政府必须坚持体制管理科学性原则。应该承认我国职业教育的管理还存在较为严重的体制问题。从管理体制上看中央对职业教育管理由教育部、人力资源和社会保障部等部门管理，到基层则由不同的行业管理，结果政出多头，管理不到位。温家宝同志专门强调，要"进一步理顺职业教育管理体制"。"国务院有关部门要按照各自职责分工做好工作，加强相互配合。地方政府也要建立相应的工作机制。要整合现有职业教育资源，改变职业院校条块分割、多头管理的状况。要进一步落实职业院校的办学自主权，增强其自主办学和自主发展的能力。"① 我们政府的相关部门一定要按照中央的部署，解决好体制管理的科学性问题。

第三，政府必须坚持资源配置合理性原则。资源配置关系到职业院校和培训机构的办学质量和办学层次。资源配置合理也具有科学与否的问题，政府主管部门一定要用科学发展的眼光和策略，推进职业教育资源的合理配置。"国务院已决定，'十一五'期间中央财政对职业教育投入100亿元，重点用于支持职业教育实训基地建设，充实教学设备，资助贫困家庭学生接受职业教育。地方政府也要增加对职业教育的投入，加强职业教育基础能力建设。要建立和完善职业教育学生助学制度，使贫困家庭学生通过国家帮助和本人勤工俭学得以顺利完成学业，进一步体现社会主义教育的公平与公正。"② 资源配置的科学性，还包括人力资源、智力资源等不同资源的合理配置，让好的职业教育实体更好，淘汰差的职业教育实体。

第四，政府必须坚持激励性原则。政府必须用各种方法引导和鼓励用人单位完善培训、考核、使用与待遇结合的激励机制，建立培养高技能人才的奖励办法。使职业教育不仅在使用高技能人才方面有激励政策和措施，对培养高技能人才的机构也有激励的政策和措施。

第五，政府必须坚持高技能人才流动性和保障性的原则。所谓流动性原则指政府支持高技能人才的合理合法科学地流动。要支持企业和院校坚持以市场为导向，依法维护用人单位和高技能人才的合法权益，保证人才流动的规范性和有序性。建立和健全高技能人才柔性流动和区域合作机制，鼓励高技能人才通过兼职、服务、技术攻关、项目引进等多种方式发挥作用。保障性原则指政府及其相关部门对办学实体和高技能人才的工作生活条件的保障。真正实现国务院提出的："各级人民政府要加大对职业教育的支持力度，逐步增加公共财政对职业教育的投入。各级财政安排的职业教育专项经费，重点支持技能型紧缺人才专业建设，职业教育师资培养培训，农业和地矿等艰苦行业、中西部农村地区和少数民族地区的职业教育和成人教育发展。""要进一步落实城市教育费附加用于职业教育的政策。从2006年起，

---

① 温家宝：《大力发展中国特色的职业教育》，《中国教育报》2005年11月14日。

② 同上注。

城市教育费附加安排用于职业教育的比例，一般地区不低于20%，已经普及九年义务教育的地区不低于30%。"① 在对高技能人才社会权益保障方面，要切实做好保障工作，真正解决高技能人才的后顾之忧，而不是说说而已。

（2）企业的就业原则

职业教育以企业为导向这是因为企业最知道需要什么样的技能人才和什么样的技术。所谓就业原则指企业在职业教育中主导就业的方向和原则，即企业在高技能人才培养和使用中的引导性。企业、行业需要什么样的人才，除了自我培养之外，还必须向外招收"人才"，企业和行业所招收的"人才"，成为职业教育培养人才的导向。

第一，企业必须坚持人才使用预见性原则。企业的发展也是随着市场的需求变化而变化的。社会需求什么，企业才能生产什么，包括"军事"上的需求。企业生产什么，就必须有保证生产任务完成的高技能人才。企业家必须具有战略眼光，以超前的意识分析社会需求，引导不同部门对人才的培养。这种预见要有战略性，即对某种"产品"的未来加以规划，使"产业"按照企业的战略部署向前推进。这种预见要保持相对的科学性。说预见百分之百正确怕不现实，但预见应该建立在科学推测的基础上，使预见极尽条件，保证在已有条件下的科学。这种预见还要对培训实体予以"告知"，使培训实体为预见做好人才的准备。

第二，企业必须保持人才培养和使用的制度性。在企业和行业内部，企业是使用和培养人才的主体，因此，必须坚持以企业行业为主体，开辟高技能人才培养的多种途径。高技能人才培养和使用要注重规划。所谓人才培养规划指在预见的基础上根据自己的需要制定人才使用和培养的计划。企业对高技能人才的使用还要注意制度性的确立。企业应该建立和完善职工培训制度，加强上岗培训和岗位技能培训。要建立和健全引进、使用、培养、奖励等一系列制度，使职工真正成为企业需要的高技能人才。

第三，企业必须保持职业教育中人才培养和使用的导向性。所谓导向指企业对培训实体发布用人信息，使培训实体在培养人才中向企业需求的方向发展。为了使用人才和培养人才的科学，企业在导向方面必须做好三点：一是需求导向。所谓订单即是需求导向，直接向培训培养机构"订购"所需的人才。二是使用中的技术重点导向。企业最知道职业教育机构培养出来的人才技能重点是什么，好不好用。企业应及时向职业教育实体反馈，使职业教育机构在培养中不断调整培养重点，使之更为符合企业的需求。三是人才使用上多余或拒绝导向。职业教育实体的增多加上职业院校逐年扩招，某些工种（专业）方向上的人才培养已成为多余。企业应该向

---

① 《国务院关于大力发展职业教育的决定》，《光明日报》2005年11月10日。

职业院校和培训机构发布"多余"信息，以减少人才培养中的浪费。

第四，企业必须保持高技能人才使用中的创新性。创新是永无止境的，企业中的技术创新更无止境。企业结合技术创新、技术改造和技术项目引进等方式，不断开展新技术、新工艺、新材料等相关知识和技能培训，通过研发攻关等活动，促进高技能人才的培养。在创新中企业还要注意向职业院校请教，让职业院校在创新中提供理论上的支持。

第五，企业在职业教育中必须坚持合作性原则。所谓合作指企业在人才需求上与职业院校和培训机构的合作。用企业界的一句话说：无论职业院校培养的学生如何，总是比没有学习的强。这证明了职业教育至少已使一些学生在技术技能上入了门。企业应该主动与职业院校或培训机构联系，把人才培养的条件、内容、关键点规划清楚，使职业院校在培训中有的放矢，培养出企业真正用得上、留得住的技能人才。为了使技术技能能够一步到位，企业可以派出自己的技能人才到学校去，参与企业所需人才的培养。

（3）职业院校的主体原则

职业院校在职业教育中的主体作用和企业在高技能人才使用和培养中的主体作用是两个不同区域的概念，两者不存在矛盾。所谓职业院校主体指职业院校在技能人才培养中的能动性，即指职业院校在培养技能人才中的地位、能力、作用和性质占有主导地位。职业院校应该发挥主体作用，在培养技能人才的主战场上发挥应有的功能。

第一，职业教育必须坚持"成人"教育的原则。所谓"成人"教育原则指使受教育者首先成为人格健全的人，这样的人是有道德、有理想的，是对社会有益的技能人才。而现在的职业院校，尤其是层次较低的职业院校，放弃了"成人"教育，一味追求"技能"培养，培养出来的"人才"有可能是畸形人才。"由于社会过分商业化的背景，大学教育都是为今后谋求一个赚钱的职业而进行，过分集中于就业和研究市场，忽视了它全面教育的基本特点。在这种情况下，中国大学的人文精神严重缺乏。"① 而职业教育比大学更甚，在以就业为导向的口号下，职业教育的人文精神缺乏更为严重，我们必须在今后加以纠正。

第二，职业教育在"成人"原则基础上坚持就业导向性原则。所谓就业为导向指职业院校按照市场需求培养技能人才。我们容易一哄而上，一种政策导向出来，会引起多数人追随，忽视事物的全面性。在坚持全面性的基础上，职业院校首先要坚持为企业为经济建设服务的宗旨，为经济建设、社会建设培养合格的技能人才。其次坚持以"就业为导向"，从传统的升学导向向就业导向转变。"促进职业教育教

---

① 拉斐尔·波奇：《中国高等教育过于"实用主义"》，西班牙《先锋报》2008年1月3日。

学与生产实践、技术推广、社会服务紧密结合，积极开展订单培养，加强职业指导和创业教育，建立和完善职业院校毕业生就业和创业服务体系，推动职业院校更好地面向社会、面向市场办学。"①

第三，职业教育要坚持合作性原则。所谓合作指在培养模式上与企业、行业合作，在办学资源运用上与其他院校合作，使职业院校的办学内涵不断提升，办学能力不断增强。校企合作、工学结合是教学实践原则所要求的，也是职业院校为企业服务的必由之路。要使学生在技术、技能上学有所用，必须走校企合作之路，要"与企业紧密联系，加强学生的生产实习和社会实践，改革以学校和课堂为中心的传统人才培养模式"。② 校企合作还要走与企业合作办学之路，创办校企合作的办学实体。在办学资源上的合作，除了实训基地共享之外，还可以推动职业院校的资源重组，走规模化、集团化、连锁化办学的路子。

第四，职业教育必须坚持灵活性原则。所谓灵活指在坚持教育方针的前提下，办学方式、专业设置、人才培养的方法要灵活。办学方法的灵活，指学校除了校企合作之外，还可以根据市场需求自己办厂，实现前校后厂的模式。学校还可以采用代培模式，派出骨干老师去企业实训后，直接为企业培训培养实用型技能人才。专业设置的灵活指专业（工种）设置要跟上企业需求的步伐，跟上经济发展的需求，设置企业、行业、社会所需求的专业。人才培养方法的灵活就是要使理论与实践紧密结合，以实践为主，理论够用和理论指导为辅，开好技能主题课。人才培养方法的灵活还应该因人而异，注意学生的个体差异，有区别地培养。灵活地培养实用性技能人才，学校还要注意在实践中加强学科建设。培养中可以打乱学科的区别，采用大学科的原则，专业设置也可以采用专业互通的原则，让学生掌握更多的技能。职业院校在实际教学中可以"大力发展面向新兴产业和现代服务业的专业，大力推进精品专业、精品课程和教材建设。加快建立弹性学习制度，逐步推行学分制和选修制"。③

三、职业教育科学发展的实质

职业教育发展形势很好，但很好的形势不代表职业教育发展很科学。职业教育发展的实质是为了贯彻教育方针，适应全面建设小康社会对高素质劳动者和技能型人才的迫切要求，培养社会主义事业的建设者和接班人。职业教育科学发展的实质仍然是培养合格的人才。影响和主导职业教育科学发展的主要因素是政府的科学指

---

① 《国务院关于大力发展职业教育的决定》，《光明日报》2005 年 11 月 10 日。
② 同上注。
③ 同上注。

导、职业院校正确的办学目的、企业实事求是的用人导向、学生创新思维和创新能力的培养等等。

1. 职业院校和培训机构必须树立正确的办学目的

人是要有点精神的，辩证法明确指出，人类社会构成不外乎精神和物质的两部分。人们必须在实践中建立正确的思想追求，运用辩证的观点对待各种思想潮流，用正确的思想（精神）指导职业教育的科学发展。"要巩固马克思主义指导地位，坚持不懈地用马克思主义中国化最新成果武装全党、教育人民，用中国特色社会主义共同理想凝聚力量。"[①] "大力弘扬爱国主义、集体主义、社会主义思想，以增强诚信意识为重点，加强社会主义公德、职业道德、家庭美德、个人品德建设，发挥道德模范榜样作用，引导人们自觉履行法定义务、社会责任、家庭责任。"[②] 这些是职业教育培养人才的首要任务。

（1）职业院校必须坚持党的教育方针

职业教育科学发展的主要内容是以人为本，坚持协调、全面可持续的发展，坚持党的教育方针，用党的教育方针指导职业教育，使职业教育科学发展。

第一，职业教育必须以人为本。职业教育的目的是为了培养人，为了让人学有所成，学有所用，一切都必须从"人"这一点出发，在院校里要提倡一切为了学生，在教工队伍中，还要提倡一切为了教师，在学校所有的工作中必须坚持以教学为中心，使大家为了完成"育人"这一根本任务而工作。

第二，职业教育必须把德育放在首位。无论是市场经济还是计划经济，社会主义的职业教育必须抓好德育工作。"把德育工作放在首位，全面推进素质教育。坚持以人为本，突出以诚信、敬业为重点的职业道德教育。""要发挥学校教育、家庭教育和社会教育的作用，为学生健康成长创造良好的社会环境。"[③] 职业院校一定要加强师德建设，把德育工作落到实处。

第三，职业教育必须坚持人的全面发展。德育为先、以人为本地发展职业教育，都是为了学生的全面发展。坚持党的教育方针就是要使受教育者在德智体等各方面全面发展，这样培养出来的人才才能真正成为高素质、高技能的人才。我们强调以人为本，就是因为不少院校以"学费"为本，追求的只是金钱效益，对其他工作不予重视。我们强调德育放在首位，就是因为有的院校只重技能知识教育，放弃了德育，结果学生在校内就德育缺失，做出一些无德的事情来。我们强调全面发

① 胡锦涛：《高举中国特色社会主义伟大旗帜 为夺取全面建设小康社会新胜利而奋斗》，《十七大报告辅导读本》，第33页，人民出版社2007年版。

② 同上注。

③ 《国务院关于大力发展职业教育的决定》，《光明日报》2005年11月10日。

展，就是为了使学生在综合素质上有综合的提升。

（2）职业院校必须加强课程建设

职业院校分为三种类型，一种是高校管理模式的高职院，这些学校传承了高校的课程建设模式，以理论教学为优。第二种是技师学院，这些新建的院校以文化课、专业理论课、技术基础课、生产实习课等骨干课程组成课程框架。这种课程建设有别于高职院校，重视了技术课，但实训实习却略显不足。第三种是中等技术学校分为文化基础课、专业基础课、专业课三段式课程模式，这种课程方式与就业岗位仍有距离，必须加以改进。在课程建设上能否从几方面予以突破。

第一，以育人为总目标，科学安排课程设置。必须保证一定数量和质量的德育课和各种健康向上的活动，学校必须用硬指标，加强师德建设，加强学生道德品质的培养。

第二，以职业为导向，明确学习目标。在成人的基础上，学生必须学到就业的本领。学生职业生涯既是学生自身生存与发展的基础，也是经济社会科学发展的需要。专业教学标准应使学生能够掌握与社会经济发展需要的基本的职业能力。学校要帮助学生拓展和加宽职业发展空间，在课程设置上宜跨专业、多技术、宽基础。

第三，以职业任务为根本，确定课程内容。职业任务指学生将来的工作任务，学校要根据学生将来工作过程的实际需要来设计课程，按专业（工种）岗位的不同来划分和确定专业方向，实事求是地以职业任务为标准整合教学的理论与实践。

第四，以技术、技能为标准，合理安排知识与技能的掌握标准。要使学生掌握一定的基本技能和一定的基本知识，在教与学的课程内容中设定一定的标准。在基本技能和基本知识的基础上，突出专业（工种）领域的新知识、新技术、新工艺、新方法。注意培养学生技能智慧的养成，并不断积累和提升自己的综合职业能力。

第五，以角色互换为技巧，培养学生的职业能力。在没有实现校企零距离对接的职业院校，应该培养学生角色的互换能力，养成职业技术工人的理念和习惯，尽快使学生具有为就业而掌握技能的准备，以纠正学生"升学理念"的习惯。当然，我们不排除有些学生继续升学深造。

第六，以产品服务为载体，安排教学活动。不同的专业和工种，要用典型的产品或者服务组织实实在在地组织教学活动，使学习中的模拟任务具体化、可操作化，让学生在教学活动中有真实的工作体验，以推动学生的实际性学习，增强工作能力，积累直观的体验，打好上岗的基础。

第七，以创新创造为要求，激发学生的创造热情。应该说任何工作都有创造和创新，要培养学生的创新创造理念，在熟练掌握技能的基础上有所创造。另外，还要鼓励学生自主创业。

第八，以职业技能鉴定为参考，强化技能训练。① 专业教学标准必须涵盖职业标准和岗位要求，即涵盖所设置的专业（工种），职业院校和培训部门应该具体分析相应职业资格证书的技能考核项目，用应试办法强化训练，并尽可能地改善实训条件，使学生在学习结束后获得相应的资格证书。

（3）职业院校必须实现校企合作

"大力推行工学结合、校企合作的培养模式"是中央的要求，也是职业教育实现教学零距离对接的最好办法。职业院校必须在办学理念上、行动上、结果考核上予以重视，不能"说起来重要，做起来次要，教起来不要"。校企合作推进困难较大，存在三方面的问题，一是中央或相关部门没有相应的法律或制度上的规定，让企业必须接收职业院校的学生参与实习和实训；二是企业的积极性、主动性不高，怕添麻烦；三是学校的诚意和钻劲也不够。国务院已对职业院校提出了中职最后一年要到企业等用人单位顶岗实习，高职实习实训时间不少于半年的规定。国务院又对企业提出了具体要求，"建立企业接收职业院校学生实习的制度。实习期间，企业要与学校共同组织好学生的相关专业理论教学和技能实训工作，做好学生实习中的劳动保护、安全等工作，为顶岗实习的学生支付合理报酬。"② 为了做好实训和校企合作工作，国务院又提出了建立和完善"半工半读"制度的指示，"在部分职业院校中开展学生通过半工半读实现免费接受职业教育的试点，取得经验后逐步推广。"③ 作为培养技能人才的学校，应该主动"出击"，做好校企合作工作，职业院校要善于分析不同企业个性化的要求，在保证人才培养工作的前提下，解放思想，大胆尝试，开拓渠道，利用高校的场地、设备、师资、技术、人力和潜在客户的优势，与企业搞好合作，争取企业对教学工作的支持，实现双赢的结果。对于职业院校来讲，应该做好几方面具体工作。

第一，职业院校领导必须树立校企合作的理念。职业院校不能用传统的教学方式培养职业院校的学生，院校领导必须更新理念，不能用"谁没有读过，学谁没有上过"这种武断的经验式的理念把校企合作束之高阁，只要学校领导重视并推行校企合作，校企合作在具体院校中一定会有新局面。

第二，职业院校要建立校企合作的制度。学校要从管理、教学等方面建立校企合作制度，诸如校企合作项目的责任机制、完成合作项目的激励机制、合作项目的管理与监控机制、校企双方利益分配和风险机制等等。

第三，职业院校要建立校企合作的职能部门。为了落实好校企合作，职业院校必须建立专门的机构，以便加强领导与协调。

---

① 林德芳：《中等职业教育深化课程教材改革的思考与实践》，《职业教育研究动态》2006年第6期。
② 《国务院关于大力发展职业教育的决定》，《光明日报》2005年11月10日。
③ 同上注。

第四，职业院校要规范校企合作的项目内容。要实事求是，根据本校的教学科研特长，利用学校现有的技术，打有把握之仗。当然，项目内容也应灵活设置，但必须视自己的能力而定。

第五，职业院校要建立校企合作的教学体系。在教学计划、教学任务、教学检查、教学评估等方面建立健全校企合作体系。一方面请企业专家、企业骨干上课；另一方面为企业某些攻关项目进行专题研究。

第六，职业院校要建立校企合作的信息反馈系统。校企合作的信息反馈系统可以分为教育信息反馈系统和实训实习项目合作的信息反馈系统。在校企合作教育方面，要根据用人单位对人才需求的变化不断进行调整，不断充实教学内容。在校企合作实训实习方面，要根据学生技能水平及时与企业沟通，调整实训实习计划安排，使实训实习循序渐进。在校企合作项目的合作系统中，要根据市场情况，减少成本，扩大收益，化解风险。

2. 政府对职业教育应该科学地发挥主导作用

中国特色的职业教育关键点在政府的引导和管理的科学程度，政府必须科学地引导，加大经费等方面的投入，协调各种关系，推进职业教育的科学发展。

(1) 建立科学的国家职业教育管理体制

"要加强对职业教育发展规划、资源配置、条件保障、政策措施的统筹管理，为职业教育提供强有力的公共服务和良好的发展环境。""要充分发挥职业教育工作部际联席会议的作用，统筹协调全国职业教育工作，研究解决重大问题。"① 中央应让职业教育由某一部门统管起来，解决扯皮问题，真正建立科学的管理体制。

(2) 国家及地方政府应该科学地加大公共财政对职业教育的投入

比如在实训基地建设、教学设备购置、困难学生的助学等方面解决实际问题，或者对职业教育学生实行义务教育。

(3) 国家及地方政府应科学地制定职业教育的发展战略

国家及地方政府应该像研究"国防"一样研究企业的战略走向，指导职业教育的发展，使职业教育不仅按要求培养人才，而且科学地完成支持企业向高科技发展的任务。

3. 企业对高技能人才培养应该实事求是发挥主体作用

技能人才是企业使用的，在前校后厂的设计没有实现的情况下，企业在技能人才培养和使用中仍然发挥着主体作用。职业院校在培养高技能人才中应该明白这一点。

---

① 《国务院关于大力发展职业教育的决定》，《光明日报》2005 年 11 月 10 日。

（1）企业应该主动引导培养人才的走向

企业与职业学校都承担着人才的培养任务，企业承担的是使用和再培养的任务。应该逐步推行以企业为主体，开辟高技能人才培养的多种途径。企业需要什么样的人才企业自己最有发言权。企业应该主动接受职业院校学生的实习、实训，创造条件安排学生的实训实习，采用"订单式"的需求方式，指导职业院校有目的地为企业培养急需和常规人才。

（2）企业应该有自己的人才培养规划

要增强企业对高技能人才培养工作重要性的认识，充分发挥企业培养高技能人才的主体作用。企业应该结合自己生产发展和技术创新的需要制定高技能人才培养规划，并在培养规划的指导下，建立切实可行的培训制度。企业要充分利用职业院校的场地、技术、师资和人力等优势条件，为企业的人才培养和技术创新发挥独有的作用。

4. 职业院校应该注意养成学生的创新素质

在应试教育的指挥棒下，成千上万的青年学生被普通本科和普通高中淘汰，这在许多学生心中留下了阴影，有些学生自暴自弃，有些学生形成了自卑心理，还有的学生形成了对应试乃至学校的仇视心理。职业院校应该注意用不同的方式，帮助学生重建自信心理，创造健康向上的学习环境，让学生认识到高技能人才的重要作用，科学地帮助学生在掌握技能的前提下，养成创新的素质。

（1）帮助学生养成自重的心理

高中和普通本科高校不是人生唯一的学习方式，要帮助学生逐步克服自卑感，树立应有的自信心，使学生看到职业院校一样培养人才，帮助学生养成自重心理。由于思维方式的不同和学习过程的客观原因，进不了高中或者普通本科高校是正常的，因为不可能人人都成为本科生或研究生，这是客观现实。进入职业院校的学生应该自重，自己看重自己，不能自己看轻自己，放弃自己。要帮助学生养成自信心理，帮助克服学习上的自卑，让学生看到自己的优点、优势，用鼓励等不同方式，让学生相信自己。要帮助学生建立自强心理。人生的路多是自己走出来的，掌握了高技能本领，就可以有所作为。要帮学生建立自立心理，别人的帮助、客观的条件可以暂时发挥作用，但关键是自己的水平和能力，帮助学生从依赖家庭和学校中走出去。要帮助学生找到自我完善的方法，人是需要不断完善自己的，这种自我完善需要有一定的方法。帮助学生审视自己，修正自己，发现自己的优势，利用优势，来实现自己的理想。

（2）帮助学生养成创新的素质

人类创新是推动人类进步的强大动力，也是强化生产力的重要途径。创新有宏观的，较大的方面；也有微观的，较小的方面。培养学生创新能力，主要是指鼓励和培养学生学习新知识、新技术，钻研岗位技能，提高自身运用新知识、解决新问题、运用新技术、创造新财富的能力。帮助学生养成创新素质就要帮助学生养成对技术操作中的好奇心理，树立了好奇心，有探究结果的冲动，是创新的前提。帮助学生养成创新素质，要在熟练掌握某项技术或项目的基础上，有所总结和发现。发现奥妙与发现问题一样重要，都是创新的必经之路。帮助学生养成创新素质就要让学生明白有些技术是可以改变的，以此推动学生在继承的基础上敢于否定，敢于试验。帮助学生养成创新素质要培养学生的创造智慧，人的创造智慧来自于人们对实践的认识，对实践经验的积累，对实践的大胆否定和求证。墨守成规、人云亦云不是职业教育培养学生的目的，必须使学生在技能操作中培养和积累智慧，以求养成创造的素质。

第二章
职业教育科学发展的属性与功能

职业教育进入了一个崭新的发展阶段，但必须科学发展。党的十七大为我们勾画出经济建设、政治建设、文化建设、社会建设四位一体的小康社会的蓝图，职业教育必须跟上四位一体建设的步伐。职业教育作为教育的一个分支，作为中国特色社会主义事业的重要组成部分，必须加强自身属性以及功能的研究，以取得不同层面的共同认识，推动职业教育的科学发展。

一、职业教育的属性分析

职业教育是教育的重要组成部分，是教育直接与社会联结的一种独特的教育形式。职业教育具有教育的属性是必然的，从哲学上讲本质与属性是一对密切相关的概念，本质是事物的根本性质，是事物内部的必然联系，是决定此事物之所以为这一事物的内在规定性。而属性则是事物本质所体现出来的性质和特点，是事物与其他事物相联系、相比较、相区别过程中所表现出来的外在性质。① 属性包容在事物之中，每一事物都具有很多种属性，而本质通常具有唯一性。事物的有些属性是本质属性，有一些则不是本质属性。具有不同属性的对象，分别形成不同的类，可分为特有属性和共有属性。而作为职业教育除了具有教育这一根本属性之外，还应该具有与社会密切相关的外在属性。这些是我们要研究的。

1. 在固有属性方面，职业教育具有教育性和实用性

教育的本质属性从 1978 年以来一直存在争论，而且这种争论一直在延续着。为此，我们仅从教育的多种属性出发，厘清我们在发展职业教育中必须搞明白的职业教育的外在性质。

（1）职业教育的教育性

就教育而言，教育的概念有狭义和广义之分。在 1978 年开展的教育性质的讨

---

① 瞿振元、韩晓燕：《从更高更宽视阈透析高等教育的属性与功能》，《中国高等教育》2008 年第 2 期。

论之后，至今还没有形成统一的性质概念。过去认为教育是上层建筑的一个组成部分，之后把教育的功能拓展到了经济、政治、文化、社会等各个领域，这便推进了对教育性质的研究。广义的教育指影响人的身心发展为直接目的的社会活动。狭义的教育指由专职人员和专门机构进行的学校教育，即按照一定的要求，有目的、有计划、有组织地向人们传授知识技能、培养思想品德、发展智力和体力的活动。教育是一种社会现象，起源于劳动，是年长一代为了社会的延续和发展，把长期积累起来的生产劳动经验和社会生活经验传授给年轻一代，使他们适应劳动和生活的需要而产生的。教育是人类社会的永恒范畴，为一切社会所必需。一定社会的教育是一定社会的政治、经济、文化等的反映，同时又受到它们的制约。教育还受制于个体的身心发展规律。社会主义社会的教育是建设社会主义和促进个人全面发展强有力的工具。职业教育实现了教育终身化的要求。职业教育是按照教育方针，有目的、有计划、有组织地向相关的人员传授职业知识、技能，培养思想品德，发展智力和体力的活动。

第一，职业教育的教育性体现以职业生涯为中心。职业教育的最大特点是以职业生涯为中心，对受教育者进行相关的职业道德、职业技能、职业知识和增强体力的教育活动。

第二，职业教育的教育性体现在"成人"教育方面。"成人"教育指通过做人的道理、实践的培养，形成某种职业道德，使受教育者真正成为人。

第三，职业教育的教育性体现在培养受教育者的职业技能方面。职业教育要教会学生相关专业（工种）的实际操作技能，使得受教育者所掌握的技能成为自己职业延续的保障。

第四，职业教育的教育性体现在培养受教育者的职业知识方面。职业知识是职业教育者向受教育者传授的重要任务，是掌握职业技能的基础，它和职业技能交叉进行，有时又相互包容。职业教育的教育性是由教育的本质所决定的，是职业教育的根本属性。

（2）职业教育的实用性

职业教育不同于其他教育方式的根本点就是职业教育具有极强的实用性。职业教育本身就是为了干好职业或为了获得职业而进行的教育。教育的属性决定了职业教育必须向受教育者在知识、技能、品德方面予以培养，而职业教育的"职业"又必须使教育以"职业"为中心，表现为教育的实用性质。说职业教育具有实用性质，指职业教育的实用表现在更直接、更实际、更管用上。

第一，职业教育的实用性表现为生存技能性这一特性上。职业教育使受教育者经过在校和在岗位上的学习，掌握了赖以生存的职业技能，并以此作为求职和供职换取生活必需品的手段，尽管生活必需品有时以货币形式表现。

第二，职业教育的实用性表现为就业性的特性上。职业教育的另一大特性就是以就业为导向，有人还概括为职业教育为就业教育，这是从教育成果后角度总结的，尽管不全面，却说明了职业教育具有就业的特性。

第三，职业教育的实用性表现为实际操作性上。受教育者通过职业教育的培养之后，掌握了相关专业（工种）的知识、技能，并在具有相关设备的基础上进行实际生产操作，这是谋取职业的基本条件和获取职业的优势，是受教育者实际的技术本领。

2. 在经济属性方面，职业教育具有消费性和生产性

无论是国家培养还是受教育者选择培养，职业教育都需要一定的支出，同时，经过培养之后的受教育者又是社会经济发展的生力军，这便表现出职业教育极强的经济属性。职业教育是一定社会的生产力、生产关系和政治的反映，反过来又对社会生产力、生产关系和政治予以影响，同样也受到生产力、生产关系和政治的制约。这些反映、影响和制约，都是由职业教育的经济属性所决定的。

（1）职业教育的消费性

任何教育都需要教育成本。在我国改革开放前以及改革开放后的几年中，我国的教育是不用受教育者个体付费的，被人们视为是纯消费性的公益性事业。1985年国家开始收费试点，1996年高等教育试行半收费，1997年全面并轨实行收费教育，至此，中国大学的本专科以及职业教育全部变成了收费教育。举办和发展职业教育，必须要有一定的投入，需要消耗大量的财力、物力、人力，这其中较大的部分是消费开支。而接受职业教育付出的开支，是构成消费的重要组成部分，这都表现出职业教育很强的消费性质。由此可知，无论是国家或地方政府对职业教育的投入都必须用科学发展观作指导，以真正实现职业教育投入科学化，实现职业教育的"少花钱，多办事"。[①] 从受教育者的角度来看，读职业院校，必须负担学费、生活费等消费开支，受教育者也会算账，受教育值不值，这是消费之前之后的必然反应，也是职业教育消费性质的必然体现。

（2）职业教育的生产性

职业教育的消费性与生产性是相关联的，职业教育不仅仅具有消费性，更具有生产性。这种生产性既表现在负责职业教育的院校和受教育者方面，又表现在社会方面。经济的运转过程是生产、分配、交换和消费，职业教育的生产性目标包括了生产、交换和消费。职业教育的生产性表现为几点。

第一，职业教育的生产性表现在对"生产力"的培养上。无论从马克思的生产力要素中首要要素"具有一定的生产经验和劳动技能的生产者"[②] 方面，还是"科

---

① 《邓小平文选》，第2卷，第56页，人民出版社1994年版。
② 宋原放：《简明社会科学词典》，第240页，上海辞书出版社1992年版。

学技术是第一生产力"① 方面，职业教育都是对"生产者"进行培养，使之掌握更高的科学技术。因此说，职业教育在"生产"着"生产力"，这表现了根本的生产性。

第二，职业教育的生产性又表现在生产和消费上。职业教育有同一般产业相似的地方，即有投入、转换、产出的过程。职业教育必须有相继的生产投入，并不断地予以补偿，这正是职业教育生产性的体现。职业教育的"生产"，又不同于产业的生产，因为产业的生产是劳动者运用劳动资料，作用于劳动对象，生产各种预期产品的劳动过程。职业教育的生产是培养人的过程，这是有本质区别的，虽然职业教育具有生产性。

第三，职业教育的生产性又表现在新技能、新知识的创造方面。新技能、新知识的本身就是科学技术，就是生产力的构成要素，这种生产有时比其他生产还重要。职业教育完成"生产"过程，必须用科学发展观作指导，使生产投入"科学"，生产过程"科学"，生产出来的"成果"更为"科学"。

3. 在文化属性方面，职业教育具有继承性和创新性

文化的继承和创新是必然的，因为文化是一种社会现象，它以物质为基础。每一种社会都有同它相适应的文化，并随着社会物质生产的发展而发展，又随着社会制度的产生而发生变化。文化的发展具有历史的继承性或叫历史连续性，新文化不可能脱离旧文化而产生。"教育是文化的表现形式，是文化中的一个重要组成部分。""在这里，我更多的是将教育作为文化的一部分来看待的，教育与文化的关系更多的是部分与整体的关系。"② "可以说，相对于社会政治、经济活动来说，文化与教育的关系更为密切、更为直接。"③ 既然教育是文化的一部分，那么文化的继承性和创新性也就必然为教育所具有。职业教育的科学发展，必须在继承上提升，在提升中创新。

（1）职业教育的继承性

职业教育是由教育细分出来的，教育一直是在继承中发展的。教育起源于劳动，是为了继承老一代的劳动经验和社会生活经验。职业教育的继承性主要表现为几方面的继承方式。

第一，职业教育的继承表现为实业精神的继承。职业教育的继承离不开实业，因为职业教育的目的是为实业培养高素质劳动者和高技能人才。所谓实业精神指利用已有的条件艰苦创业的精神。职业教育必须发扬和继承实业精神，审时度势，把

---

① 《邓小平文选》，第3卷，第274页，人民出版社1993年版。
② 郑金洲：《教育文化学》，第8页，人民教育出版社2000年版。
③ 同上注，第380页。

握发展时机，推进职业教育的科学发展。

第二，职业教育的继承表现为实用方式的继承。职业教育是为企业等单位培养实用人才的，讲的是动手操作能力，讲的是技术和知识的实用与不实用。不实用的职业教育是无法生存和发展的，无论其未来的情景如何。

第三，职业教育的继承表现为技能、知识的继承。一切知识、技能都是前人的积累、创造，作为后人必须在继承的基础上才能发展。而除了知识、技能的内容需要继承之外，其传授的方式也被后人所继承。例如过去职业教育的师徒制，被继承之后加以创新成为导师制。职业教育同教育一样，如果没有继承，知识和技能就不会延续。科学发展职业教育，也是在继承优良的职业教育传统的基础上，推动职业教育的科学发展。

(2) 职业教育的创新性

职业教育的创新指在继承基础上的创新。职业教育创新有从职业教育属性进行分析的，也有从职业教育内部特征上加以分析的。职业教育的创新应该根据经济社会发展的需要而进行。创新必须是科学的、进步的、可持续的。职业教育的创新表现为几点。

第一，在专业（工种）设置上必须依据企业的需要而创新。专业（工种）的设置具有动态性，其根本原因是经济社会在发生变化，人们的需求也在发生变化。专业（工种）的设置必须随着经济社会的变化而变化。这就需要在专业（工种）的形式上或内容上予以创新，以满足社会经济的需要。

第二，职业教育的创新性还表现在知识和技能上。知识和技能是职业教育的核心内容，必须在实践中不断总结，给予新的内涵、新的技术和操作技能上的提升。

第三，职业教育在工学结合形式上的创新。工学结合一直是职业教育追求的职业训练模式，也是为了实现职业教育与企业零距离对接的一种较为理想的方式。在工学结合上，不少院校和企业作了大胆的探索，但都是在校企合作上的探索，似乎没有工学结合的新路子。职业教育，必须在工学结合的形式上创新，找出工学结合最佳结合点，以推进职业教育的科学发展。

4. 在社会属性方面，职业教育具有公共性和私有性

经济学家把国家公园、公共住房、义务教育等公共福利事业视为公共产品，他们把产品分为三大类，即私人产品、公共产品和准公共产品。认为用于满足社会公共需要的产品或服务，称之为公共产品或服务；用于满足私人个别需要的产品或服务称之为私人产品或服务；介于两者之间的称之为准公共产品。① 职业教育有着公

---

① 瞿振元、韩晓燕：《从更高更宽视阈透析高等教育的属性与功能》，《中国高等教育》2008 年第 2 期。

共产品的特点，而学到了技能和知识的个人，又是私人使用的，可以用在公共方面，也可以用在为自己谋利益方面，这可能是职业教育不分"公"、"私"的显著特点，是需要在科学发展中加以注意的。

（1）职业教育的公共性

公共物品是指在消费和使用上具有非竞争性和非排他性特征的物品。非排他性是指人们不能被排除在消费某一种商品之外。非排他性表明限制任何一个消费者对公共产品的消费是困难的。经济学将同时具有非排他性和非竞争性的产品称为纯公共产品，把只具有局部非排他性和非竞争性的产品称为准公共产品。① 职业教育的资源是有限的，一个人占用了职业教育资源，就会减少另一个人使用职业教育资源。而职业教育又具有巨大的正外部效应，它为受教育者提高素质的同时，又为社会增加民主，减少社会犯罪，为经济社会培养高技能人才和自主创业型人才，为经济社会作出贡献。因此，职业教育是介于公共产品和私人产品之间的准公共产品。职业教育的公共性主要表现在作为职业教育"产品"的人才、知识、技能，是为社会服务的，这是它的公共性属性所决定的。正由于职业教育的公共性特征，决定了在职业教育的科学发展中，政府必须加大投入，解决职业教育实体的经费困难。因为"公共产品通常要由政府来提供"。②

（2）职业教育的私有性（私人性）

所谓私有性物品，指那种数量将随任何人对它的消费的增加而减少的物品。它具有两大特点：一是竞争性，如果某人已经消费了某个物品，其他人就不能再消费该物品；二是排他性，对物品支付价格的人才能消费物品。③ 我们在前面已分析过，职业教育具有准公共性的特点，它不仅具有公共性的特点，而且又具有私有性的特点。从职业教育的受教育对象来说，如果一个受教育对象选择了某一受教育岗位，其他人就减少了选取这个岗位的机会。职业教育的受教育者要有一定的支付能力，一般要付得起学费，才能接受教育，这就表现为私有物品特点。从职业教育受教育者的角度分析，受教育个体是职业教育的最直接受益者，职业教育可以帮助受教育者找到职业并增加个人收入，而且经过教育，使教育者提升了个人的生活品质，完善了个人的心灵，学到了职业技能，增长了生存生活的本领。这些又都表现出职业教育的私人性。职业教育的私人性特征，提醒职业教育工作者包括职业教育的主管部门，必须根据受教育者的需求而供给职业教育物品，根据市场经济的需要设置专业，使职业教育的受教育者学有所用，学有所成，使职业教育的院校，真正提升内涵，实现科学发展。

---

① 张晓华、王秀繁主编：《经济学基础》，第 118 页，机械工业出版社 2006 年版。
② 同上注，第 119 页。
③ 同上注，第 118 页。

5. 在功能属性方面，职业教育具有全局性和局部性

职业教育的本质属性是它的教育性，职业教育又只是教育的一部分，即使是教育的全部，还受着外部的影响，其功能的发挥也受到外界的影响。职业教育作为教育的一个组成部分，它承担职业人才的培养重任，对经济社会尤其是企业发展有不容忽视的影响。职业教育要科学发展，必须注意职业教育这两种看似相对的特性，注意发挥职业教育的优势，以推动职业教育的科学发展。

（1）职业教育的全局性

所谓职业教育的全局性指职业教育功能影响的广泛性方面。[①] 职业教育的教育功能，对社会、经济、政治、文化都有着十分重要的影响。就是说职业教育本身对社会不会有全局性的作用，而职业教育的功能却对社会各方面产生着广泛的影响。温家宝同志讲："现在，我国就业和经济发展正面临着两个大的变化，社会劳动力就业需要加强技能培训，产业结构优化升级需要培养更多的高级技工。我们要从国家现代化建设的大局出发，深刻认识加强职业教育的重要性和紧迫性。""职业教育是现代国民教育体系的重要组成部分，在实施科教兴国战略和人才强国战略中具有特殊的重要地位。"[②] 职业教育的全局性主要表现为以下几点。

第一，职业教育功能的正外部性特征。职业教育在形式上是对企业尤其是经济产生全局影响，但深层次却对社会、经济、政治、文化等各方面产生巨大影响。通过职业教育的受教育者之手实现的"中国制造"已对全球经济产生了影响，这种影响也涉及外交、文化、民族等各方面，既有某一地区的局部，也有全球的广泛。

第二，职业教育关系到我国走新型工业化道路、调整经济结构和转变增长方式。职业教育实施技能型人才培养培训工程，加快生产、服务一线急需的技能型人才的培养，特别是现代制造业、现代服务业紧缺的高素质高技能人才的培养。有了人才，才能完成调整经济结构和转变增长方式的任务。

第三，职业教育关系到农村劳动力转移和新农村建设的全局。职业教育必须按照中央政府要求，"为农村劳动力转移服务。实施国家农村劳动力转移培训工程，促进农村劳动力合理有序转移和农民脱贫致富，提高进城农民工的职业技能，帮助他们在城镇稳定就业。""要为建设社会主义新农村服务。""大范围培养农村实用型人才和技能型人才，大面积普及农业先进实用技术，大力提高农民思想道德和科学文化素质。"[③]

---

① 瞿振元、韩晓燕：《从更高更宽视阈透析高等教育的属性与功能》，《中国高等教育》2008 年第 2 期。

② 温家宝：《大力发展中国特色的职业教育》，《中国教育报》2005 年 11 月 14 日。

③ 《国务院关于大力发展职业教育的决定》，《光明日报》2005 年 11 月 10 日。

第四，职业教育关系到提高劳动者素质特别是职业能力。职业教育关系到在职职工普遍的、持续的文化教育和技术培训，关系到培养高级工和技师以及学习型企业的建立。职业院校的教育关系到就业和再就业服务，关系到面向初高中毕业生、城镇失业人员、农村转移劳动力的培训，关系到社区教育、远程教育的发展。

第五，职业教育关系到各类产业的健康发展。长三角、珠三角的"民工荒"，实际上是技能人才荒，凸显职业教育培养人才数量和质量的不足。职业教育培养的人才，是经济社会发展的基础，事关国家经济发展的全局，事关全社会的稳定与和谐。

第六，职业教育功能的广泛性，还表现在对企业乃至社会经济的未来上。换句话说职业教育的全局性还表现在职业教育功能的未来性上。从教育的本质上讲，教育的关键是未来的教育。"从某种意义上讲，现在和未来的竞争表面上是经济的竞争、科技和人才的竞争，实际上是教育的竞争。"① 说职业教育功能的未来性，因为教育的功能和作用有着滞后性和延伸性，教育在为未来储备着人才和科技竞争能力，为未来储备着发展的力量。职业教育的全局性受到经济、社会、文化、政治等诸因素的影响，职业教育的全局性功能也受到了制约，但职业教育在为经济、社会、文化、政治等服务中，推动着诸因素的发展，这是科学发展职业教育中应该注意到的。

（2）职业教育的局部性

职业教育的功能具有局部性，这也是由教育以及职业教育的属性所决定的。教育不是万能的，教育的作用是有限的，这些有限的作用也就决定了教育功能的有限。

第一，职业教育理念影响的有限性。这种影响的有限还表现在对职业教育功能的认识不全面方面。近年来社会对具有理论素养的教授、专家推崇，对各种娱乐家追崇，却忽略了对技能的尊重。这从一个侧面影响了职业教育的健康发展。不少社会人仍然重学历、轻技能，鄙薄职业教育。这种来自外部的局限，影响了职业教育的科学发展。

第二，职业教育的"结果"使用的有限。职业教育的"结果"是技能人才的高技能，由于社会等原因，高技能人才能力没有得到尽量的发挥。

第三，职业教育只是教育的一部分，其社会功能的发挥受到了外界各方面的影响，自身的功能和作用的发挥也是有限的。在科学发展职业教育中，如何发挥职业教育的全局性功能，克服职业教育的有限性功能，正是科学发展职业教育应该把握的结合点。

---

① 瞿振元、韩晓燕：《从更高更宽视阈透析高等教育的属性与功能》，《中国高等教育》2008 年第 2 期。

二、职业教育科学发展的效用功能

教育是培养人的，教育的效用表现最突出的一点是使人成为人，教育的效用另一点是使人成为有用的人。这种有用指教育使受教育者掌握了知识和技能，为社会作出应有的努力和贡献，成为社会的有用之人。职业教育是教育的一部分，其效用有与教育的相同之处，也有自己的独特性。科学发展职业教育既要注意教育的属性即自身应有的功能，也应该注意职业教育的效用功能。人们只有看到了职业教育的效用，才能理解和支持职业教育的发展，才能推动职业教育的发展，没有效用的事业是没有前途的，有前途的事业也必须科学发展才能保证发展的科学性。所谓职业教育的效用指职业教育的有用性。

1. 从教育效用层面分析，职业教育效用具有广泛性和独特性

教育的效用层面指职业教育在教育大环境中的效率和作用，被人们简称为有用性。职业教育在教育层面的效用具有广泛性也有其自身的独特性。在科学发展职业教育中，应该十分注意职业教育的不同效用，以追求在科学发展职业教育中使职业教育的效用最优化。

（1）职业教育效用的广泛性

职业教育的效用已被越来越多的人所认识。职业教育效用的广泛性体现为几点。

第一，培养人才的量越来越大。我们已经分析过，近几年职业教育发展越来越迅速，培养技能人才的规模越来越大，到了2007年，中、高等职业教育的在校生已达2861万人，这已超过了普通高校本科生和研究生的在校生规模。按常规分析，职业教育在校生还会在今后的短期内增多。

第二，专业（工种）设置越来越多。专业越多，说明职业教育涉及的面就越广。近几年在专业设置中，许多新专业和边缘专业也在增多，涉及的领域也越来越全面。据不完全统计，我国中等职业教育专业已达1838个细类。有些专业已出现了边缘化和边际化。

第三，职业教育已成为产业发展的基础。我国目前在生产一线的劳动者素质偏低和技能型人才紧缺问题十分突出。现有技术工人只占全部工人的1/3左右，而技师和高级技师只占全部工人的4%。沿海制造业比较发达的地区，技术工人的缺乏已成为制约产业升级的突出因素，成为制约经济社会持续发展的"瓶颈"。因此，培养高技能人才和高素质工人，成为我国职业教育以及企业的重要任务。

（2）职业教育效用的独特性

职业教育的独特性指职业教育效用的独有"个性"，这种独有个性，具有自身显著的特征，是区别于教育以及其他形式教育效用的根本点。职业教育的独特性具有相对的稳定性，随着社会经济的发展在发生变化。在不同的历史条件下，可能会催生或孕育职业教育的新的"个性"，但这种变化很慢，而且形式变化也不大。职业教育效用的独特性表现为以下几点。

第一，职业教育效用的独特性表现为职业的方向性。进入了职业教育实体学习，选择了专业，就等于进入了某种工种的培养。因为职业教育一直在奉行就业导向，所学即所用。这种职业方向对受教育者来说，是实用的、有效的。

第二，在学生业务培养中，职业教育的效用体现了技能的首要性。职业教育的效用推动学生掌握一定的技术，成为就业的看家本领。在职业院校，有一种不成规矩的做法，即"理论够用，技能为主"，把学生掌握技能放在学习的首位，这是区别于其他教育的根本点，是职业教育职能效用所决定的。

第三，职业教育效用的独特性还体现在重资格证书上。说重资格证书即一般不看重学历。初、高中教育，是一种升学教育；大学教育，是一种学历教育；职业教育是一种资格证书教育。只要学生愿意学，某一个学生可以同时获得不同的资格证书，而这些证书除了证明该生具有的某些技能资格外，还成为该生就业的重要条件。在科学发展职业教育过程中，要注意发挥职业教育效用的独特作用，除了追求职业教育效用的最大化之外，还要追求职业教育效用的科学性。

2. 从社会层面分析，职业教育效用具有平衡性和补救性

职业教育是教育的一部分，是社会的一种教育方式。任何教育都离不开社会，总是与社会紧密地联系，又为社会服务。职业教育的效用表现在社会层面上，主要体现在平衡性和补救性方面。

（1）职业教育效用的平衡性

职业教育的效用平衡指对全社会的平衡，这种平衡非常重要，有时关系到教育的和谐乃至关系到社会的和谐。因此，科学发展职业教育，就必须注意职业教育效用的平衡。

第一，职业教育的效用平衡体现在学生分流和学习方式的平衡上。"目前，全国城乡每年有1000多万初中毕业生不能升入高中，数百万高中毕业生不能升入大学；同时，大学毕业生就业难的问题越来越突出，每年有上百万大学毕业生不能及时找到工作。而社会对各类技能型人才需求量却很大，近年来一直供不应求。""如果只有高中和大学这一条'独木桥'，不仅教育需求与教育资源供给之间的矛盾很难缓解，还会造成教育资源和人力资源的浪费。因此，必须进一步完善国民教育体系，加快职业教育发展，合理配置教育资源，实行教育合理

分流。"① 职业教育关系到整体教育的平衡，关系到学生学习方式的平衡，关系到学生学习走向的平衡。

第二，职业教育的效用平衡体现在社会和谐上。发展职业教育，使无业者有业，使有业者乐业，意义重大。我国职业教育的根本任务，即实际效用，就是培养适应现代化建设需要的高技能专门人才和高素质劳动者。要对城乡需要就业的人员进行职业技能培训，要对高技能人才进行培养，要对在岗人员进行技术培训，这三个方面涉及几亿人，是一项规模浩大的社会工程。加快职业教育的科学发展，合理配置教育资源，"才能最大程度地满足社会成员多样化的求学愿望，才能适应经济社会发展对多层次人才和劳动力的需求，也才能有利于构建和谐社会。"②

第三，职业教育的效用平衡体现在产业发展的平衡上。在我国，一边是上百万大学生无法就业，一边是在制造、加工、建筑、能源、环保等传统产业和电子信息、航空航天的高新技术产业以及现代服务业领域，高技能人才严重短缺，阻碍了产业升级，阻碍了经济社会的持续发展。大力发展职业教育，发挥职业教育的效用，可以逐步解决高技能人才的短缺问题，可以保持产业发展的科学与平衡。

（2）职业教育效用的补救性

简单地说，保持职业教育的平衡已包括了职业教育补救性的内容，但严格分析，两者不是同一概念，包含的也不是同一内容。平衡是全部的概念，补救是较为具体的概念。同时，我们专门强调补救，为了说明职业教育效用的特别之处，说明了补救的重要。

第一，职业教育效用体现在对学历教育的补救上。就目前我国的教育情况来看，让每一个高中生都成为大学生，尤其是让每一个公民都成为大学生是一种不可能的事情。那么，作为对学历教育之外的学生学习需求的补救，职业教育应该发挥自身的效用，这种补救可以减轻高考入学的压力，也可以缓解大学生就业的困难，同样也成全了想学习和想工作的一部分人的愿望，使之学有所成。科学发展职业教育，发挥职业教育的效用功能，是对我国教育结构的补救，使教育结构更为合理。我们越来越清楚地认识到，必须像重视高等教育一样重视发展职业教育。我国人力资源丰富，但劳动力整体素质不高，人才结构不尽合理，主要原因是教育结构不够完善，职业教育没有得到科学的发展。

第二，职业教育效用体现在对部分学生的心理教育的补救上。"千军万马奔大学"，使大学成为成才教育的"独木桥"。不少社会人认为，读普通大学才是成才之

---

① 温家宝：《大力发展中国特色的职业教育》，《中国教育报》2005 年 11 月 14 日。
② 同上注。

路，没有考上大学不是人才，使不少没考上大学的学生形成了心理压力。不少人因为应试成绩不好而受到歧视，甚至自暴自弃。科学发展职业教育，发挥职业教育的效用，不仅可以解决学生求学的心理问题，解决成才的心理问题，还可以解决学习后的就业心理问题。我们必须看到，接受职业教育同样可以成才，同样可以有作为。因为没有经过职业教育培养出来的一支高技能、专业化的劳动大军，再先进的科学技术和机器也很难转化为现实生产力。

第三，职业教育效用体现在对就业教育技能补救上。现在，不少接受过高等教育的大学生在就业时碰到了困难，不得不接受职业技能教育，以求掌握一项技能，谋取一个较为理想的职位。职业教育不仅是高技能人才的摇篮，还是人们重新就业或者靠技能就业的一条途径。职业教育应发挥其自身的灵活性，科学地发挥效用功能，使无业者因掌握技能而有业。

3. 从受教育者层面分析，职业教育效用具有就业性、创业性和终生性

我们分析受教育者在接受职业教育之后的创业性，离不开职业教育的创业教育。受教育者的就业教育过程，已带有创业的理念教育。我们分析过较为成功的大企业家，多是在掌握了就业技能及相关知识之后而走上了创业道路的。就业难，创业更难。职业教育说到底就是一种就业教育和创业教育，是一种终生教育。

（1）职业教育的效用具有就业性

"以服务为宗旨，以就业为导向"已被国务院列为职业教育的办学方针。办学方针不是教育方针，教育方针是对职业教育全面指导的方针，是职业教育必须遵循的方针，而办学方针是学校的办学原则。两者存在"总分"关系。国务院提出的"职业教育从计划培养向市场驱动转变"，"从传统的升学导向向就业导向转变"，已明确了职业教育效用的就业性。所谓就业性指教学方式和教学内容要为学生的就业服务。

第一，职业教育的效用在教学上表现为让学生掌握就业的技能。职业教育应该适应劳动力市场的需求，满足企业对合格劳动力的需求，使教学与生产实践、技术推广、社会服务紧密结合。

第二，职业教育效用表现为为地方和社会培养实用人才。就业靠"本事"，"本事"就是技能。要根据地区及社会生产、服务、管理等不同需求，培养生产、服务、管理等需求的高素质、高技能人才，使受教育者方便就业。

第三，职业教育效用表现为必须"全面提高受教育者的素质"。[①] 要使受教育

---

① 《中华人民共和国职业教育法》，《中华人民共和国常用法律大全》上卷，第1052页，法律出版社1996年版。

者在接受教育中全面发展，职业院校就必须做到思想政治教育是灵魂，基本文化教育是基础，职业技能训练是特色。要把握特色，运用好特色，使就业指导性特色在职业教育中发挥科学的作用。

（2）职业教育效用具有创业性

胡锦涛同志在十七大报告中已明确提出："实施扩大就业的发展战略，促进以创业带动就业。""完善和支持自主创业、自谋职业政策，加强就业观念教育，使更多劳动者成为创业者。"①

第一，职业教育创业效用表现在推动理念创新上。职业教育的教育者和受教育者，都应该更新观念，树立自主创业、创业就业的新思想，改被动就业为主动创业就业，就如同浙江温州人那样，人人创业而推动人人就业，"白天当老板，晚上看黑板（学习），夜里睡地板。"理念的创新必须用科学发展观作指导，实事求是谋发展，实事求是地推动创业就业的理念确立。

第二，职业教育创业效用表现在职业教育创业教学内容的创新上。职业教育的教学内容，除了安排必要的知识技能之外，应该增加创业的内容。印度、泰国及印度尼西亚重视在职业教育中实施以开办"小"为目标的创业教育，建立"小企业创业机构"，开发符合职教特点的创业课程，我们可以借鉴。澳大利亚采用模块化课程，通过大量的案例启发学生，教会学生设计市场创业方案，开展考核评估，激发学生的创业动机。要注意在教学安排中，培养学生创业知识结构、创业技能、创业素质，并培养学生的创业个性。

（3）职业教育效用具有终身性

职业教育对准就业者和已就业者都有着极强的教育效用，这种效用表现出了终身性。由于技术进步日新月异，在岗职工也需要不断更新知识和提高技能水平，职业教育出现了终身化。据研究表明，现代职业教育已经并正从"终结性"转向"阶段性"和"终生性"；从单纯满足"就业需求"走向"就业创业并举"；内涵从"职业预备教育"拓展为"职业预备教育与升学预备教育"、"人生预备教育"。职业教育的终身性还表现为职业教育必须和职业后教育相衔接，必须在职业教育的基础上构建一个职业继续教育体系。职业教育效用的终身性主要表现为两点，一个是通过职业教育学到的知识和技术作为基础，使受教育者终身受益。另一个是职业教育可以随时对需求者以知识和技能的供给，保证人们对职业知识和技能的需求。无论职前教育还是职中、职后教育，都应该有一个设计，应该有多种思想准备，推动知识技能的科学获得和科学使用。

---

① 胡锦涛：《高举中国特色社会主义伟大旗帜　为夺取全面建设小康社会新胜利而奋斗》，《十七大报告辅导读本》，第37页，人民出版社2007年版。

4. 从教育成果使用方面分析，职业教育效用具有迟滞性和先导性

教育既有现实的作用和功能，更有迟滞性的作用和功能，教育的作用一般有一个周期，这是教育的独有规律。职业教育作用和功能的显示，也需要一个周期，表现出职业教育的周期性、迟滞性和延续性，分析这些效用，主要是从教育成果层面进行的。

(1) 职业教育效用的迟滞性

所谓迟滞指教育效用的延迟。职业教育是教育的组成部分，教育要有一定周期才能发挥效用，职业教育同教育一样，有些效用不是立马兑现的，"十年树木，百年树人"说的就是这方面的道理。

第一，职业教育的迟滞性效用表现在人才培养需要一定的周期方面。人对知识技能的掌握，对做人道理的理解和身体力行，必须要有一定的周期，这种周期因人、因企业而异。投资教育，要有等待周期的准备。

第二，职业教育的迟滞性效用表现在技能人才发挥作用需要周期方面。学校或培训机构培养的人才，真正在企业发挥作用、创造效益也需要一定的周期，这种周期改变要有一定的条件。管理人才的部门，必须注意发挥技能人才的积极性和专长，以使迟滞性周期提前结束。

第三，职业教育的迟滞性效用还表现在企业自身效益改变的周期性方面。任何企业都希望在使用某些人才之后，能够尽快改变企业的经营状况。但是，在现实中，企业经济效益的改变，除了人才之外，还有许多相关的环节，仍需要一个周期，表现出一种效益的迟滞现象。正因为职业教育效用具有迟滞的特征，科学发展职业教育就必须注意这方面的特征，要科学地预见，要追求职业教育的科学发展。对职业教育不搞急功近利，不搞"杀鸡取卵式"的效用追求。

(2) 职业教育效用的先导性

所谓先导指引导、引领。职业教育的先导指职业教育自身以及主管教育的单位和责任人必须具有引导、引领的理念、行动。职业教育效用的先导作用体现为三点。

第一，职业教育需要政府超前引领。职业教育今天培养的技能人才是为了明天经济社会的发展。经济要发展，投入要先行，职业教育发展要先行。政府一定要有超前的引领，要为职业教育的发展做好超前的准备。

第二，职业教育的本身改革与发展也必须超前。要为经济建设以及社会建设服务，职业教育自身发展必须科学，必须超前，必须创新。创新的本身就是一种超前。职业教育要有超前的理念，有超前的技术准备，不为眼前形势所迷惑，抓住创新的一切机遇，创新职业教育的教学、培训机制，推动职业教育自身的改革和发展。

第三，职业教育作为高质量高技能人才的培养者，本身就具有先导性，关键是如何发挥这种先导性作用，使职业教育的先导更科学。

三、职业教育科学发展的社会功能

我们知道，社会的概念有广义和狭义之分。我们这里讲的社会功能指广义的社会功能，包含了中央提出的"四位一体"的建设功能。职业教育以其高素质高技能人才队伍以及创新创造能力，在经济建设、政治建设、文化建设、社会建设领域发挥自己的功能和重要作用。我们分析这些功能，一方面是为了了解职业教育与"四位一体"建设的关系，另一方面为了引起相关部门的重视，以健全职业教育不同的社会功能，推动职业教育的科学发展。"但从总体上看，职业教育的发展仍然是薄弱环节，不适应经济社会发展的需要。大力发展职业教育，既是当务之急，又是长远大计。""我们要从国家现代化建设的大局出发，深刻认识加强职业教育的重要性和紧迫性。"①

所谓功能，指事物或方法所发挥的作用，这种作用可以是主观的即理想意义上的作用，也可以是客观的即实际的作用。从社会学角度分析，教育的功能可以分为本体功能或叫育人功能和社会功能或叫工具功能。② 这两种功能都是通过培养人来实现的。职业教育与教育一样，具有本体功能和社会功能，这种功能在不同社会条件下会发生变化，即职业教育运用自身功能服务社会，同样又被社会所约束、推动，这是由其社会功能所决定的。

1. 职业教育在经济建设中的功能、作用

职业教育在经济建设中的作用，主要是通过培养人才而实现的。职业教育的主要作用是把人口大国变成人力资源的大国。人作为生产力的基本要素之一，其自身素质是决定经济发展的关键性因素，而人力资源开发即人的职业素质的提高主要靠职业教育，也就是说，通过职业教育，可以把原来的人口优势变成人力资源优势，可以增加人力资源的"含金量"。据经济学家对教育收益率进行测算："一个人所受的教育年限与他所获得的收入成正比变动关系。"③ 这种关系的成因是，职业教育对人力资源素质具有提升作用，帮助受教育者提高知识、技术、技能水平，提升人的

---

① 温家宝：《大力发展中国特色的职业教育》，《中国教育报》2005 年 11 月 14 日。

② 瞿振元、韩晓燕：《从更高更宽视阈透析高等教育的属性与功能》，《中国高等教育》2008 年第 2 期。

③ 拉塞克·迪努：《从现在到 2000 年教育内容发展的全球展望》，第 161 页，教育科学出版社 1992 年版。

人格。职业教育为人力资源提供了提高收入的基础，一般情况下，受教育者的受教育程度与受教育者的经济收入成正比关系。经济建设需要千千万万高素质人才，高素质人才需要职业教育来培养。高素质、高技能人才有可能实现积累成本较少而内涵较高的物质财富，只有创造了一定的物质财富，经济建设才能算得上成功。"真正的财富在于用尽量少的价值创造出尽量多的使用价值，换句话说，就是要在尽量少的劳动时间里创造出尽量丰富的物质财富。"① 职业教育培养的高技能人才可以帮助人们实现这种愿望。职业教育在经济建设中的功能，可以归纳为以下几点：

（1）职业教育具有转化经济效益的功能

职业教育对经济建设的作用要经过一个中间环节作用于经济活动之后，才能转化为经济效益。我们知道，任何效益的获得都有一个过程，这个过程可能是效益获得条件的具备过程，也可能是效益形成过程和效益获得的过程。从大教育来讲，有的教育形式经过一定过程可以获得经济效益，有的教育形式获得的可能只是社会效益，而职业教育经过一定的过程，可以帮助他人获得较大的经济效益和一定的社会效益。

第一，职业教育具有把知识、技能转移到受教育实体的功能。所谓教育实体即受教育者。马克思主义认为，"全人类的首要的生产力就是工人，劳动者。"② 人是生产力中最重要的因素。因为任何科学技术说到底还是人发明创造的，又要靠人来掌握和运用。当然，这里的人指具有一定的生产经验、知识和劳动技能的人。而要使人成为有一定生产经验、知识和劳动技能的人，必须通过学习、培训、实践的教育过程。职业教育是培养经济建设的高素质劳动者和高技能人才的主要渠道，担负着"转移"技能、知识和素质的任务。没有职业教育的培养和教育，工业化、现代化、信息化建设所需要的知识技能是很难"转移"的。科学发展职业教育，必须注意发挥和刺激职业教育这种"转移"的职能，注意"转移"中的科学性。

第二，职业教育具有帮助受教育者积蓄物质生产能力的功能。职业教育是一个培养的过程，它把最新的职业知识、职业技能、产业信息、生产操作过程和技巧通过一定的时间和形式转化到受教育者个体身上。这种把知识、技能、经验转化到个体身上的形态，实质上是为物质生产积累能力的形态。这种积累方式可能是长期的也可能是生存生活急需的。受教育者一旦掌握了知识经验、技能技巧，便会在未来的物质生产中发挥自己的才能，为经济社会创造相关的财富。

第三，职业教育具有改变劳动力的性质和形态的功能。职业教育面对的受教育者的形态是多样的，但他们多是初中、高中毕业生，具有一定的文化基础，他们对职业技能等方面知识是少知或者不知。进入职业院校后，经过专业（工种）选择、

---

① 《马克思恩格斯全集》，第26卷，第281页，人民出版社1974年版。
② 《列宁选集》，第3卷，第843页，人民出版社1974年版。

课程培训和实践，使他们从可以从事简单劳动的劳动者变成了可以进行多倍于简单劳动的劳动者。所谓劳动形态，主要是反映体力与脑力的形态区别。马克思指出："要改变一般的人的本性，使他获得一定劳动部门的技能和技巧，成为发达的和专门的劳动力，就要有一定的教育或训练。"① 通过一定的教育和训练，便可以"使劳动能力改变形态"，"使劳动能力具有专门性"。② 职业教育客观上发挥了转变劳动力形态以及性质的功能作用。科学发展职业教育，必须注意发挥职业教育转变受教育者劳动力形态的功能作用，高质量、高速度地促进劳动力形态的转变。

第四，职业教育具有帮助劳动者获取经济效益的能量功能。说到底，无论是转变劳动力形态，还是积蓄物质生产能力，从客观上讲都是为了创造社会财富，而从主观上讲都是在帮助劳动者获取经济效益的能量。改革开放以来，大量的农村剩余劳动力涌向城里打工，改变了就业形态，需要职业培训；千军万马奔高考、中考之后，剩余的没有读成大学或没有读上高中的年轻人需要就业也需要职业教育；劳动者想改变自己的生存环境，获取一定的经济效益，就需要有一定的技能、技术、知识，职业教育责无旁贷。当然，通过知识和技能的获取，受教育者可以获得一定的精神上的满足，但主要是积蓄经济生产的能量。马克思曾经说过，教育可以使年轻人很快就能够熟悉整个生产系统，它可以使年轻人根据社会的需要或他们自己的爱好，轮流从一个生产部门转到另一个生产部门。帮助受教育者积蓄创造经济效益的能量也有一个科学积蓄的问题，注意引导年轻人的喜好以及需要非常重要。

（2）职业教育对经济建设的作用

职业教育在经济建设中、"在实施科教兴国和人才强国战略中具有特殊的重要地位"③，有特殊的重要作用。科学发展职业教育，在我国的经济建设中具有提升人力资源的整体素质，推进我国工业化、现代化建设步伐，解决"三农"问题和就业问题，完善整个教育体系的作用。如果我们从作用的规律层面分析，职业教育在经济建设中的功能作用有以下几点。

第一，职业教育具有促进经济内涵科学化的作用。所谓经济内涵的科学化指经济的科技含量高、效益好、消耗低、污染少。实现经济内涵的科学化，不仅仅要转变思想观念，还要跟上经济发展的世界潮流，具有战略眼光，具有实际操作水平。战略眼光就是不贪眼前小利，不去不分青红皂白引进项目，不贪求经济总量。世界潮流就是科技含量高；实际操作水平就是要有保证完成经济科学化的技能人才。职业教育培养的是为了完成经济科学发展的高技能、专业化劳动大军，是把科学技术转化为现实生产力的实际操作者，它们有着完成经济科学化和促进

① 《马克思恩格斯全集》，第23卷，第195页，人民出版社1972年版。
② 《马克思恩格斯全集》，第26卷第1册，第189页，人民出版社1972年版。
③ 温家宝：《大力发展中国特色的职业教育》，《中国教育报》2005年11月14日。

经济内涵科学化的作用。

第二，职业教育对经济建设具有支撑性作用。所谓支撑指职业教育培养的人才成为支持经济建设的重要力量。一切经济运转形式最终都归为具体人员的操作。职业教育对经济建设的支撑表现在人才上，职业教育对经济建设的支撑还表现在理念促生上。理念促生指对经济发展相关理念的促生以及职业教育理念在经济发展中的变化。以经济建设为中心，促生了许多新的理念，包括对教育等认识的变化。人们在经济建设活动中，通过职业教育活动，认识到了职业教育与经济的相连是那么紧密。通过产业经营理念的学习和实践，人们对产业乃至经济又有了更新的理解。在经济建设过程中，人们发现只发展高等教育是不行的，因此又促生了必须大力发展中国特色职业教育的理念。"过去，我们比较重视基础教育和高等教育，这是必要的，今后仍应这样做。这些年来，我们越来越清楚地认识到，必须同样重视发展职业教育。我国人力资源丰富，但劳动者整体素质不高，人才结构不尽合理，重要原因是教育结构不够完善，职业教育发展滞后。"① 这种理念的促生，既有经济建设方面的因素，也有职业教育自身的因素。职业教育对经济建设的支撑还表现在知识上。应该说，任何教育都带有知识性。职业教育使人们掌握了相关的经济知识，这对于进行经济建设有很大的好处，尤其是人们对某些产业知识的了解和掌握，容易演化为建设经济的力量。职业教育对经济建设支撑还表现在技术上。掌握技术包含了对技术的操作。职业教育帮助人们掌握了一定的产业生产技术。掌握了一定生产技术的人们，利用技术参加经济建设，尤其是某些方面的产业生产。职业教育对经济建设的支撑还表现在经营技能的掌握上。职业教育使人们在学习和培训中掌握相关的经营技能，人们用经营技能参与经济建设，推动经济的科学发展。科学发展职业教育，必须注意职业教育对经济建设的支撑作用，科学地运用职业教育的这些功能。

第三，职业教育对经济建设具有后发性作用。所谓后发性作用指职业教育作用是在职业教育活动结束之后逐步显现的。职业教育的知识、技能的传授和运用都具有后发的特点，这与教育的后发特点是相同的，职业教育的这种特点非常明显。职业教育的本身就有着后发的特点。职业教育是教人做人和用知识技术塑造人、武装人的工作，它的教育方式是渐进的，作用是渐显的，做人和发挥知识技能的作用一般不会"立竿见影"。职业教育对经济建设的后发性作用体现在知识技能对经济建设作用方面的后发。人们掌握了知识技能之后，通过自己的实践活动，便会生产出合格的产品，逐步使自己成为企业的合格人才。这种从学习、训练到在经济建设中成长为有用的高素质人才过程是一个渐进的、持久的过程。我们知道，知识、技能

---

① 温家宝：《大力发展中国特色的职业教育》，《中国教育报》2005 年 11 月 14 日。

分为显性的和隐性的，无论显性的还是隐性的，都具有对经济建设的后发性作用，隐性的知识技术、技能更具有后发性。职业教育对经济建设后发性作用体现在经济增长的后发性上。我们从实践中知道经济的增长和下降都是一个渐进的过程。职业教育通过培养人才支持经济建设，也是一个渐进的过程。因为把科学技术、知识技能转化为现实生产力需要经过掌握了知识、技能的人努力之后才能逐步显现出来，所以，经济增长必须有一个渐进的过程，这是职业教育作用于经济后发性的体现。

第四，职业教育对经济建设具有创新性作用。所谓创新指职业教育帮助人们在经济建设中创造新思维、建立新理论、想出新办法、做出新业绩。创新需要一定的知识、技术，需要一定的经济基础。职业教育帮助人们掌握知识和技术，熟悉产业经营状况，认识经济发展的规律，并在实践中掌握经济发展的规律，掌握企业的运作程序和市场走向，从而在经济生产中有所创造。职业教育推动经济创新主要表现在几个方面。一是职业教育与经济建设结合点的创新。对于职业院校来讲，让受教育者在学习和实训中掌握一门或几门技术，在经济建设中发挥应有的作用，并在经济建设中有所创造、有所发明，这是职业院校的重要任务。现在，国务院提出"工学结合、校企合作"，为职业院校与经济建设指明了结合的方向。职业院校与企业如何合作，如何真正实现职业院校与企业的零距离对接，的确需要摸索，也需要创新。二是职业教育帮助经济建设寻找增长点上的创新。世界上每一个国家和地区都在经济建设中寻找自己新的增长点。亚洲开发银行指出：中国需投资教育培训延续"人口红利"。很多经济学家认为，改革开放以来中国经济的高速增长，主要受益于两大因素：一个是市场化改革使得各种生产要素资源得以重新配置，另外一个就是"人口红利"效应——由于人口生育率迅速下降，中国劳动年龄人口占总人口的比例逐年上升，劳动供给丰富。① 我们有着很大的"人口红利"的优势，这种优势推动了我们经济的不断增长。我们如何继续保持"人口红利"的优势，或者寻找更适合我国经济增长新的增长点，职业教育乃至整个教育都责无旁贷。三是培养的内容和方法上的创新。职业教育的培训内容必须与生产结合。内容的创新，要根据经济建设需求，专业（工种）的设置也必须根据经济建设实际的需要。任何脱离生产实际的业务教学内容都是多余的（文化基础课除外）。在方法创新上，我们现在一直在追求与企业或产业的直接对接，但运行过程不太完美。职业院校必须注意在与生产实际结合中的方式与方法，实现职业教育形式与方法科学结合，科学运转。四是职业教育在专业知识、技术结构上创新。我国的职业教育专业设置和课程安排非常详细，经济建设发展很快，而专业（工种）的变化与发展又跟不上。有时影响了职业教育自身的发展。在专业设置上我们必须创新。我们既要保持原有的有特色的经

---

① 程刚：《中国需投资教育培训延续"人口红利"》，《中国青年报》2008 年 4 月 3 日。

济建设所需要的好的专业（工种），我们又要根据经济建设的需要，设置新的专业（工种）。在经济建设中，由于科学技术发展很快，不少旧的知识与技术已经被淘汰。我们要跟上经济建设步伐，淘汰已被实践证明落后的知识与技术，找出新知识新技术的创新点，推动职业教育在为经济建设服务中科学发展。

第五，职业教育与其他教育一道催发了知识经济。所谓知识经济指以现代科学技术为核心，建立在知识的生产、处理、传播和应用基础上的经济。知识本来作为蕴含在劳动力和技术中的部分，向来是社会、经济发展的要素，在科学技术发展的今天，知识已成为经济发展中具有决定性的要素。知识经济是世界经济合作与发展组织（OECD）1996年提出来的。知识经济和依赖于土地的农业经济及依赖于自然资源和资本的工业经济不同，它是以知识为基础的经济。知识经济的这种特征决定了知识创新的水平和速度是经济增长的关键因素，掌握和应用知识、信息的能力是经济竞争力的核心。知识经济的特征也决定了投资于人，培养和开发人的创新能力及掌握应用知识、信息的能力的现实紧迫性和客观必然性。教育在人才培养、知识创新、知识传播及推动知识应用方面的基础作用决定了教育在知识经济中的基础性地位。① 我们分析知识经济在我国的发展也必须实事求是，必须着眼于我国经济发展的形势和形式。职业教育作为教育的组成部分，在知识技能上有着不可替代的作用，在催发知识经济中也有着不可替代的基础性作用。我们知道，知识是指人们在社会实践中所获得的认识和经验的总和，包括了技术、技能以及操作技能的经验。在现代社会中，经济发展与增长越来越依赖知识和生产率的提升。在科学发展职业教育中，既要看到职业教育对经济建设的基础性作用，也要看到职业教育对经济建设知识的催发作用，以求职业教育在经济建设中科学发展。

第六，职业教育与其他教育一道创造了知识资本。知识资本在广义上讲是一种知识资源，其载体有三种类型，分别为硬件、软件和湿件。硬件是承载知识的物质实体；软件是知识被编码后的存在形式；湿件是存在于人脑中的能产生出想法、主意、点子等思维活动的一切相关知识积累和思维活动能力。知识资本必须体现在知识形态上，任何知识资本的前期必然是教育形态。从严格的经济学的意义上来说，知识资本是指以知识形态存在的能够带来剩余价值的价值。知识资本的运动过程，一方面是由教育作为"媒体"或者手段，不断革新技术的知识运动，如创造发明；另一方面是资本运动，如投资和最终获得收益。所有的技术过程都是通过教育探索未知和追求发明为目的，以求获得成果。知识资本运动的过程就是用教育求得知识成果，再用教育以及资本运作的方式完成知识成果的转化，从而追求利润和价值。教育在自身以及和经济社会的共同运动过程中推动了知识资本化。知识资本化就是

---

① 陈至立：《知识经济、创新体系与教育的改革和发展》，《科教兴国动员令》，第2页，北京大学出版社1998年版。

把劳动和物质财富转化为知识，通过教育的运动，再把知识转化为更多物质财富的过程，而且这种运动的过程是一个往复的过程。教育是知识资本化的中坚和驱动器，知识资本化又为教育的进一步发展提供了经验以及教育所必需的基础。职业教育不同于高等教育以及科研院所的研究、发明引领着知识资本化的前进方向，但职业教育却成为知识资本化过程中技术技能发明的主力军，并且成为知识资本化转化的基础，保证了科学发明向现实生产力乃至知识资本化转化。

2. 职业教育在政治建设中的功能作用

实践证明，任何事物的作用和功能都是相向的，而功能和作用的本身又都是正反两个方面的。这就是说职业教育对政治建设有作用，同样，政治建设对职业教育也有作用。职业教育对政治建设有好的作用，也必然具有一定的负作用；政治建设对职业教育有好的作用，又必然具有一定的负作用。一般情况下学术界对负作用不说负作用，而用"制约"来代替，其实意思是一样的。职业教育在政治建设中有着参与的作用，也有自身对政治建设的作用。教育为政治服务这是我们对教育功能作用的较为传统的认识，这种功能没有错，我们要理直气壮地肯定；职业教育又必须为其他领域服务，这也是现实，我们必须科学地对待。

（1）发挥政治教化作用，培养社会主义事业的建设者

培养社会主义事业的建设者是职业教育的根本任务，高素质、高技能人才，是社会主义事业建设的主力军。培养高素质、高技能人才，要很好地运用教化的手段。所谓教化，是指通过教育感化等手段使受教育者成为预计的人才。在职业教育中，不能因为以就业为导向就放松对建设者的培养。职业教育必须加强思想政治教育，通过爱国主义教育，积极传播社会主义的核心价值体系、中国社会主义理论体系，引导学生树立正确的世界观、人生观、价值观、荣辱观，使受教育者成为具有思想自觉性的社会主义事业建设者，这是职业教育的根本任务。

第一，必须加强学生的德育教育。德为先，把道德培养放在首位。职业教育更应该注重道德的培养。在未来的经济建设中，职业教育培养的人才在生产中占有重要的位置，职业院校必须把道德教育放在首位，帮助学生建立健康的品质，以构建更为和谐的社会。

第二，职业教育必须培养受教育者的政治意识。无论个别理论家愿意不愿意，我们必须看到职业教育具有培养人们政治意识的功能，因为教育的政治性决定了教育必须服从和服务于政治。通过不同的教育形式，在经意或不经意中培养人们的政治意识，培养人们的政治敏锐性、政治觉悟性、政治民主性、政治平等性等思想意识。职业教育虽然培养的只是社会主义事业的建设者，即高素质、高技能的人才，培养政治意识的功能是明显的，是我们应该清楚认识到的。

(2) 发挥接受的作用，培养人们的科学发展意识

任何发展都不应该是盲目的，随意的。胡锦涛同志提出"科学发展观"，也是在"立足社会主义初级阶段基本国情，总结我国发展实践，借鉴国外发展经验，适应新的发展要求提出来的"。① 在相当一段时间内，我们十分注意发展，而忽略了"怎样发展"这一个实质的东西，结果造成了许多不应该有的新矛盾，给发展带来了许多新的困难，也形成了许多新的风险。面对改革开放后发展的现实，我们必须实事求是，必须走出一条科学发展的新道路，坚持科学发展才是硬道理。"我们必须始终保持清醒头脑，立足社会主义初级阶段这个最大的实际，科学分析我国全面参与经济全球化的新机遇新挑战，全面认识工业化、信息化、城镇化、市场化、国际化深入发展的新形势新任务，深刻把握我国发展面临的新课题新矛盾，更加自觉地走科学发展道路，奋力开拓中国特色社会主义更为广阔的发展前景。"② 职业教育是一种实践的教育，发展的教育，必须注意培养人们的科学发展意识。尤其是职业教育的教育者和受教育者，都必须树立科学发展的理念，坚持科学发展的实践。

第一，帮助受教育者树立科学发展的精神。任何理论都是在实践中发展的，发展观也不例外。我们经历了"发展才是硬道理"③ 的发展阶段，取得了国民经济生产的很大的成绩，这种用发展指引和诠释前进道路的方式，的确推进了我国政治、经济、社会的发展。但是，在这种发展观的指导下，我们的确遇到了前所未有的困难，必须更新我们的发展观念。"经济运行中一些突出问题和深层次矛盾依然存在"，"涉及群众切身利益的问题有待进一步解决"，"国际经济环境变化不确定因素和潜在风险增加"，"政府自身建设和管理需要加强"。④ 我们必须明白，"经济发展、政治发展、文化发展和人的全面发展是相互联系、相互影响的，没有政治发展、文化发展和人的全面发展的不断推进，单纯追求经济发展，不仅经济发展难以持续，而且最终经济发展也难以搞上去。要坚持抓好经济建设这个中心，同时又要切实防止片面性和单打一，全面推进社会主义物质文明、政治文明、精神文明建设，防止出现因发展不平衡而制约发展的局面。"⑤ 在教育活动中，教育的理念是第一位的，是非常重要的。职业院校，一定要在教职工中树立科学发展的理念，认识科学发展的重要性，把握科学发展的内涵，帮助受教育者在学习过程中树立科学发

---

① 胡锦涛：《高举中国特色社会主义伟大旗帜 为夺取全面建设小康社会新胜利而奋斗》，《十七大报告辅导读本》，第 13 页，人民出版社 2007 年版。

② 同上注，第 14 页。

③ 《邓小平文选》，第 3 卷，第 377 页，人民出版社 1993 年版。

④ 温家宝：《政府工作报告》，《人民日报》2008 年 3 月 20 日。

⑤ 胡锦涛：《树立和落实科学发展观》，《保持共产党员先进性教育读本》，第 282 页，党建读物出版社 2005 年版。

展的精神，并用这种科学发展的精神引导实践。

第二，用科学发展观指导教学实践。职业教育的最大特色是实训、实践和校企合作。应该说在目前的发展形式下，落实科学发展观是当前最大的政治。我们要用科学发展观指导制定教学计划，设置课堂；用科学发展观指导教学实践，让学生掌握真正有用的操作技术；用科学发展观推进校企合作，让学生学有所用，真正实现教育、就业的科学化，即"使无业者有业，使有业者乐业"。使学生在教学实践中学得到、用得上。

（3）发挥感化作用，培养民族意识

我们不是狭隘的民族主义者，但民族的东西一直在困扰着我们。自改革开放以来，我们对西方发达国家开放，西方却是没有好处不对我们开放，虽然尖端技术有好处也不对我们开放。西方势力不断在台湾、西藏等问题上给我们施压，并以人权为借口，推行民族歧视。我们认为所谓民族精神，就是爱国精神，我们必须有自己的民族精神，有民族意识，无论如何全球化，民族精神是必须的。职业教育，多是为民族经济的振兴而培养人才的，当然，我们不反对我们培养的人才进外企，进中外合资企业，但民族的、爱国的，根子里的东西永远不能丢。首先，我们要确定爱国主义的教育思想。其次，我们要培养在实践和工作中的爱国精神。

（4）发挥储备作用，推动政治发展

职业教育与教育一样，都在为社会储备人才，同样也为政治储备人才，从而推动政治发展。

第一，职业教育具有储备政治资源的作用。所谓政治资源指职业教育为政府以及不同的产业培养人才或者领军人物。首先，为社会培养政治人才。"任何一个国家的教育，都会服务于一定的政治目的，而这主要体现为培养国家的统治者。"[1] 这里所说的统治者，不是单指"帝王"或"君主"，而是包括一个领导者的阶层，这种阶层是全面的，涉及各个行业的。据统计："英国1951年，保守党新政府中有82%的大臣曾就学于公学；10年后的比例为76%。工党内阁成员中曾就学于公学的比例也大致相仿。到了1964年，威尔逊组阁时，43%的成员曾就学于公学，61%的成员毕业于牛津或剑桥大学。"[2] 从统计数字延伸到现实，我们可以看到，在当今全世界的政府中，没受过教育的首脑或公务员恐怕很少，没有受过教育的企业家恐怕也很少。其次，职业教育帮助社会培养了合格的公民。教育使人成为人，成为人的人必然是一个合格的公民、有教养的公民。"教育，如果说它不能使人成为好的

---

[1]　周金浪：《教育学》，第38页，上海教育出版社2006年版。

[2]　[英] 马斯格雷夫著，张国才等译：《教育的政治职能》，参见瞿葆奎主编、陈桂生等选编：《教育学文集·教育与社会发展》，第339页，人民教育出版社1989年版。

公民，它至少使人成为好的公民变得比较容易。"① 职业教育虽然以就业为导向，但它必须"把德育工作放在首位，全面推进素质教育。坚持育人为本，突出以诚信、敬业为重点的职业道德教育。"② 职业教育必须实施合格的公民教育。

第二，职业教育具有推动政治发展的功能。职业教育为社会培养了人才，推动了社会的发展，同样也就推动了政治发展。从广义上来讲，政治发展指政治体系向着更高级形态的变迁。我们人类从奴隶社会到封建社会，从封建社会到资本主义社会，从资本主义社会到社会主义社会，在变换着不同的形态，这其中与教育有着很重要的关系。我们分析过，教育最初起源于劳动，是年长一代为了社会的延续和发展，把长期积累起来的生产劳动经验和社会生活经验传授给年轻一代，使他们适应劳动和生活的需要而产生的。这种传授的生产劳动经验说实了就是职业教育，就是为了生产而进行的职业培训。说职业教育推动政治的发展，主要还是通过培养人才这一教育的本质来实现的，通过推动民主的进程实现的，通过推动经济的根本变化实现的。"政治学家白鲁恂把政治发展含义概括为十种。政治发展是经济发展的前提；政治发展是工业社会典型政治形态生成的过程；政治发展是政治现代化的过程；政治发展是民族国家建设和运转的过程；政治发展主要是国家行政与法制的发展；政治发展是政治动员和政治参与的过程；政治发展是政治民主化的过程；政治发展是一种稳定而有序的政治变化过程；政治发展是政治体系能力增强的过程；政治发展是多维社会变迁中的一个向度。"③ 政治发展的十种含义都与教育有关，都离不开教育的积蓄与推动。

第三，职业教育具有推进社会民主政治的作用。职业教育的在校生数占教育半壁江山，职业教育培养出来的高技能人才多活跃在生产第一线，他们的行动，将影响着社会基层的民主。通过职业教育的培养，这一部分人思想也较为活跃，既有知识分子的率真、敢直言的精神，又有工人农民朴实的工作态度，他们希望民主进步，希望经济发展，希望不断改变自己的生活生存条件。职业院校毕业的学生少了普高本科以上学生的傲气，多了一种实际实在的态度。在基层民主建设中，这一部分人是主力军。职业教育所传授的民主精神，往往通过他们的言行而表现出来。因此，我们应该不断加强职业教育的民主精神培养。

3. 职业教育在文化建设中的功能作用

从严格的意义上来讲，文化包含了教育，无论从文化广义概念还是文化的狭义

---

① ［美］西摩·马丁·李普寒特著，张绍宗译：《政治人——政治的社会基础》，第31页，上海人民出版社1997年版。

② 《国务院关于大力发展职业教育的决定》，《光明日报》2005年11月10日。

③ 王邦佑等主编：《新政治学概要》，第293页，复旦大学出版社2004年版。

概念，教育几乎为文化所涵盖。从广义上讲，文化指人类社会的实践过程中所获得的物质、精神的生产能力和创造的物质、精神财富的总和。从狭义上讲，文化指精神生产能力和精神产品，包括社会的意识形态以及与之相适应的制度和组织机构。有时它又专指教育、科学、文学、艺术、卫生、体育等方面的知识与设施。科学发展职业教育，关系到文化建设的和谐。职业教育的文化功能包括了文化的选择、传递、传播、保存、批判、继承、创造等功能。其中对文化的传递、继承、创造作用比其他教育更为深远，更为持久。从这个意义上说，职业教育的科学发展，影响着某些文化传递、继承和创造的和谐，同时也影响文化的科学建设。职业教育在文化建设中的功能作用可以概括为几点：

（1）职业教育的本身是文化的载体

所谓载体指职业教育不仅是文化组成部分，还是承载文化的"实体"，职业教育是文化的重要组成部分和突出的表现形式。"人类社会的特点之一，就是人类能够通过教育，将在生产劳动基础上形成起来的文化世代相传，从而使人类社会的文明和人类自身得以不断地保存和发展下去。"[1] 文化的传承是职业教育的主要任务。

第一，职业教育对文化具有传承作用和功能。职业教育从产生之日起就是为了向下一代传递生产生活经验，其传承作用十分明显。职业教育中的职业精神、职业技能、职业手段、职业制度、职业文化等都是文化的现象，又都是通过职业教育这一载体传承和表达出来。因此，职业教育的科学发展包括了对文化建设的科学传承。

第二，职业教育对文化建设具有选择作用和功能。所谓选择就是对文化传统有选择地使用。人们的生活生存方式在不断变化，传承也必须有所选择。职业教育对自身形式的选择以及对文化内涵的选择必须是科学的进步的。在文化的多样性中，学校无法全部吸收"必须把它分成若干部分，逐步地分段地吸收"[2]。这种吸收不仅仅是作为知识的项目来吸收，而且是作为符合社会以及职业教育的需要来吸收。这种选择作用表现在选择教材方面，职业教育的教材，以职业需求为主，选择的是学生所需要的专业（工种）的教材内容，表现出选择的专业性。在教学方法上，不再是传统升学教育中的课堂授课的形式，而是以技术操作为主。职业教育要对文化建设中的选择功能加以科学的把握，增加选择的科学性，减少选择的随意性。

第三，职业教育对文化建设具有改造的作用和功能。所谓改造指职业教育通过实践对社会文化以及职业文化中固有的现象加以改造。职业教育的发展是随着社会

---

[1]　郑金洲著：《教育文化学》，第51页，人民教育出版社2000年版。
[2]　［美］杜威著，顾越中等译校：《学校与社会》，转引自赵祥麟、王承绪编译：《杜威教育论著选》，第13页，华东师范大学出版社1981年版。

的发展而发展的。随着社会需要的变化，必须对职业教育中的文化现象以及一些社会现象加以改造。在职业教育的社会文化现象中，社会上存在着重脑力轻体力，重发明轻操作的现象，我们必须加以改进。在职业教育乃至整个教育文化建设中，我们必须改变重视基础教育和高等教育，轻视职业教育的现象，"要把基础教育、职业教育和高等教育放在同等重要位置，统筹兼顾，协调推进。"① 我们必须改变重学历轻技能、鄙薄职业教育的理念，"使新的求学观、择业观和成才观在全社会蔚然成风。"② 职业教育对文化建设的改变改造作用以及职业教育本身的改造功能都是文化建设的必然现象，也必须科学地把握。在文化建设中，职业教育取舍着不同的文化形式和内容，文化也在取舍和改变着教育的形式，同样也改造着教育的制度和理念，这些改造和变化是辩证的，是正常的。马克思讲过："人们的意识，随着人们的生活条件、人们的社会关系、人们的社会存在的改变而改变。"③ "随着经济基础的变更，全部庞大的上层建筑也或慢或快地发生变革。"④ 这些变更和改变，是文化变化的必然，同样也在改变着教育的内容和形式。

（2）社会文化影响着职业教育的作用

在这个世界里，任何事物都是相互影响的。职业教育是文化的一部分，同样影响着社会文化和受社会文化影响。"一切运动都在于吸引和排斥的相互作用。然而运动只有在每一个吸引被另一处的相应的排斥所抵偿时，才有可能发生。"⑤ 社会文化对职业教育的相互作用是辩证的、相互的。

第一，社会文化的实用性影响着职业教育的导向向实用倾斜。实用本身没有错，因为一切教育的结果都讲实用，即使一些科学技术，也都希望转化为现实的生产力。但过分追求实用可能会有一定的负面影响。学而有用，学有所用，是人们对职业教育的朴素要求。人们对职业教育的"有用"要求也是社会文化对职业教育的反应。对于职业院校来说，招收的学生多是高考的落榜生，这是一群应试教育的失败者，没有专长，又无法找到工作，读职校，多了就业的路子。这部分学生以及家长对职业教育的选择是被动的求学，对社会就业文化产生了很大的影响，也对职业教育产生了较大的影响。一是社会文化的应急观对职业教育的影响。所谓应急指选择职业教育是应急的需要。当然，职业教育的应急观对社会文化也有较大的影响。职业教育的应急观是指受教育者学有所用解决眼前问题的认识。对于某些家长来说，让孩子选择职业教育，是一种无奈，是一种没有办法的选择。职业教育部门要

---

① 温家宝：《大力发展中国特色的职业教育》，《中国教育报》2005 年 11 月 14 日。

② 同上注。

③ 《马克思恩格斯选集》，第 1 卷，第 291 页，人民出版社 1995 年版。

④ 《马克思恩格斯选集》，第 2 卷，第 33 页，人民出版社 1995 年版。

⑤ 《马克思恩格斯选集》，第 4 卷，第 348 页，人民出版社 1995 年版。

根据学生以及学生家长的特点真正使进入职业教育的孩子健康地、科学地成长。据有关人士分析，社会文化影响着人们追求知识的方向和内容，社会人对学而无用或学无所用多是采取抵制的方式，这是由人们的社会存在所决定的。许多社会人希望自己接受的教育和所学的知识、技能能够解决现实的、急切的问题，能够获得更大的回报。应急观在社会人中有一定的"市场"，尤其在职业教育的受教育者中，在文化知识水平比较低的基层劳动者中这种应急的需求更为迫切。同样，职业教育中的应急观也影响着职业教育的科学发展。二是社会文化的投机观对职业教育的影响。所谓投机指利用职业教育所学的技能、技术获得比实际应得到的更多的报酬。这种报酬的获得有合理的一面，也有不合理的投机收入。

第二，社会文化影响着职业教育的利益观。人们追求利益的欲望是不会满足的。当一种欲望满足之后，另一种欲望则会随之而来。一般情况下，有生命的人都是有欲望的，只是有多少、大小之分，而这些欲望多与利益相关。古人讲：人无名利之心则心死，世无名利之人则世衰，说明了社会文化中的利益观对人类影响之大。我们不是"清道徒"，我们分析职业教育的利益观不是反对所有的利益，因为该有的利益是应该得到的，不应该得到的利益就不应该得到。我们坚决反对"唯利是图"的利益观，而是用科学的、发展的、正确的利益观代替"唯利是图"的个人利益观。职业教育应该指导受教育者建立朴素的利益观。朴素利益观指获取自己应该得到的利益。学有所用，学有所值，这正是人们追求的职业教育的朴素的利益观，这是正确的，应该支持的，因为这种利益观是人们生存和生活的必需。如果人们连基本的生活生存需求都没有，那么一切利益都不复存在，更谈不上利益观。恩格斯讲："正像达尔文发现有机界的发展规律一样，马克思发现了人类历史的发展规律，即历来为繁芜丛杂的意识形态所掩盖着的一个简单事实：人们首先必须吃、喝、住、穿，然后才能从事政治、科学、艺术、宗教等等。"[1] 马克思讲："人们奋斗所争取的一切，都同他们的利益有关。"[2] 人们的吃、喝、住、穿是人们的生存生活需要，是必须的，是人们的基本利益，这种利益应该得到保持和满足。当然，吃、喝、住、穿的层次不同，我们讲的是基本的需求，而不是奢侈的"标准"。职业教育必须实事求是，教会人们生活生存的本领，让掌握了本领之后的人们，用自己的劳动解决自己的吃、喝、住、穿，不这样的话，当人们发现职业教育学无所用时，则会放弃职业教育。职业教育在教育过程中应该注意排他利益观。所谓排他，指一事物不允许另一事物与自己在同一范围内并存利益。职业教育以就业为导向，决定了在就业"利益"上可能会出现许多并存的现象。"正因为各个人所追求的仅仅是自己的特殊的，对他们来说是同他们的共同利益不相符合的利益，所以他们认

① 《马克思恩格斯选集》，第3卷，第776页，人民出版社1995年版。
② 《马克思恩格斯全集》，第1卷，第82页，人民出版社1956年版。

为，这种共同利益是'异己的'和'不依赖'于他们的，即仍旧是一种特殊的独特的'普遍'利益。"①职业教育培养的人才，是为生活生存追求应得的利益者，必然把就业的竞争看成为"异己的"和"不依赖"于他们的。职业教育应该使受教育者，正确看待职业竞争，减少排他性，增加共融性，正确认识职业竞争中不可缺少的排他性，认识到竞争已成为市场经济条件下生存的必然条件，认识到竞争是职业教育的必修"课程"，就是说要在职业教育中正确对待"排他性"。

第三，社会文化的未来性影响职业教育的未来走向。所谓未来指职业教育以后的发展走向。我们讲科学发展职业教育，既要科学地办好今天的职业教育，又要科学地发展未来的职业教育。职业教育本身就具有未来性，因为职业教育在为未来培养人才。我们知道，追求利益的最大化是社会文化的一种性质，这种性质又在推动着职业教育的发展。就是说由于就业的需要，人们要接受职业教育，这样就推动了职业教育的发展，形成了一种不讲利益的"利益链"。这种未来性主要取决于人们如何对待职业教育，从而影响着职业教育的未来。社会文化的未来性，影响着职业教育的积蓄性。职业教育是一种未来的教育，是对人才、知识、技能的积蓄，为社会的未来发展打下人才基础。社会文化的未来性，影响着职业教育的后发性。职业教育的后发还是体现在高素质、高技能人才能力的后发上。职业教育是效益后发的事物，人们通过职业教育，增加技能、技术以及对生活本领的积累，为未来生活做好准备。社会文化的未来性影响着职业教育的持续性。职业教育的可持续发展，是科学发展观的要求。职业教育不是断续式的培养模式，必须不间断地为企业和社会培养人才。社会文化的未来性影响着人们对受教育形式的选择。同样，社会人口、社会对人才的需求、社会对未来的展示，都影响着职业教育的可持续状况。

(3) 职业教育是文化交流整合的一个基地

职业教育具有文化的属性，应该属文化的范畴，而职业教育的本身以及职业教育对外界都有着重要的文化交流作用，应该说，职业教育是文化交流的一个基地。我们应该重视这一个文化传播、交流整合基地的作用，像规范高等教育一样，用法律的、制度的方式，使职业教育这一特殊的文化现象健康发展。我们知道，文化是一种复杂的整体，它具有独特的性质。文化是人获得的，而非遗传的，并且是人作为社会中一个成员获得的。文化是可以区分为不同组成部分的，是由不同要素或部分组成的。文化的各组成部分是相互联系、依赖的，它们是结合在一起的，是作为一个整体出现的。②分析文化的这种性质，即文化获得中相互依赖的性质，说明了文化的交流和整合的可能性以及必要性。职业教育的本身是一个文化基地，它在推动着文化的交流与整合，职业教育的自身也在交流和整合。

---

① 《马克思恩格斯选集》，第1卷，第85页，人民出版社1995年版。
② 郑金洲著：《教育文化学》，第197页，人民教育出版社2000年版。

第一，职业教育对内的文化交流与整合。无论是职业教育中的人或物，都在默默地进行着文化交流和整合，不管当事者知道不知道，对一个职业教育实体来说，教师、学生来自不同的区域和家庭，区域文化、家庭文化和个人的文化习惯在相互碰撞、推动、交流、整合。不要小看校风、班风、宿舍的舍风，那是一个实体一种文化的体现。职业教育对内文化的交流与整合首先表现为自身的交流。每一个个体所具有的文化习惯在不知不觉中影响着他人，这便是一种交流。在职业院校中，一个好的班主任或辅导员，可以带出一个凝聚力强的班级，形成积极向上的班风，这说明了一个班级中文化交流的重要。校园文化、班级文化、宿舍文化都是一种交流之后文化同化后的体现，应该加以提倡。我们应该看到，职业院校中文化交流每天都在进行着，这是不以人的意志为转移的，所以说，我们必须对职业教育自身的文化交流加以足够的重视，因为它关系到每个个体品德、性格、学识、技术的形成和促成。其次，职业教育对内文化交流与整合还表现为一种"结晶体"，即文化要求的一致性。在个体与个体之间或者个体与集体之间，文化的整合必须先经过交流，这就是说，交流是实现文化整合的必备条件，否则，任何文化整合都不是完整的。文化的整合在学术界有不少的说法：例如本尼迪克所讲的"模式"，斯图尔德所讲的"类型"，马林诺夫斯基所讲的"统合的整体"，林顿所讲的"统一形态"，怀特所讲的"一体化系统"，杜威所讲的"结晶体"，克拉克洪等人所讲的"构合而成的整体"① 等等，说的都是文化的整合。职业教育内部文化整合的结果，必然是人们所希望的那种"结晶体"。对于职业院校来讲，进入校内的个体在某些方面必须按照院校的要求，保持"授受"的一致性，保持文化接收与外传的一致性，保持文化内涵的一致性。这些一致性，有利于职业教育受教育者的成长。这种交流与整合，无论国家、民族的意识形态如何，都是相同的。再次，职业教育对内文化交流与整合还表现在文化的多元化上。所谓多元，指文化特征和形式的多样。在职业教育中，我们应该保持对内文化的多元，即允许不同文化特性和形式同存于一个教育实体之中，实质上，教育内部从教育的内容到形式都是多元的。这种文化大到对某一事物的不同观点，小到允许不同个体存有不同的文化习惯。尽管有人认为这些不属大文化的概念，但我们仍认为尊重不同个体的不同文化习惯是文化交流与整合的基础，否则，要么使受教育者失去文化个性，要么，培养出"反文化"个性的人来。职业教育内部文化的和谐发展是基础，我们必须加以引导，用主流文化去引导其他文化一同科学发展，共同进步。

第二，职业教育对外的文化交流与整合。所谓对外，指职业教育对自己之外的文化交流与整合。职业教育存在于社会之中，是社会的一种教育形式，职业教育对

---

① 郑金洲著：《教育文化学》，第 199 页，人民教育出版社 2000 年版。

外的文化交流的和谐，影响着社会文化的和谐与发展。首先，职业教育对外的文化交流与整合是一种形象的展示。对于具体的职业院校来讲，校园以及学校的文化影响着受教育者，也通过受教育者以及其他媒介对社会文化产生影响，人们正是通过这种影响了解职业院校的文化表层甚至职业教育实体的文化内涵。在科学发展职业教育中，一是要注意加强职业教育不同实体的文化建设。其次，职业教育的文化影响着企业文化的建立。现代企业中，所有的员工都是经过一定的教育机构培养出来的，在他们的身上，都带有原有院校或培训机构的文化烙印。每一个员工，都会在适当时机表达自己的文化能力，从而把职业教育的文化有意或者无意地显现出来，影响着企业文化的交流与整合。从这一点来看，职业教育科学地建设自己的文化不仅关系到职业教育实体本身，还关系到企业等其他机构，这也是文化"关联"性质的展现。再次，职业院校是世界文化交流的重要基地。职业院校不断地为不同国家和地区培养着技能人才，也同不同的国家和地区有着包括文化在内的各种交流。其实，技能人才本身，就是一种文化交流实体。另外，职业院校的国际往来活动越来越频繁，职业院校也成为引入异质文化的渠道，并通过这个渠道，不断地进行着文化的碰撞、交流、整合和创新。

4. 职业教育在社会建设中的功能、作用

社会建设是"四位一体"构建和谐社会的重要组成部分，职业教育在社会建设中有重要的作用，尤其是在帮助人们学到技术就业方面的作用，是其他教育形式无法替代的。职业教育对社会建设的功能作用应该认真总结，既要注意发挥职业教育在社会建设中的作用，又要推动职业教育科学地发展。

（1）职业教育对构建和谐社会的作用

职业教育扮演着培养人和为所培养的人寻找就业机会的角色。培养人为社会输送人才，为受教育者打下就业基础都关系到社会的和谐。构建和谐社会，关键是人的和谐。

第一，职业教育培养的社会主义事业的建设者，关系到社会长久的和谐。职业教育培养高素质、高技能人才，多是工作在生产第一线的社会主义事业建设者，他们关系到一个产业、一个部门、一个家庭的和谐，也关系到一个地区乃至全社会的和谐。

第二，职业教育联系着相关的家庭，为社会以及家庭培养"自食其力"的"和谐人"，为构建和谐社会发挥着基础作用。

（2）职业教育保障了部分的社会均衡和社会公平

职业教育对培养人有着特殊的作用，这便确定了职业教育必须发挥社会公平和社会均衡的作用。教育公平、均衡是促进社会公平、构建和谐社会的重要基石。

第一，教育在一定程度上保障了同一起点的教育公平。所谓同一起点指在不同

地区，不论贫富、出身，都是在一个起点上接受教育。职业教育不同于普通教育，它公平地接收高考和中考之后失去普通教育机会的学生，保证他们接受教育，体现了普通教育之后的公平。我们知道，教育不仅是每个公民个人发展的基础，也是实现公民生存、发展等人权的重要途径。① 人们是否接受教育成为改变一个人的生存状态和社会阶层流转以及缩小贫富差距的重要途径，职业教育在这个方面的作用更为明显。职业教育分散了普通教育的压力，使学者有其校，学者有其工，对化解社会矛盾，加强社会稳定，减轻有关家庭的负担发挥着非常重要的作用。

第二，职业教育成为解决部分人就业的入门证。"以就业为导向"是对职业教育提出的最新要求，职业教育成为部分人就业的"入门证"。我们知道，就业是民生之本，解决了就业就可以增加居民收入，就可以缩小贫富差距，就可以使社会稳定。"职业教育具有鲜明的职业性、社会性、人民性。我国职业教育的先驱黄炎培先生曾把职业教育的目的概括为：'使无业者有业，使有业者乐业'。"② 从职业教育的本身以及环境来看，职业教育使无业者有业体现在几个方面。一是从就业层面来看，职业教育是培养人们就业的教育，为人们进行知识传授，技能训练，使人们掌握就业方面的技能，为就业打下基础。尤其是校企合作，与企业零距离对接的要求，为就业打开了方便之门。二是职业教育培养的人才不仅仅有技术性和技术的操作性，而且为其在创业方面打下基础，不少接受职业教育之后的技能人才，成为创业的生力军，为社会新增了不同类型的产业，增加了不少的就业机会，真正实现了中央提出的"以创业带动就业"。③ 三是在近几年突飞猛进的职业教育发展中，职业院校不断扩招，现在在校生总数已远远超过了高等教育（高等职业教育除外）在校生总数，使职业教育自身得到了较大的发展，职业教育本身也在为社会创造就业机会，并拉动其他行业扩大就业的需求。

第三，职业教育推动了社会文明的发展。职业教育推动社会建设主要体现在人才对社会的作用上。而人才的作用最终体现在社会的政治文明、精神文明和物质文明上。首先，职业教育推动了社会的政治文明。政治文明指政治思想、政治文化、政治传统、政治结构、政治活动和政治制度等方面的有益成果。职业教育虽然没有直接为社会培养政治人才，但却为社会培养高技能人才，培养的是实业家，这是政治文明构建中不可缺少的一支政治人才力量，因为实业家们都在直接或间接地推动政治文明进步，有的成为难得的政治家，有的从事政治工作，有的从事政治监督工

---

① 瞿振元、韩晓燕：《从更高更宽视阈透析高等教育的属性与功能》，《中国高等教育》2008 年第 2 期。

② 温家宝：《大力发展中国特色的职业教育》，《中国教育报》2005 年 11 月 14 日。

③ 胡锦涛：《高举中国特色社会主义伟大旗帜　为夺取全面建设小康社会新胜利而奋斗》，《十七大报告辅导读本》，第 37 页，人民出版社 2007 年版。

作。职业院校培养的绝大部分是社会主义事业建设者，社会主义事业建设者本身就是一股重要的政治力量，培养他们成才，实质是在培育政治文明。其次，职业教育推动了物质文明的建设。物质文明是指人类物质生活条件的进步状态，包括生产工具的改进和技术的进步、物质财富的增长和人们物质生活水平的提高。职业教育提高了人们的素质，也丰富了物质文明的内涵。职业教育帮助人们掌握改进生产工具的知识、掌握技术进步的知识、掌握职业技能，帮助人们提高创造物质财富的能力，帮助人们提高改善生活水平的本领，帮助社会把知识技术转化为现实的生产力，一句话，帮助人们实现了物质文明。职业教育在帮人们实现物质文明上比其他教育更直接，路径更近。再次，职业教育推动了精神文明的发展。职业教育本身是精神文明的组成成员，同时又是精神文明建设的建设者。精神文明是指人类精神生活的进步状态，主要内容包括教育、科学、文化、艺术、卫生、体育等事业的发展规模和发展水平以及伦理的发展方向和发展水平。教育对科学、文化、艺术、卫生等事业起到了保障、提高的作用，对伦理的发展和道德水平的提高起到推动作用。就职业教育本身而言，职业教育在培养着千千万万的社会主义事业的建设者，这些建设者应该是精神文明的代表者和传播者，因此说，职业教育的科学发展，直接关系到精神文明的发展。

职业教育的特征与原则

职业教育自身特征与我们前一章分析的属性本应属于一个章节，为了更加透彻地分析职业教育自身的特征，我们把其作为一章专门分析。任何事物都具有自身的特征，那是区别于其他事物根本性的东西。作为职业教育，由于社会的变化，其内涵也在不断发生变化，就是说职业教育的特征随着社会的变化有不同的表现，这是由职业教育内涵变化所决定的，但归根结底还是由于社会的变化引起的。

一、职业教育知识性特征与原则

教育具有知识性，这是教育的固有属性，职业教育是教育的一种，必然具有知识性。知识指人类认识的成果和结晶，按知识层次系统性分析，知识可以分为经验知识和理论知识。一般说来经验知识是知识的初级形态，系统的科学的理论知识是知识的高级形态。职业教育中既有经验知识的初级形态，师傅的经验传授；也有科学理论知识的高级形态，技能知识和专业理论知识。职业教育的知识形态，证明了职业教育形式中实践的知识必须大于或多于理论知识，这也是区别于其他教育形式的特征。职业教育既反映了教育的规律和特征，又更多地反映了职业教育的规律和特征。职业教育是给予学生或在职人员从事某种生产、工作所需的知识、技能和道德的培养，它是一个独立的教育体系。职业教育知识性特征指职业教育反映在知识授受方面的特点和原则。职业教育的知识性特点分为客观性、规律性、系统性等等。

1. 职业教育知识的客观性特征与原则

职业教育客观性原则反映的是不依赖于主观而客观存在的教育现实特点和原则。职业教育过程中存在着许多的教育现象，有些现象是教育主体可以改变的客观现象，有些现象是职业教育主体不能改变的客观现象，而且有些客观的东西职业教育必须遵守和遵循。辩证唯物主义认为事物的主观因素和客观因素是对立统一的关系，客观因素虽然不依赖于主观因素而独立存在，但主观能动地反映客观，并对客

观事物的发展起促进或阻碍作用。我们分析职业教育的客观性特征，只是以职业教育的本身即职业教育的现实分析其特征和原则，以求发挥职业教育主观能动作用，促进职业教育的科学发展。职业教育的客观性原则主要指存在于职业教育现实中的形象思维性、实用性、够用性和指导性原则。

（1）职业教育的形象思维原则

所谓形象思维指从普通教育系列分离出来，对逻辑思维较为迟钝，而对形象思维较为敏感的受教育个体的思维方式。我们在这里借"形象思维"这个概念进行表述，因为形象思维的思维方式是通过实践由感性阶段再到理性阶段，最终又返回实践的思维过程，符合职业教育学生对数、理、化以及语文、外语等书面知识的迟钝但对动手知识喜好的特点。我们引用"形象思维"这个概念来概括职业教育学生的特点，是为了给职业教育学生正名，职业教育学生从普通教育中分离出来，说明他们不适合"应试"和逻辑思维的教育方式，但绝对不是"垃圾"。当然，职业教育学生中不乏"应试"中失误之人，但那不是职业教育学生的主流。实事求是地说，形象思维与逻辑思维不是相互排斥的，而是相辅相成的思维方式。形象思维原意又称艺术思维，是人们在艺术欣赏和艺术创作过程中所进行的主要的思维活动和思维方式。我们放弃形象思维的原意，而取其通过实践由感性到理性再到实践的职业教育的思维含义，是为了便于对职业教育学生思维特征的理解。在职业院校里，从校领导到全体教师包括学生的本身，都必须重新审视学生，要使学生知道，"应试"教育之外还有更适合自己的教育，从而把自己培养成为动手能力强的高技能人才。采用"形象思维性"的原则，我们必须注意运用好鼓励原则、尊重原则和因材施教的原则。

第一，鼓励原则。我们专门强调鼓励原则是因为经过"应试"教育之后，那些被迫"分离"于普通教育系列的学生，或多或少对"应试"还有一种心理阴影，尤其是在与家长、同学交往中显现出来的某些自卑。一定要正确认识"应试"教育的局限性，看到被分离出来进入职业教育学生（包括高考进入技术职业学院的学生）的优点，在各种场合予以鼓励，使这部分学生真正从应试的阴影里走出来，愉快地加入到职业教育行列，自立、自信、自强、自爱，使自己成为对社会有用的高技能人才。

第二，尊重原则。对职业教育学生的尊重，是指尊重他们对职业教育的选择，对专业的选择，同样尊重学生的为人。在技师学院这类职业院校中，有大专学历层次，也有初中毕业的中专教育层次和技师层次，因此，要尊重学生不同层次、不同专业的选择，尊重学生对就业岗位的取舍，使学生通过不同的教育活动真正成"人"。

第三，因材施教原则。进入职业院校的学生由于层次不同，没有高考式的整齐划一，因此，必须注意区别不同的学生特点和对技术、知识的需求，因材施教。应该说进入职业院校的学生经过"应试"的"筛选"之后，都是比较有"个性"的，作为学校，应该尊重健康的个性，抑制和帮助学生改掉不良的个性，把时间和精力用在技能学习上，用在增长才干上，用在健康身体上，用在健全人格上。

（2）职业教育的指导原则

我国的职业教育是在政府领导下实施的教育行为，有关部门对职业教育的指导，应该说是独具中国特色。从职业教育院校领导班子配备，到职业院校教师调入、培养，再到专业设置、招生数字等，全方位指导，而在实践中却是真正的领导。为了职业院校的科学发展，我们呼吁有关部门放权，在放权有困难的情况下，我们吁请职业院校要实事求是，采用"跑步钱进"的精神，主动争取指导，推动职业院校的健康发展。

第一，主动原则。所谓主动指职业院校主动争取上级以及上级相关职能部门的引导、领导。把被动被领导转为主动接受领导，这不仅仅是态度问题，而且是关系到职业院校"科学"发展的问题。主管职业教育的主管部门以及职能部门，他们手中不仅掌握着职业院校的"人、财、物"，而且还掌握着关系到职业教育"兴衰"的政策。其实"跑步钱进"只说明了一个侧面，整体上不仅是"钱进"的问题。当然，职业教育欢迎相关部门主动关心职业院校的发展，但这种主动的可能性不大，职业院校必须反向思维，主动争取上级部门的领导。一位职业教育专家讲职业教育要做好"两手拉"和"两手抓"。两手拉：一手拉政府，争取领导，这是一种特殊的"资产"；一手拉市场，职业教育面向市场，既为市场培养人才，又在市场中谋自身的科学发展。在职业教育科学发展中，职业院校还要主动抓好自身建设，抓好院校的内涵建设，即抓好专业建设、课程建设、师资队伍建设等等，主动用自己科学发展的实绩，迎接职能部门的领导。在内涵建设上，职业教育要用好"两手抓"。一手抓校本建设，一手抓校本的改革。在用好主动原则中，要注意用好用足政策，以推动职业教育的发展。

第二，灵活原则。灵活多用在战术方面，用在职业教育发展上有些"牵强"。但市场发展很快，企业变化很快，职业教育的主要任务是为企业培养高技能人才和高素质人才，必须灵活地跟上市场的变化，真正实现职业教育的科学发展。说真的，在分析"指导原则"时，我们感到的是一种无奈，不分析，那是没有面对职业教育的现实；分析了，又觉得深浅都似乎不妥，因为这种"指导"确实独具中国特色。职业教育面对的环境是一个独特的环境，应该引起重视。灵活原则体现在专业的市场导向上。职业教育以就业为导向说到底是以市场为导向，根据企业的需要和市场的需要设置专业（工种）。培养的学生如果没有去处，说明专业设置已落在市场之后，要灵活地跟上市场变化，相对灵活地设置专业（工种）。灵活的原则体现在就业上。以就业为导向，职业院校的学生就要有灵活就业的思想。在人才市场上，所学非所用是多见的，不能非要追求就业上的所学即所用，那样会影响就业。不少普高院校明确提出"先就业，后择业"，说的是就业的灵活。当然，职业院校对专业的设置应尽量避免学生的学非所用，跟上市场，合理调整专业。灵活的原则还体现在校企合作与实训上。职业教育的最大特色是培养学生的技能，而学生的技能又多是实际技能操作。要让职业院校把自己所设的专业都与企业对接上是比较困难的，不仅学校选择困难，而且企业接收也困难。在校企合作与实训上，要采取联合等多种形式；在实训的安排上，要合理运用时间，千方百计使学生掌握好技能，真正在社会工作中用得上。灵活的原则还体现在对上级政策的争取上。在我国，政策是一种无形资产。而且政策执行中的伸缩性和灵活性全凭执行政策者去掌握。"县官不如现管"，讲的就是执行政策的灵活性。作为职业院校，争取效益最大化没有错，用不同方式争取执行政策的倾斜也是出于无奈，说到底还是为了职业院校的发展。这种靠政策灵活执行的发展科学不科学，我们不敢妄评，但政策倾斜的确会给职业院校带来巨大的收益。在不看过程看结果的绩效政策下，政策的灵活是一种不可多得的"资源"，是值得在落实科学发展观中加以研究的。

(3) 职业教育的知识实用原则

所谓实用指职业教育的成果能够实际使用或有实际使用的价值。职业教育的本身就是一种实用教育。职业教育的知识技术实用主要体现为以下几点。

第一，职业教育知识实用体现在技术知识的满足上。职业教育是实用的知识教育，在技术知识上必须使受教育者满足。在技术知识结构上可以跨专业、跨课程，以保证学生的技术知识在生产实践中用得上。

第二，职业教育知识实用还体现在专业理论知识够用上。所谓够用指专业理论知识够用就可以了，不一定要有多精、多深、多细。

第三，职业教育知识实用还体现在所学知识的管用上。其实，在知识和技术方面，两者是相通的。职业教育的学生希望自己所学的知识在技术操作中能够管用，即学以致用。

2. 职业教育知识的规律性与原则

所谓规律是客观规律和科学规律的统称，但通常指客观规律，指客观事物的本质联系。职业教育知识的规律性，包括了传授、掌握、运用等相关的规律。我们分析职业教育知识的规律性，为的是让人们在实践的基础上对职业教育出现的种种现象进行调查研究，去粗取精，去伪存真，由此及彼，由表及里，去掌握职业教育的知识规律，更好地、科学地发展职业教育。

(1) 实践与理论知识相结合的规律

教育方面理论与实践相结合是教育的必然规律，也是职业教育必须遵循的规律。《中华人民共和国教育法》中明确规定："教育必须为社会主义现代化建设服务，必须与生产劳动相结合。"①《中华人民共和国职业教育法》也规定："传授职业知识，培养职业技能。"② 法律规定职业教育必须注重理论与实践的结合，并且把实践放在首位，即把"培养职业技能"放在首位。

第一，重实践原则。职业教育是一种以实践教学为主的教育形式，所谓重实践，就是要把实践能力的培养放在教学工作的首位。这也是职业教育的一大特色。要"加强职业院校学生实践能力和职业技能的培养。"③ "一方面，要搞好以敬业和诚信为重点的职业道德教育，学习必要的基础理论知识；另一方面，要坚持手脑并用、做学合一的教学原则，突出学生的动手能力和职业技能训练。""教学内容要注意学以致用。要改变传统的以学校课堂为中心的做法，职业教育的课堂有些要设在学校，有些可以设在工厂车间、服务场所和田间地头。"④ 职业教育一定要注意职业教育的理论与实践相结合的原则，在结合中坚持重实践的原则，培养学生的动手能力和实际操作能力。要教会学生用理论知识指导自己的实训实践、操作实践。要注意重实践不是唯实践，不是轻理论，防止在教育过程中一个极端走向另一个极端。

第二，巧结合原则。所谓巧结合指把理论与实践两种知识巧妙地结合在一起。我们已经分析过，进入职业院校的学生多是"形象思维"的学生，他们对逻辑思维形式的知识不感兴趣，这便要求老师教学过程中注意巧妙地把两种知识相结合，用理论指导实践，在实训中践行理论知识。为了使理论与实践结合，一定要注意理论学习与掌握中的技巧，要坚持够用、管用的原则，把理论学好学精。在实训上，要注意理论启发和实训思维的原则，引导学生用理论思考，用理论指导自己的实训实践，真正实现学以致用，并让理论与实践的结合在学生的个体中表现出来，坚持手脑并用、做学合一，把理论与实践巧妙地结合在一起，以实现职业教育的目的。

第三，保运动原则。所谓保运动指职业教育中理论知识与实践知识的结合是一对教与学的运动，必须加以保证和推进。在一般教学实践中，理论与实践是一对矛盾；在实际运用过程中，两者又相辅相成。没有理论的指导，实践肯定不完美；没有实践，职业教育理论肯定是空中楼阁。在实践中我们认为，理论与实践是一种运动。"一切运动都在于吸引和排斥的相互作用。然而运动只有在每一个吸引被另一处的相应的排斥所抵偿时，才有可能发生。""所以，宇宙中的一切吸引和一切排斥，一定是互相平衡的。"⑤ 理论与实践的运动通过职业教育联结，因此，职业教育应该注意推动两者向联结发展，并各自科学发展。职业教育的理论和实践的运动必

---

① 《中华人民共和国教育法》，《中华人民共和国常用法律大全》，第 1034 页，法律出版社 1996 年版。

② 《中华人民共和国职业教育法》，《中华人民共和国常用法律大全》，第 1052 页，法律出版社 1996 年版。

③ 《国务院关于大力发展职业教育的决定》，《光明日报》2005 年 11 月 10 日。

④ 温家宝：《大力发展中国特色的职业教育》，《中国教育报》2005 年 11 月 14 日。

⑤ 《马克思恩格斯选集》，第 4 卷，第 348 页，人民出版社 1995 年版。

须注意理论上的创新和实践上的推进，以保持运动的进行和平衡，保持职业教育理论教学和实训教学的平衡发展和科学发展。

（2）知识技能授受的互动规律

知识和技能的授受是一个互动的过程，这种授受有其自身的规律，最重要的是授受中的互动。所谓授就是教，受就是学。授与受是一个互动的过程。只有授没有受，那是一种空教；只有受没有授则是一种摸索，很难达到要求。在运用授受规律时，要注意两者的特点，使授受互相结合、互动互辅，达到完美配合。

第一，职业教育中主体性原则。这里的主体指以学生为本。在职业教育中，我们一直主张以学生为本开展各种教学活动。就是说在职业院校里，要坚持以学生为本，而在教职工队伍中，要坚持以教师为本。以学生为主体的原则就是根据学生以及社会对学生的需要而有针对性地培养学生。在职业教育中，我们对学生的培养以就业为导向，而在知识传授中，我们坚持以学生的需求为导向。职业院校教师要转变思想，把握学生的学习需求，以发挥学生在学习中的主动性。

第二，传授中坚持方法科学的原则。知识技能传授互动，还必须方法科学。在我们的教育方法中，有不少可以借鉴的方法，职业教育的知识技能传授，不同于一般的教育方法，有其独特的地方。

"模块教学法"。模块式教学法（简称 MES）是国际劳工组织在 20 世纪 70 年代开发出来的一种较为先进的培训模式。"MES"是英文"Modules of Employable Skills"专用名词的缩写，在我国一般称之为："模块式教学法"、"职业技能模块"或"就业技能模块组合"等。它是在深入分析每个工种和技能的基础上，严格按照工作标准（岗位规范），将教学大纲和教材开发成不同的培训模块，形成类似积木组合式的教学方式。① 模块教学法一般的操作方式是：划分小组，小组人数不宜太多。组与组之间要平衡，一般采用互补的方式，即学习成绩好的与差的搭配合理。不同知识结构的学生搭配，可以取长补短；不同认识方式的学生搭配，使强势互补，相互学习，"相互强化"。另外是确定内容。教学内容的确定要把知识与技能、过程与方法、情感态度与价值观三个维度的目标融入任务中。教师要认真研究"课标"，分析教材，确定教学的目标、内容、重点、难点、疑点，找准教学的切入点。还有就是布置任务。教师要向学生具体详细地讲清任务，让学生自愿完成任务。再有是学生实施。向学生讲明要做什么之后，老师要紧紧跟随，以指导和导航的身份，指导学生知道怎么做。最后是评价结果。学生完成任务之后，教师有目的地展示学生的作品，让同学们进行讨论、评比、总结。老师的评价包括学生对知识的掌握程度，运用知识解决新问题的能力以及教学活动中的表现等。模块教学方法的特

---

① 朱曼平：《开发应用模块式教学法提高职工教育培训效果》，www.chinarein.com。

点是：培训目标明确，每个模块的学习都是以掌握必要的技能为目标，以现有实训岗位为目标，按需施教，学用一致，干什么学什么，实现掌握技术的"短、平、快"，理论课和实践课融为一体，模块教学以技能训练为核心，必要的理论知识也是为技能服务，突破传统的以教师为中心，改变满堂灌的讲课方式，以现场教学为主，以学生为中心，教与自学相结合，这种方法更适宜多工种培训。对于未来的岗位，学生希望多学以向更好的岗位转移。模块教学可以满足不同个体转岗的希望，有利于行业调整、工种调整，有利于一专多能的学习。

"课题制教学法。"课题教学法是一种新的模式，与模块教学有相似的地方，但又有极大的不同。课题制教学法就是将全部实习的教学内容按技能和等级分成若干个课题，以每个课题为核心，结合相关的工艺知识、专业理论知识和操作技能进行一体化教学。每个课题模块的专业理论内容和操作技能的讲授、指导均由同一教师承担，每个教师仅担任几个课题模块的教学。课题结束时，实行教考分离，考核合格可以获得相应的证书。课题制教学方法可以以不同的课题形式进行设置。诸如：基础课题设置。为了使学生能学到多种技能，拓宽知识面，以便为今后就业、择业、转岗打基础，学生第一阶段的实训可以不分具体专业，分为电类、机械类、信息类和综合类等等大类，在大类的教学中学习"基础课题"的实训课。"电类"学生可以学电工、电子、钳工、计算机等基本操作技能；"机械类"学生可学钳工、车削、电工、计算机等基本操作技能；"信息类"学生可以学文字录入、电子制表、幻灯片等制作基本技能。各个专业的每个基本操作技能模块学完后，对于达到职业技能鉴定标准的，可以进行技能鉴定并获取相应的等级证书。诸如：专业课题设置。学生经过基础课题训练之后，学校教学部门或培训的教学部门应根据市场需求提出专业设置和每个专业所需人数的方案，从而制定专业设置和每个专业所要学习的"专业技能课题"。学校可以根据学生的实际情况进行首次专业分类教学。这时的专业设置可以是单一型的，像电子、电工、钳工、车工、计算机、家电等，又可以是复合型的像电工电子、钳电、车钳、电算会计等等。"专业技能"中也采用课题化教学，由专业功底较厚的一体化教师教授该课题所涉及的工艺知识、专业理论、操作技能等。对于单一型专业的学生可以学习专业技能课题中相对应的技能；对于复合型的学生，可以组合成新课题模块，学习相近或者邻近专业的多种技能。诸如：综合课题设置。当学生在"专业技能"课题阶段考核合格后，可以转入"综合技能"课题学习。学校相关老师要根据劳动等部门职业技能鉴定考核的要求，对学生进行强化训练，使学生顺利通过等级考核并拿到相应工种的等级证书，而后转入下一分专业学习，这次专业（工种）分得更细，旨在培训岗位技能。教学部门按照就业部门意见制定"岗位技能"课题模块，这种课题将随市场需求而经常变化。这一个课题中执教的老师知识必须宽厚，技能必须复合，应变能力必须强，知识技能必须贴近市场，并能随时学习新工艺、新技术，理论上应该达到市场需要什么岗

位老师就培训什么技能，并且能切实做到学生到了企业就能够顶岗，技术熟练，上岗能独立操作。①

"行为引导式教学法。"行为引导式教学法来源于"双元制"教育。"双元制"是德国职业培训的著名模式，"双元制"教育中的双元指理论——实践、学校——企业、教师——学生、思考——动手结合模式。而"双元制"职业培训模式中，"教师——学生"的结合是行为引导式的关键。所谓"行为引导式"是指在教学过程中培训目标要立足于学生思维方式的培训方面，使学生具有为解决一切技术问题或达到某一确定的目标而自觉采取行动和思维能力，并且以学生为中心（以学生为主角）使学生发展各种能力和掌握专业技能。行为引导关键在两个方面。一个是教师行为模式的改变。教师必须一改过去的专一备课和授课的模式，实现师生共同备课、授课，学生变成了主角，而教师则成为配角，成为课题的主持人，成为一个课题的组织者。另一个是学生行为模式的转变。学生由过去听、学变成了授课过程中的主角。学生通过独立收集信息、独立制作工作计划、独立完成制作、独立作出评估等，达到职业工作中所需的个人行为能力培养。"行为引导式"实行的最大困难在老师，老师为了达到这一要求事先要设计出多种方案，并及时对学生的操作过程加以引导，调动学生的思维，达到"双元"的目的。在教学过程中，教师必须不断地予以组织引导，不断地提出一些启发性问题，引导学生思考分析，或者老师设置故障，让学生找出问题，分析问题，解决问题。在教学过程中，老师设置的故障非常必要，因为在未来的岗位操作中，有许多意想不到的困难和问题，必须独立解决，这时候的有意识培训很重要。在行为引导式教学中，教师还应引导学生注意培养质量意识、效益意识、安全意识、责任意识、时间意识、协作意识和独立操作意识，以适应未来工作中的需要。②

在方法科学中我们只介绍三种方法，这三种方法都来自于实践，并且在运用中可能会有许多的交叉。每一种方法都有自己的独到之处，也有一定的不足，以待在教学实践中加以充实和改正。我们相信，随着职业教育的发展，一定会有新的教学模式出现。

第三，知识传授中整体与个别结合的原则。整体是由不同"个别"组成的，而整体又引导"个别"的行为方式。在授受知识过程中，必须注意整体与个别的结合。在知识传授过程中，一个班是学习的整体，而老师有时属个别范畴。在学生中间，学生群体是一个整体，而每一个学生又是一个个"个别"。作为老师，应该找准自己的角色，找准自己在教学活动中应该做什么，应该用什么方法推进知识和技术的传授，真正起到老师在教学中的引导作用。作为"个体"的老师，应该把身心

---

① 甘肃省临泽职业技术教育中心教务处：《课题制教学法》，www. lzzjzx. com。

② 李永泉：《"行为引导式"教学法及其在"模块"教学中的应用》，www. afz-gtz. cn。

都投入到教学工作中去，不三心二意，不应付差事，追求创新创造，追求精益求精。应该提倡老师在敬业同时，真心爱学生，把书教好，把学生带好。作为学生的个体，也应该找准自己的角色，明白自己在干什么，应该干什么，普高读不成，也不是什么坏事，因为自己的思维方式不同。在职业教育系统内学习，一样可以学到知识，学到技能，一样可以成才。整体与个体的结合，一个是要注意老师与学生的互动，老师对学生学习的指导、引领；另一个是学生与学生之间的协作精神。学生未来的工作无论是在企业工作或者自己创业，都离不开协作互助，作为学生的个体必须在学习、实训中能够悟出这种道理。

（3）知识技能的检验规律

知识技能来自于实践，同样可以用实践等不同方式对知识和技能进行检验。知识和技能的主要检验标准，应该是学生的工作岗位实践。毛泽东同志很早就讲过："判定认识或理论之是否真理，不是依主观上觉得如何而定，而是依客观上社会实践的结果如何而定。真理的标准只能是社会实践。实践的观点是辩证唯物论的认识论之第一的和基本的观点。"① 同样，知识、技能的作用如何，也必须靠实践来检验，这也说明了知识、技能的本身就应该具有可验证性。用实践检验知识、技能应坚持两个原则。

第一，实际运用的原则。职业教育所传授的知识和技能，必须学以致用。学后能否致用，实践可以检验。为了保证学生通过职业教育后掌握可以实际运用的本领，学校必须采用新的教学方式。教学内容、教学方法必须创新，培养目标、专业设置、课程教材、学制安排等等，都必须适应社会和企业的需求，着眼于提高学生的就业和创新的能力。对于学生来讲，必须明确学习目标，树立信心，有自己的计划，应该多学科多专业（工种）学习，多掌握实用技能。学生要适应职业院校新的教学方法，不能用"学谁还没上过"的观念对待职业教育，因为职业教育的教学方法和要求的确与普通教育不同，要适应这种学用结合的教育方式。对于企业来讲，用人有选择是必然的，但对于刚从校门走出来的人来讲，不能求全责备，要看到学生的可塑性，看到技术进步的伸缩性。职业教育的成果如何，最终还是靠实践、靠企业对学生本领的检验。这种检验应该从表面上就可以看到：一是企业对职业院校学生的欢迎程度；二是学生在企业中技能技术发挥的程度。通过这种检验，企业可以对学校提出不同的培养人才的要求，学校可以根据市场情况设置专业（工种），调整培养计划，逐渐与实用接轨。

第二，心理适应的原则。知识技能检验规律的运用除了实际运用检验原则之外，还必须注意学生的心理适应情况。对于一个个体来讲，所有行动都是由心理支

---

① 《毛泽东选集》，第 1 卷，第 284 页，人民出版社 1991 年版。

配的。心理学研究表明一个正常的人每时每刻都在进行着心理活动。对知识的学习，对技术的接受，也都受着心理的制约。同样，人们对知识技能的认可也是一种心理活动。心理适应的原则，首先表现为学生对自己知识技能的学习方式能否接受。不少人对自己进入职业教育系统学习不甘心，在心理上有着职业教育低于普通教育的认识，仍把"读书做官"作为一种人生追求的信条。这样一来，人虽然进入了职业教育，但心不一定真正在职业教育，这种不适应的原则和不协调必然会影响学生个人对职业的选择和对学习的认真态度。心理适应的原则还表现为对职业的选择（包括学习时对专业的选择）。应该说人们在学习期间已对职业作了定向和定位，但由于时空不同，不少职业院校毕业的学生可能会选择择业的方式，这些，仍要有心理准备和心理适应。心理适应的检验，一个是看人们爱不爱自己所从事的职业或学习认真的程度；另一个是看人们的敬业态度；还有一个是看人们的创业创新的心态。

3. 职业教育知识的系统性与原则

所谓系统性指职业教育知识有自身的系统，是按自身一定的关系组成的整体。知识是有一定系统的，这种系统又不同于（区别于）其他教育的知识系统。包括专业系统、课程系统等等不同的系统。

（1）职业教育知识性的专业系统原则

职业教育知识专业系统是为了有目的、有计划地为社会和企业培养高素质和高技能人才，因此，知识专业设置必须突出生产实习教学，重视理论与实践的结合，加强基本知识、基础理论和基本技能的教学，注重发展学生的能力，特别是动手能力。职业教育知识系统具有自身的形式与原则。

第一，职业教育专业知识系统制定的实用性原则。所谓实用指所制定的专业（工种）必须与企业紧密地结合，并且为企业服务，即培养出来的学生能够直接去企业上岗。任何脱离企业实用而设置的专业是绝对不会有生命力的。

第二，职业教育专业知识系统制定的科学性原则。所谓科学，指专业设置的合理、易接受、能应用、可持续。学校是向学生传授科技知识的，专业设置的内容必须是有定论的或者是经过市场调研的。专业设置必须有市场需求，毕业生能就业；专业设置必须合理，合理地培养不同专业的学生；专业设置必须可持续，对企业所需求的技能人才源源不断地输送；专业设置还必须容易接受，主要是学生乐学、好学并能掌握、能应用。

第三，职业教育专业知识系统的可调整原则。事物是在不断发生变化的，职业教育必须随着经济社会发展而变化，其专业系统也必须具备可调整性。在专业知识系统制定过程中，必须注意其中的变化特点，留有一定的可调整空间，对不同专业设置和相同专业中某些知识及时加以调整，以保证职业教育内涵的科学发展，保证职业教育与企业和社会的紧密结合。

第四，职业教育专业知识系统的基础性原则。知识的传授、专业的设置和运转都必须有一定的基础。专业设置绝不是"无源之水，无本之木"，必须源自于一定的基础之上。首先是社会需求的基础。设置某种专业或运用某种专业知识必须有社会的需要，这是专业知识系统设置的基本点。其次是要有一定的师资。师资是专业设置和专业运转的保障，没有师资，再好的专业也只是空中楼阁。再次是有一定的物质保障。这里的物质保障主要是指实习实训的条件。没有物质基础，再好的师资也只能是纸上谈兵。

（2）职业教育知识性课程系统原则

职业教育课程是不同于普通高校课程的，职业教育的课程采取以实用为主的课程设置方式。职业教育的课程设置一般是由文化课、技术基础课、专业理论课、生产实习课及政治、体育课等课程组成。按照职业教育知识系统设置的课程原则，文化课是基础教育的继续，是为后面课程打基础的。技术基础课是为专业理论课服务的；专业理论课则要与生产实习课紧密结合；政治、体育课是为实现教育方针服务的，也是不可缺少的课程。课程系统是完成知识传授的保障，是教学必备、必需的。

第一，基础课程设置的原则。文化课、技术基础课都属基础课程系列。所谓基础课指的是专业理论课以及实习课的基础，是掌握知识的起步阶段。设置基础课是为更进一步学习作准备，在这一阶段，课程教育宜面宽，要让学生尽量多掌握不同的技术基础课，为以后学到多种技能、拓宽知识面作准备。基础课教学过程也必须做到重基础，宽知识面，"基础不牢，专业不毛"，说明基础的重要。

第二，专业课程设置的原则。专业课程应根据市场预测对学生的技能需求而"因势"对课程加以安排。在这一阶段，学校可以根据学生的特长、学习成绩、社会需求等因素，对学生进行分课程教学。在基础课程的基础上，可以根据不同对象，教授不同专业课程内容，有些学习成绩好的同学可以实行相近、相邻通学的办法，让他们多掌握几种技能。

第三，综合课程设置的原则。综合课程实际上是技能培训课程，这种培训应该以过关为原则。综合课程的设置要考虑到职业技能鉴定部门的考核要求，对学生有针对性地训练，灵活地掌握学生的情况，保证学生学习过关，顺利通过等级考核。在等级考核结束之后，则转入企业需求的学习过程。在转入企业需求的学习过程中，应该和企业沟通，实行岗位技能培训，让学生在老师和师傅的指导下，把所学的知识、技能与工厂、企业或岗位需求结合起来，以达到用人部门对人才培养的使用要求。综合课程的后半部分设置是必须的，这在以往的课程安排中不全面，有的职业院校认为技能鉴定合格就是全部课程的结束，使得学生在学校学习的知识、技能与企业等用人单位的需求有一定的差距，不能满足用人单位的要求。

(3) 职业教育不同知识系列的区别原则

由于我国国情的原因，我国职业教育不仅仅层次不同，而且所属系列也不相同。对于用人单位来讲，也必须注意不同系列培养的不同知识技能的学生，以求用得上，用得顺手。说不同系列，是指学生、家长、用人部门和职业院校都应该注意我国职业教育所属的不同系统，防止做"无用功"。

第一，注意层面的不同。仔细分析，职业教育有不同的层面，不同层面的知识培养也具有不同的层面。从培训的层面分析，有院校全日制培养，也有培训机构的培训；从学历教育层面分析，有学历的职业教育，也有非学历的证书培训，当然也有学历、证书的培养和培训；从办学的层面分析，有中等职业教育、高等职业教育。不同层面的教育形式、教育方法和教育结果都不尽相同，因此，知识的传授也不尽相同。学生、学生家长以及需要培训的人员对培训机构的选择，对学校的选择，对学历教育以及证书的选择也就不会相同。企业以及用人单位对学生的选择和对培训学校、培训机构的选择也不会相同。

第二，注意系列的不同。职业教育属不同系列，这独具中国特色。最初中等职业教育分别属于行业、企业、教育部门、劳动部门等等。自从有了高职之后，所有的高等职业技术学院都属于教育部门主管，而所有的技师学院又都属于劳动部门主管。中等职业教育大都分别由地方政府主管，高职分别由省政府和地方政府主管。办学系列的不同，带来了教育的内容、要求、教学方法的不同。职业教育法中规定："国务院行政部门负责职业教育工作的统筹规划、综合协调、宏观管理。""国务院教育行政部门、劳动行政部门和其他有关部门在国务院规定的职责范围内，分别负责有关职业教育工作。"① 法律规定不同部门分管职业教育工作，给地方政府带来了协调和管理的麻烦。建议把职业教育统一由一个部门管理，这对于加强宏观管理，提高职业院校的内涵建设，提高办学质量都会大有益处。

第三，注意知识培养原则的不同。不同系列的院校和培训机构，对知识培养的方式以及对知识掌握的要求也有区别。有的学校重实践，有的学校注意理论与实践相结合，他们采用的教学方式也不同。有的是模块教学、有的是课题教学、有的还是传统的教学模式，以课堂教学为主，这为学生选择学校和企业选择不同学校的学生带来了不应有的麻烦。

二、职业教育技能性特征与原则

"技能"教育是职业教育的生命线，是职业教育的本质也是职业教育的根本形

---

① 《中华人民共和国职业教育法》，《中华人民共和国常用法律大全》上卷，第 1053 页，法律出版社 1996 年版。

式。"实施国家技能型人才培养培训工程，加快生产、服务一线急需的技能型人才的培养。""加强职业院校学生实践能力和职业技能的培养。"①《中共中央办公厅、国务院办公厅印发〈关于进一步加强高技能人才工作的意见〉的通知》中指出："当前和今后一个时期，高技能人才工作的目标任务是，加快培养一大批数量充足、结构合理、素质优良的技术技能型、复合技能型和知识技能型高技能人才。"② 职业教育被人们简称为"技能教育"，这虽然有点偏，但却说明了职业教育"技能"的重要。职业教育对在校的学生要以技能为中心，加强培训，要鼓励在职的企业职工学习新知识和新技术，钻研岗位技能，积极参与技术革新和攻关项目，不断提高运用新技术创造新财富的能力。

1. 职业教育的技能性体现了技巧性原则

所谓技巧指在学习实训过程中以及在以后的工作过程中，学生在工艺、操作、知识运用中的巧妙技能，并运用技巧在学习和岗位工作中有所发现，有所发明，有所创造。技巧运用得好，不仅仅可以掌握技能的特性，而且可以事半功倍，达到意想不到的职业岗位效果。

(1) 技巧的钻研性原则

所谓钻研指在实训和工作过程中用心研究，不仅仅用最快时间掌握技能，而且在掌握技能中有所创造。对于在校学习的学生来讲，在学习基础技能知识时，最好不分专业，多学，达到厚基础；在学习专业理论时，要发挥自己的特长，掌握技术的精髓，达到掌握技能"炉火纯青"；在综合学习时，不仅要达到职业技能鉴定的要求，而且要自觉与企业要求的技术技能对接，真正去掌握和研究技能运用中的技巧。

(2) 技巧的智慧性原则

所谓智慧指在掌握技能过程中对技能以及操作技能的辨析、判断，并有所创新。智慧用在掌握技能上不仅要求人们熟练掌握技能，还要求人们在熟练中发现问题、分析问题和解决问题。智慧的发挥，是因不同个体对技能掌握的熟练程度和经验的积累而定的。

(3) 技巧的灵感性原则

所谓灵感指在技能掌握过程中由于学生或职工艰苦学习，不断实践，不断积累经验和知识技能而产生的富有创造性的思路。不同的专业，不同的个体灵感所显示出的结果不同。要鼓励学生和职工在技术操作中突发灵感，鼓励学生和职工在实践

---

① 《国务院关于大力发展职业教育的决定》，《光明日报》2005 年 11 月 10 日。
② 《中共中央办公厅、国务院办公厅印发〈关于进一步加强技能人才工作的意见〉的通知》，《高技能人才工作文件汇编》，第 57 页，中国劳动社会保障出版社 2006 年版。

积累中有所创造，鼓励人们对已有的技术在穷尽可能的基础上大胆革新，并有一定的创造性思路。当然，灵感因个体而异，因为不同的个体对学习的刻苦程度、实践程度、经验积累程度、技能掌握熟练程度不同，所以，有些人可能很少有灵感的显现，而有些人则创造不断。

2. 职业教育的技能性体现了实训性原则

实训是职业教育的实习内容，是职业教育教学过程中最为重要的环节。学生技术基础和专业理论的学习成效，最终体现在实训的成果上。尽管实训教学有不同的形式，但对实训操作的技能性特征和组织形式应该加以研究。

（1）规范实训组织和岗位

在职业教育中，实训的组织与原班级及原来的小组有很大的区别。对于实行模块教学的院校来说，学习小组已经按能力和喜好特别是专业作了重新的组合，实训的岗位也不尽相同，有的"复杂"岗位是几人一个岗位，用课题方式完成；有的简易岗位可能是一人一岗，这已与原来学生的"行政"班级和行政小组有了较大的区别。

第一，实训小组的原则划分。不同的院校和不同的培训机构，有不同的培训方式，但培训一定要有组织，这个组织便是有利于实训和实习的实训小组。在实施模块化教学的模式中，一般把实训小组划分为3—6人，小组之间一般要保持平衡。小组的划分与组建要考虑多种因素，诸如学生的成绩、知识结构、认知能力、认知方式、个人喜好等。在分组过程中，一般采取用细致的调查和研究的方式，摸清学生的底细并针对不同的学生情况搞好小组成员的搭配。指导老师要对学生的入学成绩、家庭背景、性格爱好等有所了解，可以采用自由组合和再分配的形式，使小组分配得更为合理，学生更能实现互助。有的学校采用互补方式，即强弱结合；有的学校采用特长方式，即喜好相同；有的学校采取分类方式，即按成绩分组，便于老师针对不同模块学习小组的特点，采用不同的培训方式，以求最佳效果。实训小组的划分原则，要根据不同的学校，不同的生源，不同的实训条件而定，小组划分必须实事求是，科学界定。小组划分之后，指导实训的老师可以根据模块教学的需要，进行个别调整，尤其对掌握技术技能慢的学生，要采用较为特殊的方式，保证其对知识的了解，对技能的掌握。

第二，实训岗位确定的原则。近年来，由于部分职业院校大量扩招，造成实习实训设备严重不足，远远不能满足实训教学的需要，在"模块"或者"课题"方式的教学过程中，必须注意实训岗位的实在原则，推行"训者有其位"。为了保证训者有其位，可以采用"借鸡下蛋"的方式，即实行资源共享，几个院校一块使用实训基地。另外也可以与企业合作，让实训实习真正与企业结合起来，实训落实到工厂。还可以采用学生休息实训岗位不休息的原则，让实训岗位满负荷运转，把实训岗位安排到位，让实训的同学都有工位可以实习。"训者有其位"的原则是职业教育实训的一个最基本的原则，各类职业院校和培训机构应该坚持。

（2）科学界定实训内容

在实训教学中，技术基础、专业理论等知识和技能都是上岗的基础，如何进行实训教学，是按单科进行实训还是混合式实训，必须要有科学的界定。这种界定一个是依据学校所采取的教学模式；一个是取决于学校的实训条件；最后是取决于学生的实际情况。

第一，单一式实训原则。单一式指实训课程的专业实训是某一个方向上、与其他专业教学的内容不交叉、不混合。诸如"电工"类的实训，只对电工技能、原理、解决问题的办法进行实训，对相近或相邻的专业不予考虑。这类实训优点是学生可以对某一工种了解深、透，掌握的技能方式也较为简单。缺点是对其他工种了解甚少。当然，单一式中的实训如电类，也可以实训电工、电子、计算机等同类工种的内容，这要根据学校的实际情况而定。

第二，复合式实训原则。复合式实训是指相近工种、专业的实训内容和技术混合一起的实训方式。运用这种实训方式在实训之前和实训过程中，都要根据校情和学生学习的情况。实训可以采取"模块教学"和"课题教学"的方式，进行不同工种间的混合式培训。比如：电工电子、钳电、车钳、电算会计等专业混合实训，以提高学生应对不同工艺、不同专业、不同操作技术的能力。

第三，交叉式实训原则。所谓交叉指专业技能和工种的交叉，这种交叉不同于混合式的实训，要根据实际需要而进行有目的的技术培训。交叉式实训可以满足不同实训技术的需要，不按教学常规的程序，按实用的要求，单向地或多向地交叉学习，以应对在工作岗位上的需求。例如：配电、电工维修、计算机操作等技术能力的交叉培训，可以解决学生遇到的实际困难和问题。

第四，难点式实训原则。所谓难点指把实训中的难点作为实训的注意点和重点进行攻关。由于指导老师在实训中有着不同的经验和经历，对实训中容易出现的"普遍"问题加以总结，对下一届或下一班的实训做到有针对性，让培训、实训少走弯路，解决重点问题，解决实训的疑点等问题。"难点"是我们实训中经常碰到的问题，对难点中的个别问题可以个别解决，对于难点中的普遍问题，必须加以重视，以减少实训过程中人力、精力、设备、物资的浪费。

（3）动手动脑结合的原则

动手动脑是实训的必由之路，任何实训都必须动手动脑才能完成。但是，从现实的实训过程来看，光动手动脑还不一定能够完成实训的任务。动手动脑必须注意调动学生和教师的积极性，使主观因素和客观因素很好地结合起来，再运用较为合理的实训方法，让学生在实训中掌握一定的技能。

第一，坚持学用一致。在实训中，学生学什么，学了干什么，不仅实训者要清

楚，指导实训的老师也必须清楚。师生一定要坚持学用一致，手脑一致，才能在实训中掌握本领，才能在实训中"悟"出道理，才能在实训中有所创造。另外，实训也是把理论用于实践的过程，一定要注意引导学生把理论运用到实践中去，在实践过程中运用理论作指导。在学习理论中，要使学生弄明白理论的原则和道理，在实训过程中能够自觉用理论指导实训；同样，在实训过程中，只有用理论指导实训全过程，才能掌握实训的"真谛"，减少弯路，学到实训操作的真正本领。动脑，除了理论指导之外，还有在实训过程中自我经验的积累和总结，即注意把握实训技巧，注意在实训中多思考，勤思考，善运用，从而实现某一方面技巧或理论上的创新。

第二，注意个体差异。所谓个体差异指不同的学生在思维方式、做人原则、接受能力、知识基础、学习和生活环境等方面的差别。由于个人学习成绩、积累的经验和对知识技能接受能力不同，对实训的理论和实际操作的要领理解也不会相同，作为老师包括实训组的组长，必须区别对待。对理解透彻并掌握要领快的同学，要鼓励；对理解和掌握慢的同学更要鼓励，要利用额外的时间，对个别同学进行"补课"。在理论和实际操作上用不同方法使理解差的同学进步快些。注意个体差异还要在起点上保持一致，千万不能"嫌"差爱"好"，冷落理解慢的同学。要让理解性差的同学多一些操作的机会，以赶上实训的整体计划。当然，对于理解和操作特别优秀的同学，可以采取单独对待的方式，让其更好更快地完成实训任务，并在"模块"或"课题"教学中成为同学的指导者。注意个体差异，也要因课题而异，因实际实训氛围而异，因人而异。

3. 职业教育的技能性体现了融合性原则

所谓融合指职业教育的技能性是一种理论与实践、思考与动手、同伴间的互动、老师的关键引领和学生的领悟等合为一体的教育方式。在技能培训中，必须注意不同方面的能动性，以推动职业教育技能特点方面的优化，这是职业教育的本质要求。

(1) 技能的融合性体现在"互启"方面

技能融合性的互启指同学之间，老师之间，同学与老师之间和不同模块之间实训中的互相启发。在技能训练和职业培训中，不同类别的互启很重要，尤其是在技能攻关中，可能会起到画龙点睛的作用，这种作用在某些攻关项目研究中经常出现。我们认为互启应该成为职业教育技能培训的重要方法。在教学过程中，运用互启原则，这对于老师的经验积累也有好处。

第一，做。做指在职业教育中老师和学生的实际操作。实际操作是互启的基础，只讲不做是纸上谈兵，只做不理解便不会有创造。老师和学生必须按照教学的要求进行实际操作，只有操作了，才会发现实训中的问题，才能有互相的交流。实际操作一定要在理论理解的基础上和对技能操作过程了解的情况下进行，不能有了一知半解，便盲目操作，那不仅学不到东西，还会造成事故。

第二，思。思指在技能操作中的思考。技能操作中的思考既是对老师指导理论的理解、分析和归纳，也是对技能操作中面临问题的分析，还是对可能性的某种预测。任何技能操作都必须有一定的理论知识基础，有操作过后的实际体会。只有在技能操作中会思考，才能理解技能操作的要领，才能解决操作中遇到的实际问题。当然，思，不能钻不应有的"牛角尖"。如果遇到了技术操作中的死胡同，一定要会反思。思，有常规的思，即按操作技能要求和实际操作过程去思考；思，有非常规的思，即反思，它是对技能操作过程和结果包括操作成功和失败原因的反向思考。应该说，在技能操作中，两种"思"都是需要的，都是必须的。

第三，问。问指在学习过程中学生对问题思考后的请教。在技能实训教学中，问是必要的。按教学的常理推测，学生学习中遇到了问题才去问，才去请教。当然，教学中的问也可能不是对待某一个具体问题的，而是对某些理念或技术上的深层思考。对学生来说，技术操作肯定会遇到问题，因此，必须学会请教，而且应该大胆地请教，这样才能掌握要领，才能真正学到本领。对老师来说，老师之间也应该有互相的探讨和请教，老师不怕学生问，要有被问的准备。一个优秀的实训操作老师，应该把某一技术领域可能出现的被问的问题想清楚，准备好，这样才能给学生一个准确的回答。另外，老师也应该欢迎同学在技术上的问。问，是一种启发。作为学生，在"问"之前，应该穷尽自己解决问题的可能，减少低层次、表面浅显的问题。当然，学生遇到问题，也应该大胆地问，巧妙地问，艺术地问。问，也有反问的问题。一般的请教都是正常的问，以求得解决问题的办法。反问指对某些看来是正确的技术问题提出的疑问。反问一般需要有一定的技术积累，否则，会成为一种"笑问"。问是在思的基础上进行的，有了思考，才有可能提出问题。

第四，助。助指同学在同一"模块"，同一"课题"教学活动中的互相帮助。人的职业技能不是天生的，要在实训和工作中获得。互相帮助，是提高技能水平的重要途径。同学之间的助需要有一种热心，有一种帮助别人的诚心。每一个人在技能操作中都会遇到困难、问题，帮助同学解决问题是一件快乐的事。当然，助，也要量力而行，自己不会，也无法帮助别人，因此，助是要有一定的基础的。对于老师来讲，老师之间也要有"助"的精神，助者，要乐于去助；被助者，应该乐于被助，因为技能操作的能力和水平是没有止境的，尤其是在科技高速发展的时代，技能上的助和被助是正常的。

做、思、问、助是互启的重要形式，是技能学习中融合性的首要体现。做、思、问、助不一定涵盖技能学习中的互启方式的全部，但它们是互启的主要部分。人们在技能学习上的互启是必须的，是发明和创造（特别是技能方面）的基本条件。

(2) 技能的融合性体现在熟能生巧方面

技能教育的融合实际上是个体与个体、个体与整体之间的融合，当然，这种融合主要体现在个体与个体之间。技能融合一个重要方面是体现在个体对技术的掌握上。个体对技术掌握得熟练，达到了技术精湛时，才有了融合的条件，也就是说，"熟能生巧"是技能教育融合的一个必要条件。而要达到技术的熟能生巧，必须要做到勤、钻、苦、悟。

第一，勤。勤指技能学习中的勤用功。技术培训和技术学习必须要做到勤。一个人学习尤其是对技术的掌握，必须达到"勤"的境界。技术学习的勤，就是要达到眼勤、耳勤、脑勤、手勤、口勤。职业院校的学生多是年轻的孩子，正是学习、向上的时候，要注意培养他们"勤"的素质。也许有人会说，什么学习都要勤，这点不错，但职业教育的勤与别的学习的勤有区别。所谓眼勤，就是在老师的示范操作或者理论指导中看得清；耳勤指在技术指导中要听得清，不漏问题，脑子不开小差；脑勤，指在学习中勤于思考，不仅思考老师讲到的东西，还要思考老师没有讲到的技术要领；手勤，指学生的实际动手操作，要多操作，多实验，并保证实训场地的卫生和机械的卫生、安全；口勤，就是要勤问，勤提问题，以求学到真本领。职业技术学习中的五勤是学习技术的基本要求，也是学习技术的基本方法，学生都应该做到。

第二，钻。钻指对技术、知识的钻研劲头。我们有句行话说"师傅领进门，修行靠个人"，指的就是靠个人的钻研。钻，就要有信心，要有掌握技能本领的自觉性，没有自觉性被动学习技术，是不会有创新的。钻，就要有执著的精神。人是要有点精神的，对技术的学习和掌握必须要一股钻的精神。钻还要不怕失败。对于技术，要不断地练习，争取达到熟练的水平，并在熟练掌握中，钻出新体会，找出新感觉，争取新创造。

第三，苦。苦指在学习中不怕吃苦，并且刻苦。古人"头悬梁、锥刺股"的苦读，我们不赞成，但学习不下苦功夫怕是不行的。芸芸众生中，真正靠聪明实现理想的不多，绝大多数是靠自己的刻苦努力才实现理想的。今天的年轻人，多是独生子女，对于吃苦学习，许多人还没有做好准备。不少年轻人不理解父母的心，不理解老师的用心，学习不吃苦，生活更不吃苦。不吃苦是学不到真技术的，不吃苦同样也不会实现自己的理想。职业院校的学生，要用更多的时间，花更多的精力，刻苦钻研技术技能，不怕累、不怕熬、不怕条件差，在树立自己学习的目的后，要千方百计去实现自己的目的。

第四，悟。悟指对技术、知识的了解和领会。一个人的悟性不是天生的，是来自于对某些技能和知识的了解、积累和总结。如果对某种技能毫不了解，再有悟性的人也是门外汉。悟要有全面学习的基础。一个人对技能全面学习、领会，才能在操作中总结出东西来。悟要有触类旁通的技巧，当然，技巧也来自于对技能的熟练掌握。悟要有多种比较，尤其是相近、相邻技能的比较。悟还要会归纳，对不同的技能、技巧、知识的归纳，才有可能悟出其中的道理，才能真正有创新的可能。

（3）技能融合性体现在理论与实践结合方面

理论与实践的结合是职业教育的根本方法。职业教育的核心、技能融合的最大特点是理论与实践的结合。理论与实践也是德国职业教育双元制的重要内容。理论与实践技能式的融合，要靠两方面共同努力才能完成。这两个方面一个是老师的表率，另一个是学生的力行。

第一，理论与专业技能的结合。专业技能指专业技术能力，这种技术能力与理论的结合应保持在三个方面。首先是学生在理论学习的基础上对专业技术问题的认识。通过一定时期、一定阶段和一定内容的理论学习之后，学生已对专业技术问题有了一定的认识，这些认识虽为理论范畴，但它是通过理论学习之后实现的。通过理论学习对专业技术问题的了解和认识是原始的、初步的。其次是在结合中培养学生对实际问题的观察能力。学生在理论与实践的结合中要学会发现问题、提出问题。再次是学生对自己合理的"工作"目标（实际是实习目标）的确定。实训目标也是学生通过掌握理论、了解技术、调查现实情况等综合比较之后而确定的。

第二，理论与学生选择学习方法能力的结合。学生选择学习方法的能力来自于理论的指导和对现实的总结，这种结合是培养学生应知、应会能力的必由之路，用什么方法学习和怎样学习都很重要。培养学生理论与学习方法能力结合要做好几点。首先要让学生对所学专业信息进行收集，在平时不同情况下注意收集与专业相关的各种信息，以全面对专业知识领域的把握，对相关信息的充分了解，从而把握理论与现实情况的区别和联系，"打有准备之仗"。其次，培养学生用理论的方法对所积累的各种技能信息作出正确的评价。信息是多样的，信息有时又是相反的。要用不同的方法，鉴别信念，以求选择最佳的方法完成工作。再次，要用理论和实践结合的方法，达到完成某一项工作应该具有的目的性和计划性。这种目的，是应该能够达到的，这种计划，要为实现目的服务，并尽力追求计划的完整、计划的科学、计划的可操作。防止计划的空、虚，为做好"工作"而提前准备。

第三，理论与学生个人工作能力的结合。学生个人工作能力包括了理论基础，我们强调理论，就是要求学生在"工作"过程中，会用理论作指导，并能用理论作总结。学生的个人工作能力是高素质和高技术人才培养中的本质要求，也是学校培养的目的。同时，个人工作能力又是学生"综合行为能力"的核心，学校培养的目的是让学生在"培训"过程中独立完成"工作"，对自己所承担的"工作"有责任感、有自信心、有能力。首先，要培养出学生独立完成"工作"的能力，使学生对自己所担负的"工作"有责任心、信心。其次，要培养出学生独立完成一项工作的组织能力。组织能力是一种难得的实践，尤其是模块教学中小组的组织和活动。对于每个学生个体来讲，应该利用教学中的"组织"机会，在理论指导下实践组织行

为，以不断增强自己的组织能力。再次，要使学生在"工作"过程中学习和掌握新的技术。新技术是在实践中发明和创造的，要注意用理论指导发明、创造，真正掌握和运用新的技术、新的工作程序和新的工作思路，以推进自己的工作科学、有序。

第四，理论与学生社会交往能力的结合。社会交往能力是学生在实践中不断丰富和获得的，它既要理论作指导又要用理论作总结。社会交往能力培养要注意几点。首先，要使学生在"工作"中能够采纳新的思想和方法，既要有技能的博采和宽容，又要有技能上被否定的耐力。对新的技术，先要了解，好的采用，不好的放弃。其次，要使学生有协作能力。所谓协作指与"工作"同事之间的协作，对老师的配合。要能够与比自己技术差的同志协助和配合。人要虚心、要谦让，在学术问题上留有别人提意见的余地。再次，在"工作"中维护并坚持个人正确的意见。这一点非常重要，我们在讲维护团结时经常提出忍让，没有看到有时坚持个人意见的重要。在技能方面，只要是对的，对技术发展有作用和有推进的，必须敢于坚持意见，敢于推动工作中科技的进步。坚持自己的意见，也要有理论和实践的"底蕴"，不然连技术的真伪都不懂就不可能坚持正确的意见，不可能推动技术的科学发展，也不可能全面掌握技能。

三、职业教育职业性特征与原则

职业教育的职业性是职业教育固有的特色。普通大学本专科、研究生教育也有自己的职业性，但没有职业教育这么明显、直接。职业教育是为了提高人们职业能力而举办的教育。"实施以提高职业技能为重点的成人继续教育和再就业培训工程，在企业中建立工学结合的职工教育和培训体系，面向在职职工开展普遍的、持续的文化教育和技术培训，加快培养高级工和技师，建设学习型企业。职业院校和培训机构要为就业再就业服务，面向初高中毕业生、城镇失业人员、农村转移劳动力，开展各种形式的职业技能培训和创业培训，提高他们的就业能力、工作能力、职业转换能力以及创业能力。""职业教育要为提高劳动者素质特别是职业能力服务。"职业教育必须"坚持'以服务为宗旨，以就业为导向'的职业教育办学方针"。[①]中央已明确提出职业教育就是为了提高职业能力，就是以就业为导向，这便明确了职业教育的职业性。职业教育的职业性体现在主体性、客体性方面，而主要体现在主体性方面。因为职业是人们生存的需求，是人们生活的最基本的条件，是换取生活来源的主要途径，因此，职业者构成了职业性的主体方面。作为政府以及办学机构，是为职业者求职服务的，便构成了职业教育职业性的客体性方面。

① 《国务院关于大力发展职业教育的决定》，《光明日报》2005年11月10日。

1. 职业教育主体的职业性原则

职业主体指职业教育中职业的主体部分，即准就业或已经就业的人员。职业教育是为就业服务的，是以就业为导向的，职业教育必须引导就业的主体在学习过程中实现职业目标的确定、目标和计划的逐步推进、职业主体和企业的结合等等。职业教育在实施教育的过程中，要注意主体的自身作用。

（1）确定职业目标的原则

第一，职业目标的原则。职业通俗地说是指"饭碗"。每一个有职业能力的人都希望自己的职业既体面、收入又高，这是能够理解的。但由于人的欲望的原因，人们很少满意自己的职业。不少职业者是这山望着那山高，总是对职业有所挑剔，有的在不停地择业。职业教育尤其是职业院校，要帮助受教育者确立较为合理的就业目标。在选择职业目标过程中，首先要坚持量力而为的原则。要根据自己的实际情况，选择职业目标，因为只有职业者本人才对自己的能力、水平有全面的了解，选择职业目标要实事求是，要留有余地。其次，确定了的职业目标要能够通过自己的努力而实现。目标确立既反对好高骛远，又反对鼠目寸光，因此，要使准职业者能够科学地把握职业目标，因为对于一部分人来说有可能首次选择的职业就是自己的终身职业。

第二，职业计划的原则。职业计划指职业人在确定职业目标之后设计的实施计划。职业计划要根据职业目标确定，并且要有步骤，有时间的安排，有具体实现目标的计划方案，包括时间的保障，经费的供给，身体以及家庭和原职业单位的许可等等。计划要尽量周详可行；计划还要有调整的余地。

第三，学校选择的原则。职业院校和培训机构很多，选择哪一类别或者哪一个学校，都是受教育者应该认真考虑的。在择校过程中要考虑三点：一个是选择的学校有无自己喜欢的专业；另一个是学校的声誉和就业情况如何；还有一个是在学习中和以后的就业中有无后发展的余地。所谓后发展的余地指技能的再学习和学历的更高层面。

第四，专业选择的原则。确定就读的学校之后必须选择自己喜欢和社会企业需要的专业。学习是为了掌握技能，提高自己的素质，使自己真正成为有用的人。现在有不少职业院校选择了模块教学和课题教学的方式，有些专业的教学已经不再是过去的"单科式"的，而是复合式的。例如过去的电工、电子、钳工、车工、计算机、家电等专业现已被有些模块教学整合为电工电子家电、钳车电、钳电、电算会计等等。在专业选择中要注意选择复合型或科学复合型专业，使自己成为一专多能的人。

职业目标的确定是人们就业前的一项重大的选择，有些职业可能成为受教育者的终身职业，因此，一定要慎重、认真和科学选择，反对随意和轻率，当然也不能捉摸不定。在职业目标确定中要注意市场的需求和某些职业的远景，一定要注意选

择的科学性和职业的科学发展性。

（2）学习计划的推进原则

受教育者确定了职业目标、职业计划，选择和确定了专业，下一步就是对计划的实施和推进。一般说来，目标确定比较容易，而实施计划比较困难。按常规理解，确定目标是立志，实施计划是"践行"。要防止我们所讲的"有志者立长志，无志者常立志"的立志偏颇，也要防止重立志、轻践行的现象。据有关学校调查，不少职业学校学生中途退学的很多，有的达到10%左右，这不仅影响受教育者自身的培养，也浪费了有关院校的教育资源。尽管退学有不同的原因，但不少与学生当初确定的职业目标有关。对职业教育的主体来讲，学习计划的推进有几项原则必须注意。

第一，方法性原则。方法性原则指学生应该坚持和选择的学习方法。职业教育的教学方法不同于普通高校的教学方法，职业教育在教学内容、教学方法、专业设置、课程教材、学制安排等方面已带有明显的市场性、就业性和以受教育者为核心的主体性。教育方重在培养受教育者的就业和创业能力；教学形式已从课堂转向工厂车间、服务场所和田间地头；学习的方式实行工学结合。作为受教育者，一方面要积极配合教育方学习方法、学习内容、教学形式的改变，并在学习中坚持"自学"的原则，把老师交给的技能和理论运用到自己的实习实践中去，实现由"应知"到"应会"的转变。另外，受教育者要运用"求教"的方法、"反复实训"的方法、"总结提升"的方法，掌握好学习的内容。

第二，任务性原则。这里的任务指学习的任务尤其是实训的任务。无论是"课题"教学方式还是"模块"教学方式，每个学生都有自己的任务，按要求，这些任务都必须完成，而且必须熟练完成。作为受教育者首先要明确学习的任务，其次要掌握完成任务的办法，最后要把握完成任务的时间，高质量地完成教学任务。在完成任务的过程中，应该开动脑筋，总结方法，善于思考，使自己在完成任务中学习和领悟到别人没有学到的东西。

第三，考核性原则。所谓考核，指某专业学习结束后的技能资格考核和鉴定。《中华人民共和国劳动法》规定："国家确定职业分类，对规定的职业制定职业技能标准，实行职业资格证书制度，由经过政府批准的考核鉴定机构负责对劳动者实施职业技能考核鉴定。"[①]《中华人民共和国职业教育法》规定："实施职业教育应当根据实际需要，同国家制定的职业分类和职业等级标准相适应，实行学历证书、培训证书和职业资格证书制度。"[②] 根据相关法律规定，我国实行了就业准入制度，所

---

① 《中华人民共和国劳动法》，《中华人民共和国常用法律大全》下卷，第2214页，法律出版社1996年版。

② 《中华人民共和国职业教育法》，《中华人民共和国常用法律大全》上卷，第1053页，法律出版社1996年版。

谓就业准入制度是指国家对从事技术复杂、通用性广、涉及国家财产、人民生命安全和消费者利益的职业（工种）的劳动者，采取一定的培训方式，使其取得职业资格证书后，方批准其就业上岗。根据法律和相关规定，职业资格必须经过考核和鉴定。对于职业教育来说，所培养的学生就业前首先要经过职业技能鉴定。职业技能鉴定是一项基于职业技能水平的考核活动，属于标准参照型考试。它对劳动者从事某职业所掌握的技术理论知识和实际操作能力作出客观的测量和评价。由于技能等级不同，职业技能鉴定可以申报不同的级别。职业技能鉴定的主要内容包括职业知识、操作技能和职业道德三个方面。另外，职业技能鉴定又分为知识考核和操作技能考核两个部分，知识考核一般采用笔试，技能考核采用现场操作、加工典型工件、生产作业项目、模拟操作等方式进行。学生在学习过程和学习结束后，必须要经过技能考核才能就业，因为我国的职业准入和职业要求明确了就业者必须要有某种职业资格证书，否则用人单位不予录取。学习技能是必要的，通过资格考核也是必要的。

第四，技能对接原则。技能对接指受教育者所掌握的技能和知识与企业对技能知识的要求进行对接。技能对接应该叫做岗位技能培训，学生到企业能否顺利顶岗，能否独立操作，就看这种对接的程度。在很长时间内，不少学校忽略了这一环节，结果出现了技能与上岗要求的脱节，这种情况的结果是学生"证书"齐全，在学校成绩较好，但到了企业却是"低能"状态，企业一时用不上。作为学生应该注意知识技能的积累，较快地熟悉自己所要操作对象的功能，以最快速度进入角色。作为学校必须注意培养学生的直接顶岗能力。

（3）职业与企业结合的原则

从字面上分析，企业应该是学生职业所在地，企业与职业在理论上是相通的。企业是该企业职业个人的依附体，职业是企业个体对自己所从事工作的总称。我们强调职业与企业的结合，是为了论述职业教育职业性的特色，以及职业和企业的选择的重要性。

第一，职业方向的选择与职业模拟。职业方向的选择是指学生对职业的取向，职业模拟指学生在就业前的实训过程和准职业状态。学生经过专业目标选择和职业学习之后，对自己将从事什么职业有了较为明确的取向。由于就业市场不断变化，企业用户人也在变化并且变数很大，学生对职业取向越来越困难。一部分学生学有所用，一部分学生可能会学无所用。由于学校采用的"课题"或"模块"教学方式，对相近、相邻的专业技术实行了综合式的学习，因此，学生就业的路子比以前单专业要宽得多，这有利于学生就业。但是，可以肯定地说，不少就业后的学生对自己所从事职业的技术不是最精的、最熟练的。对于正在读书的学生来讲，应该早作职业方向的选择，在技能考核过程中就应该做好准备，不是证书到手再去确定职业方向，那样虽然胸中有数，但却职业难觅。在职业方向的确定上，应该留有余

地，这种余地就是指选择多种职业方向的准备。职业模拟也就是指用职业"实践"的方式使自己所掌握的技能、技术与企业工种的岗位实际对接。

第二，职业与企业的结合。经过模拟职业训练和岗位训练之后，企业对学生满意，便可以录用，让其直接上岗，担当起技能人才的职业角色了。职业与企业的结合重要作用在两方面。首先，表现为需要性，即职业与企业的结合程度。学生所选择的工种要与企业所需要工种相同或相近。选择的工种最好是企业较为先进的较为重要的工种，这种结合不仅仅只是当时的效益好，而且要有发展的前景，这是学生在工种（职业）选择中应该注意的。其次，表现为结合性。职业与企业的结合指学生职业角色与企业的融合。学生一旦被企业录用，就应该尽快把自己融入企业，尽快把自己从学生的角色转换为职工的角色，并且把自己融合到企业中去，使自己从理念、情感、技能、实际工作等方面尽快实现融合。一个不爱自己企业的人不会是一个好职工，一个不爱自己岗位的人永远也不会有创造。

第三，职业的再学习。当今的时代已进入学习型的时代，社会的进步需要人们不断地学习。虽然学生转换为职工，但职工仍有学习的必要。温家宝同志讲："由于技术进步日新月异，在岗职工也需要不断更新知识和提高技能水平。对在岗职工的培训，也是职业教育的一项十分重要的任务。"① 要看到学习的必要，看到职业的再学习不仅仅是技术进步的要求，还是企业的需求和职工自己的需求。

2. 职业教育客体的职业性原则

客体是相对职业教育以学生为主体而言的。职业教育的客体除了职业教育机构，还有政府以及企业等相关部门。客体在职业教育中非常重要，客体在主体选择学习方式之后，往往发挥了决定性作用。职业教育客体是一个复杂的客体层面，这个客体层面包括了掌握职业教育的人、财、物的层面；也包括了政策和服务层面。职业教育的职业性通过不同形式的客体显现出来，客体作为职业教育的保障，有着不同的职业性原则。

（1）服务原则

在职业教育中，客体为主体服务，这是客体的根本任务。客体为主体服务可分为政策、管理、就业等不同方面的服务。客体为主体服务应该是主动的，真诚的，而不是以服务之名，行权力之实。这是客体应该注意的。

第一，政策服务。所谓政策服务包括了法律、规定等与职业教育相关的政策保障。我们有《职业教育法》，有中央的有关规定作保障，尤其是国务院《关于大力发展职业教育的决定》，这个《决定》既是针对我国职业教育状况作出的战略规划，

---

① 温家宝：《大力发展中国特色的职业教育》，《中国教育报》2005 年 11 月 14 日。

又是对服务职业教育的纲领性指导和具体的保障规范。温家宝同志讲："过去，我们比较重视基础教育和高等教育，这是必要的，今后仍应该这样做。这些年来，我们越来越清楚地认识到，必须同样重视和发展职业教育。我国人力资源丰富，但劳动力整体素质不高，人才结构不尽合理，重要原因是教育结构不够完善，职业教育发展滞后。"[①] 温家宝同志的讲话认为，在发展基础教育和高等教育的同时，应该同样发展职业教育。这便有了《关于大力发展职业教育的决定》，为引导职业教育的科学发展，创造了良好的政策环境。政策服务要注意几点。一是政策要有超前性。有了超前性，才能引导职业教育科学发展。二是政策要到位。所谓到位，即政策对职业教育的规范以及对职业教育发展的鼓励要到位。三是政策要有引导性。职业教育发展什么，如何发展，都是政策应该加以引导的。政策服务，远远不止这三点，还具有管理、保障等作用性质。

第二，管理服务。小平同志讲过："领导就是服务。"[②] 领导是做管理工作的，以此论推，管理就是服务。教育管理有不同的部门，对职业教育的管理也有不同的部门。对于职业院校来讲，不能过分要求管理服务的全面，应该争取到某些"服务"，这对职业院校的发展至关重要，对于管理部门来讲，真正把服务做好，管理到位，而不是卡、拿以及显示权威。管理服务要注意几点。首先，要为科学发展职业教育而管理。管理部门应该本着有利于职业教育发展为基点，开展好对职业教育的服务。其次，要真心扶持职业教育。职业教育多属地方管理，地方政府应该加强对相关职能部门的管理，要树立服务意识，对职业教育加大扶持力度，真正从办学需要、从科学发展、从企业及社会的需求出发，支持职业教育的发展。

第三，就业服务。职业教育的导向是就业，因为职业教育是帮助人们掌握就业技能、引导受教育者就业方向、帮助人们就业的教育。因此，政府职能部门的服务也应该有就业方面的服务。职业教育既要与地方经济社会的发展相结合，又要为地方经济和社会发展服务。政府职能部门在就业方面的服务应注意几点。一是发展经济为就业者提供岗位。对于绝大多数受教育者来说就业是他们生活生存的首要和基本条件，只有少部分受教育者是自主创业而就业的。因此，地方政府的职能部门应该千方百计为就业者提供岗位，使"无业者有业"。二是合理的资格证书服务。现在企业用人一般要有入门资格，要有相关的资格证书。政府相关部门必须用真诚的态度，对资格鉴定加强引导，而不应该依权仗势，对受教育者提出不合理的要求，擅自设置就业障碍。三是做好创业的服务。任何形式的创业都要有条件，有相关的环境。当一定的创业条件具备之后，环境就成为创业的关键因素，因为环境有时会影响创业的成败。在招商引资过程中，人们发现个别较为落后的地区对创业和发展

---

① 温家宝：《大力发展中国特色的职业教育》，《中国教育报》2005 年 11 月 14 日。
② 《邓小平文选》，第 3 卷，第 121 页，人民出版社 1993 年版。

经济不关心，对自己的好处倒十分关心。某些政府官员，手握权力，对创业者吃、拿、卡、要，稍有不顺，则把创业者的"业"赶上绝路。有人对某些地方职能部门的某些引资创业的行为形象地表达为"关门打狗，上楼抽梯"，意为把创业者引到之后，对其下手，把创业的业主赶走，企业和资金留下。这种创业环境不可能实现区域经济的科学发展。创业服务就是要为创业者创造各种条件，诚心为创业者办事，用服务促进创业成功。

(2) 引导原则

职业教育的客体引导原则指客体尤其是政府的相关部门对主体的引导、指导。使主体在职业生涯中少走弯路，少失误。客体引导主体体现在方向引导、择业引导和自主创业的指导上。

第一，职业方向的指导。职业方向应该就是就业方向，这在学生选择就读的专业（工种）时已经明确。政府在职业院校设置专业（工种）时就应该有指导。哪些专业，市场、企业需要，哪些专业缓要，哪些专业不再需要，哪些专业未来需要等等都应该有明确的设置方向。在我国，任何学校的招生都是由政府引导的，包括专业设置和招生数字。但在学成之后，学生何处就业，政府职能部门的引导就少了，引导就业应该是政府职能部门的责任。因为政府职能部门最了解当地企业的需求。

第二，择业的指导。在学生就业之后，有些人可能发现从事的职业并不适合自己，尤其是在特色上的追求不理想，便会出现择业的需求。对于高技能人才，政府职能部门要采用留住人才的方式加以引导。对一般的择业需求，也应该予以导向式的引导。

第三，创业的指导。自主创业是中央的要求，是解决我国就业难的最理想的出路。政府职能部门应该对有创业意向的人进行不同方式的培训，使他们不仅有创业的信心，还要有创业的措施，指导更多的人走上自主创业的道路。

(3) 保障原则

保障指客体对办学资源、对主体的就学、就业等方面的保障。保障职业教育的科学发展是政府相关部门的职责。作为客体的主要部分——政府职能部门必须研究保障的内容和措施，并保证保障的到位，以推进职业教育的科学发展。

第一，办学资源保障。由于职业教育长期处于被"冷落"的状态，影响了职业教育的科学发展。现在，政府发现了职业教育发展与其他教育发展的不平衡，就必须保障职业教育办学资源的合理配置。"各级人民政府要加大对职业教育的支持力度，逐步增加公共财政对职业教育的投入。""要进一步落实城市教育费附加用于职业教育的政策。""各级人民政府要加强对职业教育发展规划、资源配置、条件保障、政策措施的统筹管理，为职业教育提供强有力的公共服务和良好的发展环境。"[①] 政府

---

① 《国务院关于大力发展职业教育的决定》，《光明日报》2005 年 11 月 10 日。

的职能部门，要保障职业教育的人力资源、财力资源、物力资源、环境资源的配置。

第二，助学保障。职业教育除了面向初高中毕业生之外，还要为农村劳动力转移、为职工培训服务，因此，助学是政府职能部门的重要任务。助学保障形式多样，但助学目的只有一个，即保障学生或学员的就读，并顺利完成学业。"中央和地方财政要安排经费，资助接受中等职业教育的农村贫困家庭和城镇低收入家庭子女。中等职业学校要从学校收入中安排一定比例用于奖、助学金和学费减免"。"职业院校和培训机构开展的下岗失业人员再就业培训可按规定享受再就业培训补贴。国家和地方安排的扶贫和移民安置资金要加大对贫困地区农村劳动力培训的投入力度。"[1] 助学是必须的，是教育公平的体现，也是构建和谐职业教育的需求和科学发展职业教育的需求。

第三，就业保障。对一般民众来说，就业是第一位的，因为那是生活生存的需要。人们必须首先吃喝住穿，然后才能从事其他事业，而吃喝住穿，必须要有一定的经济基础，对于发展中国家来说，就业才能满足经济保障的需求，才能解决生活生存的基本问题。国家《劳动法》规定："国家通过促进经济和社会发展，创造就业条件，扩大就业机会。""国家鼓励企业、事业组织、社会团体在法律、行政法规规定的范围内兴办产业或者拓展经营，增加就业。""国家支持劳动者自愿组织起来就业和从事个体经营实现就业。""地方各级人民政府应当采取措施，发展多种类型的职业介绍机构，提供就业服务。"[2] 国家相关部门必须采取相关政策和措施，推动和保障就业，并积极为就业创造条件，这些保障不应该只是政策和文件，而应该是运用政府的"有形之手"，拉动产业，推动就业。在拉动就业过程中，应该有计划，有规律，不能一味地依赖市场，等出现某些偏颇时，再加以调整，结果造成一定的损失，我们必须接受这个教训。"近些年来，我们越来越清楚地认识到，必须同样重视发展职业教育。"[3] 这是温家宝总理针对职业教育存在问题的讲话，我们不能在就业方面有某种发现问题后的再"认识"，因为那时损失会更大，积压的问题会更多。在就业以及就业相关问题上，国家应该有相关的举措。"国家发展社会保险事业，建立社会保险制度，建立社会保险基金，使劳动者在年老、患病、工伤、失业、生育等情况下获得帮助和补偿。"[4] 在就业保障、再就业保障以及自主创业保障方面，国家及地方人民政府应该有更具体的措施。

---

① 《国务院关于大力发展职业教育的决定》，《光明日报》2005年11月10日。

② 同上注。

③ 《中华人民共和国劳动法》，《中华人民共和国常用法律大全》下卷，第2208页，法律出版社1996年版。

④ 温家宝：《大力发展中国特色的职业教育》，《中国教育报》2005年11月14日。

3. 职业教育敬业的职业性原则

职业教育的职业性，决定了职业教育必须坚持敬业原则，尤其表现在对学生以及学员的敬业教育和敬业精神的培养。职业性的敬业原则必须坚持职业道德的培养，坚持职业规范，保持职业素质教育的"四个基本点"，弘扬职业精神。

(1) 厚积职业道德

职业道德是人们在职业生活中应遵循的基本道德。每一种职业都有自己的职业道德，每一种职业道德又都有相关的规范。职业道德不是在有职业时才形成的，而是与一个人的品德紧密相连的，两者是密不可分的。因此，职业道德可以说是人们个人品德和社会道德在职业上的反映，但职业道德又具有相关的独立的内容和规范，两者有区别又有联系，就整体来看，联系大于区别。厚积职业道德应该体现为几点：

第一，爱岗敬业。学生在选择专业（工种）的同时，就应该爱自己的专业（工种），爱自己的实训岗位包括将来的工作岗位。爱岗敬业体现在对工作认真、勤奋的态度上，体现在对工作的钻研程度上，体现在对机械机器的保护上，体现在对工友的亲情上。一个职工，只有爱岗，才能敬业；只有敬业，才能为企业作出应有的贡献，才能创造创新。

第二，穷尽技能。穷尽技能指职工应该把自己的技术毫不保留地用到极限。穷尽技能说到底还与爱岗敬业有关，是一名职工职业道德高尚的体现。在工作中尤其是协作项目的工作中，有许多与技术相关的问题必须靠一种"奉献"的精神来支撑，如果没有这种精神，如果各自都有保留，那么协作攻关不会达到应有的效果。穷尽技能首先要有"良心"的支持，其次要有技术和技能作保障，再次还需要一种钻的劲头和不放弃的精神。

第三，真情合作。职工队伍是一支特殊的群体，说他们特殊，是因为这个群体较其他群体的联系更为密切，他们比农民群体、学术群体、教育群体内部的联系更紧密、更经常，这可能与利益相关有关系。正因为内部联系密切，所以合作非常重要，这种合作体现出一种道德的水准，体现出一种无私的精神。这种精神正是职业精神的支柱，是合作的基础，是成就某项"事业"的保证。

(2) 职业规范科学

所有的职业都应该有自己的规范。职业规范有的是职工在工作中形成的，更多的是职业（工种）制定的职业规范。职业规范分为三个方面的内容，职业行政规范、职业技能规范和个人行为规范。因此，职业规范的制定和形成必须科学。

第一，职业行政规范。职业行政规范指职业单位为了规范人们日常职业行为所制定的职业制度、作息时间、安全要求、任务指标、达标标准等等。人们加入了某种职业行列，首先必须遵守职业行政规范。职业行政规范是职业单位完成职业任务的基础和保证，是一种最基本的职业要求，也是规范人们职业行为的根本标准。

第二，职业技能规范。职业技能规范指某种产品或技术的标准和指标。它包括了产品规格、技术指标、职工技能等级、技能要求、规范技能的措施等等。职业技能规范，是产品技能的核心部分，是产品质量、技术含量的标准。

第三，个人职业行为规范。个人职业行为规范包括了个人品格要求和职业行为标准。每一个人都应该有自己的道德标准和行为要求，道德标准是基础，行为规范是建立在道德标准之上的。前面，我们在职业道德中对道德要求已作了阐述，这里不再多说。个人行为规范指职业行为的要求。职业行为有职业对个人的要求，也有个人对加入某一职业的自我要求。个人职业行为规范是职业规范总要求下对个人的职业要求。

（3）职业素质教育的四个基本点

职业素质培养从学生选择专业（工种）时便已开始。职业素质应该在学校老师带领下逐步建立，虽然学校的实训与真正的职业岗位有很大的区别，但职业素质教育是必须的，而且是基础。职业素质教育重点还是在学校，主要是在学校学习实训时成形的。

第一，认知的停靠点。认知的停靠点指认知在学生的头脑和行为中的着靠之地。有意义的职业学习不是凭空产生的，有意义的学习的第一条件就是学习者头脑中应具有可以用来同化新知识的适当观念。如果把学习者头脑比做一片港湾，新知识比做一条轮船，那么，适当观念就是固定和拴住轮船的"锚桩"，这就是所说的认知停靠点。① 认知停靠点可以分为直观停靠点。直观停靠点指学生通过学习，把具有丰富生动实际内容的知识，通过语言文字（包括符号图表）停靠在脑子里。这种停靠分为"死"和"活"的两种。人们应该使知识由死到活。教学中的停靠点分为实物直观、图像直观、动作直观等等。认知停靠点的第一停靠点为旧知停靠点。旧知指我们学习的知识都是前人积累下来的知识。其实旧知也是直观的，为了强调旧的知识，才把两者单列出来分析。学生对技能技术的学习是以旧知识为基础的，新的知识是在旧的知识基础上产生的。认知停靠点又可以分为背景停靠点。背景指在学习中与学习内容和学习环境相关的知识范围。知识和技能不可能是独立的没有背景的。对背景的学习和理解同样是学习的内容，也是必须的。认知的停靠点还可以分为思想方法的停靠点。思想方法指人们研究问题和认识世界的方法。在不同的科学领域存在着各具特点的思想方法。在职业教育中，认知问题的思想方法与其他教育是不同的，多是利用形象思维的方式。思想方法一旦为学生所掌握，则学习是自觉的。思想方法与思想是两个不同的概念，思想是相对于感觉、印象的一种

① 柳斌总主编：《学校教育科研全书》，第483页，九洲图书出版社、人民日报出版社1998年版。

认识成果。毛泽东同志讲："感性认识的材料积累多了，就会产生一个飞跃，变成了理性认识，这就是思想。"①

第二，情感的激发点。情感的激发点指激励和唤醒人们学习职业技能、知识的心向。无论在教学的课堂还是在实训的课堂，情感激发都是必需的。情感的激发首先体现在教师方面，教师要想教、爱教，才能用自己的热情鼓舞、激励、唤醒学生学习和掌握技能、知识的心向和热情。其次，情感的激发表现在教材教具方面，教具指实习器械。教师要把教材、教具转化为具有潜在意义的情境，以使学生在自然而然中掌握技能。再次，情感的激发表现在学生方面，在老师的鼓舞下，在就业的压力下，让学生把就业压力转变为学习动力，尽快熟练地掌握知识和技能。毛泽东同志说："人没有压力是不会进步的。"② 就业压力是人们掌握技能、本领、寻求就业的动力。

第三，思维的展开点。思维的展开点指在学习活动中通过激活学习者的思想活动，以便互动，实现学习中的结合。任何形式的学习，没有思维，便不会理解，也谈不上掌握。展开学生的思维，首先要用各种方法引导学生展开思维，学习知识技能，特别是可以通过设置各种问题情境，吸引学生充分参与教学活动。其次，要创造条件让学生充分暴露学习过程中的困难、障碍、错误、疑问，引导学生掌握学习中的方法，以求解决学习中所暴露的全部问题和疏通学习中思想方法上的障碍。再次，教师要注意学生的闪光点。这一点对职业院校来说很重要，职业院校的学生多是信心不足、害怕失败的一类人，注意和发现闪光点非常重要。老师对学生的进步以及设想（哪怕是错误的）都应加以鼓励、赞扬，让学生找到自信心，充满学习过程中的自豪感。最后是学生要在学习中培养学习技能和知识的信心和兴趣。人生本无平坦的道路可走，在学习以及就业的道路上更是如此，即使是成功者，他们的成功之路和成功之后的道路也不会平坦。作为学习者，一定要注意培养自己的信心，找到自己的兴趣，为就好业学好自己的技能、知识。

第四，心灵的交流点。③ 心灵的交流指教师与学生和学生与学生在职业学习中心理、情绪等方面动态的交际过程。教学是双向的，职业技能的学习是多向的。要尽可能地创造和谐、宽松、友好、向上的学习环境，使老师、班主任、辅导员与学生保持心灵上的交流，使学生与学生之间保持互相学习、互相提高、互相启发的心灵交流和心理宽松的环境。要关心学生的特长、爱好、脾气、性格、家庭环境等，使学生在学习中找到心灵上的共鸣。

通过四个基本点形式的教育，增强职业院校学生培养的素质性，让学生乐于职

① 《毛泽东文集》，第8卷，第320页，人民出版社1999年版。

② 陈晋：《人没有压力是不会进步的》，《秘书工作》2008年第3期。

③ 柳斌总主编：《学校教育科研全书》，第486页，九洲图书出版社、人民日报出版社1996年版。

业教育、好于职业教育，在素质教育的全面开展中把握自己的职业点，掌握职业技能，实现着实的就业，实现自己的职业抱负，构建社会的和谐。

4. 职业教育职业性的自主创新原则

自主创业、自主创新一直是我们推崇的职业性原则。高素质、高技能人才，一定要利用自己所掌握的知识和技能，在职业中实现创新，在创业上实现自主。创业创新，不仅仅是职业生存的需要，而且是人类进步的需要。胡锦涛同志讲："当今时代，人类社会步入了一个科技创新不断涌现的重要时期，也步入了一个经济结构加快调整的重要时期。"而我国在自主创新上还有差距。"关键技术自给率低，自主创新能力不强，特别是企业核心竞争力不强；农业和农村经济的科技水平还比较低，高新技术产业在整个经济中所占的比例还不高，产业技术的一些关键领域存在着较大的对外技术依赖，不少高技术含量和高附加值产品主要依赖进口；科学研究力不强，优秀拔尖人才比较匮乏。""自主创新能力是国家竞争力的核心，是我国应对未来挑战的重大选择，是统领我国未来科技发展的战略主线，是实现建设创新型国家目标的根本途径。"① 自主创新，职业教育责无旁贷。职业院校要根据学生职业特点，培养职业院校学生自主创新的思维和能力。

(1) 注意把握反思与总结

反思与总结是人们进步的一般方法，同样也是高技能人才自主创新的一般办法，作为高技能人才，应该有甘坐冷板凳的思想，职业院校应该注意培养这种思想。

第一，敢于反思与善于反思。学生对已把握的工种操作程序和工艺要吃透并熟练，在熟练中敢于对程序和工艺给予反思，这种反思就是在程序和工艺上要明白为什么这样，不这样会如何，要穷尽前人对工艺的实验，以少走弯路。

第二，善于总结。对前人的操作工艺、操作程序在反思的基础上予以科学的总结，从中找出规律，掌握技巧，以求更为科学的经验。

(2) 注意把握否定与提升

否定是进步的前提，但人类的进步并不都是在否定上获得的。有许多的进步是在原有技能技术基础上的提升。

第一，科学地否定。否定是对前人的经验、技能、做法的反对，从而进行创新。否定必须是科学的，要能经得起历史和科学发展的检验。在技能操作中，否定是必须的。但否定不是全盘的，而是有汲取地否定。

第二，巧妙地提升。任何新知识新技能都是在已有知识和技能的基础上获得

---

① 胡锦涛：《坚持走中国特色自主创新道路为建设创新型国家而努力奋斗》，《文汇报》2006 年 1 月 10 日。

的。从现有的知识、技能分析可以知道人们获得新知识新技能多是在已有知识和技能的基础上引申和发展起来的，还有的是在已有知识和技能基础上增加新的内容而实现的。在自主创新中，提升是必须的，而巧妙地提升往往把握了提升的关键点，是技术、知识提升的有效途径。

（3）注意把握机遇与放弃

自主创新要把握机遇，有时机遇转瞬即逝，有些机遇会很快被别人抓住。自主创新的机遇与放弃都是必须的，尤其是在创新时遇到的困难无法逾越时，就要学会放弃和等待时机。

第一，伺机把握机遇。在自主创新中，机遇的方向是多元的，有政策的、经济发展的、同行启发的、原有技能知识基础上提升的。要把握好时机，抓住个人自主创新的机遇，抓住职业教育和职业技能创新创造的机遇。

第二，果断放弃。自主创新中放弃是必须的。在日常的技能、知识学习中，对老工艺、老技术必须放弃，对耗能大、污染重的技术工艺也必须放弃，不管它的经济效益有多高。在发明创造中，放弃是经常的，但放弃也应予以总结，找出其中固有的规律，以求在今后的发明创造中借鉴。

第四章
职业教育科学发展的模式

职业教育是国民教育重要的组成部分，是培养我国高技能人才的主要场所，是人们学习提升自己职业技能的重要形式，是国家促进经济、社会发展和劳动就业的重要途径。职业教育承担着对受教育者进行思想政治教育和职业道德教育，传授职业知识，培养职业技能，进行职业指导，全面提高受教育者素质的重要任务。从1986年7月全国职业教育工作会议开始以来，职业教育不断发展壮大，到2007年，全国职业教育年招生已达800万人，成为就业教育的主战场，面对快速发展的形势，如何冷静思考，科学分析，既不被火热的形式所迷惑，又要找出较为理想的发展模式，真正用科学发展观作指导，推动职业教育健康、科学地发展，防止冷热不均，防止顾此失彼。既要根据经济社会的需求把握招生规模，又要根据就业实际情况，抓住就业导向，抓住育人这个根本目的，为中国特色的社会主义事业培养建设者和接班人，真正实现胡锦涛同志在十七大上提出的"要全面贯彻党的教育方针，坚持育人为本、德育为先"① 的要求，是当今职业教育面临的现实。

一、职业教育面临的形势与现有模式分析

从目前教育形势来看，职业教育形势很好，生源充足，就业顺利。但是，我们也应看到职业教育外部环境的变化，看到职业教育自身存在的不足，居安思危，在日益竞争的教育环境中，要保持自己的特色，适应经济形势的需要和变化，即找准职业教育的位置，"扮"好职业教育的角色，探求职业教育科学发展的道路。职业教育现有模式也是多样的，从办学规模来看，已基本满足了社会需求，从办学模式来看，有自身的特点，但也存在许多的不足，必须注意发挥特长，改正不足，建立有利于职业教育科学发展的模式。

---

① 胡锦涛:《高举中国特色社会主义伟大旗帜 为夺取全面建设小康社会新胜利而奋斗》,《十七大报告辅导读本》, 第36页, 人民出版社2007年版。

1. 职业教育面临的形势

职业教育目前面临着非常好的优势，生源充足、就业市场广阔等等，这些优势可能还会持续几年，我们必须冷静地、全面地、科学地分析职业教育面临的形势，找出较为适合职业教育科学发展的形式，推动职业教育的科学发展。

（1）职业教育的优势

职业教育的优势主要来自于就业优势的推动。由于经济发展对高技能人才的需求，推动了职业教育的发展。这其中还包括了政策的优势、生源的优势、招生灵活的优势等等。

第一，政策扶持的优势。由于我国是第一人口大国，国家不可能把国民都送进高校接受普通高等教育，许多人在初中毕业后就面临着就业的问题，国家必须大力发展职业教育，以建立合理的教育结构和合理的就业结构。首先是最高决策机关的重视优势。2006 年《中共中央办公厅、国务院办公厅印发〈关于进一步加强高技能人才工作意见〉的通知》提出"切实把加强高技能人才工作作为推动经济社会发展的一项重大任务来抓"，为职业教育指明了发展的方向，构建了职业教育发展的政策空间。其次是财务扶持优势。"十一五"期间，中央财政安排 100 亿元用于加强职业教育基础能力建设。2004 年至 2006 年，仅实训基地建设一项，中央财政就投入专项资金 13.6 亿元，地方同步安排资金 17.9 亿元，支持 763 个实训基地建设项目，据不完全统计，各级政府还支持了 446 个县级职教中心和 468 所示范性中等职业学校的建设，中等职业学校教师素质提高计划也在实施中。2005 年，国务院决定，"十一五"期间中央财政安排 40 亿元用于支持中等职业教育贫困家庭学生助学金制度建设。2007 年，国务院提出建立健全家庭经济困难学生资助政策体系，使 90% 的中职学生都能获得国家助学金。2007 年下半年，中央财政和地方财政此项投入达 82 亿元。[①]

第二，生源优势。虽然高校连年扩招，但到了 2006 年，国务院提出"适当控制招生增长幅度，相对稳定招生规模"，每年增招不超过招生总数的 5%，这是从就业、收费、国家投入、社会需求等综合因素考虑后作出的决定。这便客观上为职业教育形成了生源优势。从 2006 年至 2007 年，职业教育生源爆满，老牌、优势的学校自己划出录取分数线，自己择优录取。发展中学校放开招生，江苏某职业学校 2007 年招生近 8000 人，形成了在校生超过两万人的规模。2004 年全国中等职业学校 14454 所，招生总数 566 万人；高等职业院校 1047 所，招生 237 万人，占普通高校招生总数的 53%。2006 年，中等职业学校 14668 所，招生 731.4 万人，比 2005 年增长 11.6%。[②] 2007 年中、高等职业教育在校生分别达到 2100 万人和 861 万人，

---

① 路钢：《职业教育发展驶入"快车道"》，《中国青年报》2007 年 10 月 11 日。
② 张乐、杨威：《中国中等职业教育招生连续两年增幅超过 10%》，中国教育网，2007 年 5 月 27 日。

与普通高校本科生及研究生在校生相比约为3：2。

第三，就业优势。由于职业院校以就业为导向，推行工学结合、预岗实习、校企合作和在职培训等教育方式，就业相对容易。这其中有学校培养学生就业理念的原因，也有学生就业要求不高的原因，有的学生认为职业教育是"吃饭"教育，找个饭碗就行。不少家长也认为，孩子读大学本科无望，学一门技术，找个稳定工作比在家庭和社会"游荡"强，这也使不少学生放低就业要求。

第四，有些证书"货真价实"。职业教育除了实际操作培训的特点之外，另一显著的特点是颁发不同的资格证书，这些资格证书在企业以及一些用人单位是被看重的。的确有不少职业学校的学生在学校学到了本领，在实训中掌握了技能，手中又握有货真价实的证书，成为社会不同部门的抢手人才。

（2）职业教育存在的问题

由于职业院校的连年扩招，不少学校只顾上规模搞升格，追求办大、办高，却在办强上滑了坡，给职业教育造成了隐患。职业教育在质量、特色、效益、结构等方面存在问题，这些问题必须引起重视。

第一，教育教学质量下降。随着职业教育的扩招带来的质量下降主要体现在几个方面。首先是教师严重不足，这种不足已不是劳动部门和教育部门规定的数字了，有些职业院校师生比已近1：28，还有些学校外聘教师已占学校教师的一半。其次是实训岗位严重短缺。职业院校教学重点在岗位实训，让学生掌握实际操作技术。由于扩招，学校无力添置设备，使实训出现了非常大的困难，个别民办职业院校，把实训课弄到别的职业院校去上，利用这些学校的节假日进行实训。再次是专业设置缺少计划。市场需求什么专业学生，职业院校就设什么样的专业，这从理论上来看是正确的，可是在实践中，一个新专业的设置，从师资、实训、设备到教材等各方面必须跟上，在设置前要有明确的计划，而某些职业院校，为了追市场，专业设置成了"拍脑袋"专业。其次是学生学无所用。由于专业设置落后，有些专业与现实生产不同步，无法衔接，学生所学的只是原始或者是落后和无用的技能。

第二，学校的专业、课程、技术缺少特色。有的职业院校专业设置向"国际"看齐，向大学本科看齐，培养出来的学生没有学到当地工农业生产所需要的技能。课程设置、专业设置，技术培训没有特色，跟不上经济的发展，不能满足当地经济建设的需要。用这种教育方式培养出来的学生，不会成为经济建设中技能的领军人物。首先是专业及课程设置陈旧。有些专业已不适应现代技术发展的形势。其次是人云亦云，发现其他学校设置什么专业，就跟风上，结果造成师资紧张，培养的学生也无法就业。再次是缺少创新创造的精神，对于职业教育，最大的特点是跟上经济社会的发展，在经济社会发展中开创新专业，掌握新技术，创造新技能。缺少课程、技能培养特色的学校是没有出路的，很可能在技术发展中被淘汰。

第三，效益不均衡。所谓效益不均衡指职业教育的主管部门特别是学校没有摆

正职业教育的位置，追求某一方面或者某些方面的利益，使教育的效益出现了失衡的现象。首先是有些职业院校一味追求经济效益，不顾社会效益。为了追求经济效益，便不遗余力地扩大招生规模，以便收取更多的学费，获得上级更多的拨款。在社会发展中，任何事物都有其两面性，当一味追求"金钱"的时候，往往会失去道德、道义、人性等等必有的东西。其次是领导者追求自身的利益，不顾学校师生的利益。这种利益的追求表现为两个方面：一个方面是某个领导者追求"政绩工程"，在自己的任期内招了多少学生，盖了多少大楼，以便名垂青史或者提拔重用。另一个方面是为了在学校扩建之时捞取经济上的私利，职业教育者，当警醒。再次是只追求规模、速度，不顾学生的真才实学和技术技能。这种招生发展方式被人们形容为像是贪吃的人"无法消化"，招得多，培养不出高技能、高质量的人才。

第四，职业教育的结构不合理。职业教育结构不合理主要体现在内涵以及内涵与社会结构的形式上。一是规模与质量的结构不合理。呈现出反比例现象，即规模越大、质量越差的现象。二是专业结构与社会需求结构不合理。由于职业教育招生规模超速发展，职业教育专业结构的设置与社会需求不相适应，致使在制造、加工、建筑、能源、环保传统产业和电子信息、航空航天等高新技术产业以及现代服务业领域、高技能人才严重短缺。三是师生结构不合理。由于连年扩招，不少职业院校师生结构不仅仅是不合理的问题，而且出现了极不正常的结构。四是教学与科研结构不合理。职业教育非常重视技能、实训，对理论尤其是科研不太重视，这本身无可非议。如果造成所有师生无科研无创造，那么，学校在教学上也不会有多大的特色。职业教育，必须坚持教学科研相长，操作技能不断创新。只有这样，学校才会有生命力，培养出来的学生才会有创新精神。五是知识结构不合理。所谓知识结构指学校在安排理论知识和实用操作知识的课时方面不合理。不少民办职业院校，缺乏实训老师、实训场地、实训设备，理论学习占了绝大部分时间，而实训却很少，知识结构出现了倒挂。另外，知识结构不合理还包括了基础学科与前沿或者叫创新学科设置不合理。学习、研究基础知识和技能的多，涉及创新或者前沿学科知识的极少，这严重地影响了职业教育的知识创新。六是校企结合的结构不合理。职业教育有一句行话叫做"学校与企业零距离对接"，但实践教学中却不是这样，现在有些学校与企业严重脱节，除了个别重点学校与企业有长期合作之外，不少院校知识传授与实训全部出现了脱节，这种脱节的结构，不仅影响了企业的用人，还影响了学生对知识技能的掌握，最终影响学生的就业。

第五，职业教育没有用科学发展观作指导。职业教育出现诸多不合理现象，尽管有诸多的主观原因和客观原因，但根本的原因是许多职业教育的主管部门和职业教育的实体，没有落实科学的发展观，没有用科学发展观指导和引导职业教育的发展。不错，有些主管部门和职业教育的实体想干事，可想干的只是与自己权力相关的事，想干的是与自己利益相关的事。可以预测，如果这样任其发展，教育方面一且出现波动，职业教育的规模就会下滑，职业教育的优势可能就会不复存在。职业教育发展不科学体现在两点。首先，职业教育主管的部门出现了权力之争。诸如升了格的技师学院到底归谁主管的问题，在全国引起了主管部门之争。2006年劳动部发［2006］31号文件规定："技师学院是高等职业教育的组成部分，是以培养技师和高级技工为主要目标的高技能人才培养基地，同时，承担各类职业教育培训机构师资培训和进修任务。""各省级劳动保障部门负责全省技师学院的统筹规划和管理。"技师学院是高等学校，到底该由谁管？这种"权力之争"已使技师学院无所适从。其次，有些职业教育院校只图一时生源好，盲目扩张规模，缺少科学发展的计划和科学发展的眼光，忽视了职业教育的自身规律，盲目扩建，忽视质量，最终必定会受到规律的惩罚。

2. 职业教育现有的模式

模式指职业教育培养人才的方式。诸如有学校全日制形式、培训形式、联合办学的形式等等。模式是职业教育的表层部分，是职业教育内涵的展现形式，内涵是通过形式来展现的，而在一定的条件下，模式又会限制内涵的发展。我们现有的职业教育的模式，也是在实践中发展起来的，必须经过实践的检验，以寻求更适合科学发展的职业教育模式。职业教育现有的模式分为几个类别：

（1）学校模式

现有职业教育模式是以学校教育为主的形式，学校根据企业的需要，为企业培养人才。学校的模式从性质分析分为公办、民办、联办；从层次分析又分为高等职业教育、中等职业教育；从管理层面分析，高等职业教育又分为两个系统管理。高等职业技术学院属高专，归教育部门管理，技师学院等归劳动部门分管。就是说现有职业教育管理的模式是交叉的，中等职业院校也分为地方教育行政部门和劳动部门等等不同部门主管。

第一，公办模式。公办模式指由政府、企业等举办的院校。这种模式的院校是我国职业教育的主流，学校的数量多，师资队伍强，招的学生也多。公办学校的优点是政府调控，其经费、资源相对有保障，缺点是办学自主权受限制。

第二，民办模式。民办模式指由集团或者个人以股份等形式举办的院校。这类院校从改革开放之后才出现。这类院校的优点是自主权到位，管理较严；缺点是以营利为目的，虽然法律规定不可以营利，但他们把盈利称作节余。

第三，联办模式。联办指两家或两家以上的实体联合举办职业院校，为经济社会培养高素质、高技能专门人才。联办分为几种，一种形式是校企联办形式，这种联办有短期和长期的，以互利为目的。另一种形式是国际联办形式，由国内办学主体和国外办学主体联合培养学生，毕业时发两国两学校不同的毕业文凭。还有一种是不同类型学校对某一专业（工种）的联办方式。这种联办方式的优点是优势互

补，缺点是没有长期合作的计划和意识。

（2）培训模式

培训模式指以培训为主的教学方式。职业培训可以根据市场需求和企业的需要，采用办班培训、学校培训以及企业现场跟班培训的方式，专门培训学生某项技能技术。

第一，办培训班方式。为了某项技能的需要，又为了节省培训成本，不少培训机构或学校采用办培训班的方式，完成教学任务。办培训班既可以根据不同的需要，办不同的培训班；又可以根据时间的要求，办长短不同的培训班；还可以根据某项技术的要求，办专项技能培训班。这种培训方式优点是可以集中时间，培训某项技术，使职工或学生在短期内达到技能要求；缺点是短期的、应时的、急需的，缺少长期的规划。

第二，培训机构的培训方式。培训机构指与证书相关的培训实体。《中华人民共和国劳动法》规定："国家确定职业分类，对规定的职业制定职业技能标准，实行职业资格证书制度，由经过政府批准的考核鉴定机构负责对劳动者实施职业技能考核鉴定。"[①] "逐步完善社会化职业技能鉴定"，"建立标准题库齐全配套、组织实施规范有序、培养评价使用相互联动的高技能人才评价工作机制。"[②] "加强对职业院校学生的职业资格认证工作。开发与后备高技能人才评价要求相适应的课程标准，进一步规范技工院校等职业院校培养目标和办学要求。""探索高技能人才专项职业能力考核方式。""大力发掘高技能人才掌握的绝招绝技，探索进行专项能力认证。"[③] 由于岗位证书和资格证书制度的实施，培训机构便应运而生了。培训机构的培训有三种方式，一个是证书考核培训机构，即为拿证而进行的培训；一种是上岗必需的培训，这是为学校刚出来的毕业生或者转岗的职工进行的岗前培训；还有一种是岗位提升的培训，即为了某种技能攻关的要求而进行的培训。当然，这种培训也有以办班方式进行的，与学校培训班方式有区别。在就业入门要求的制度面前，培训已成为人们就业的首选方式。由于通过培训，在获得证书过程中可以减少不必要的麻烦，这也就有了某种权力的超限运用，因此便出现了深圳市民樵彬因不上驾校不给驾照而状告车管所的"新闻"。所谓上驾校即通过驾驶学校驾驶培训的形式，在我国不少地区申请驾照要通过驾校报名而拒绝受理个人申请，这似乎成为各地的"惯例"，但公安部规定凭居民身份证和户口簿、身份条件证明，就可以申请考试，

---

① 《中华人民共和国劳动法》，《中华人民共和国常用法律大全》下卷，第 2214 页，法律出版社 1996 年版。

② 劳动和社会保障部：《关于进一步加强高技能人才评价工作的通知》，《最新技工学校建设标准与教学实习培训计划实施及就业工作指导手册》上册，第 13 页，劳动出版社 2007 年版。

③ 同上注，第 14 页。

并没规定由驾校申请，樵彬先生为此申请行政复议被中止后，便状告车管所并胜诉。同时樵彬先生还向广东省法制办提出了对广东省公安厅《关于进一步加强机动车驾驶人培训、考试工作的通知》进行合法性审查的建议，因为该通知中明确规定："……初次申请驾驶证或者增加准驾车型的，必须持驾校出具的《驾驶培训记录》方可预约考试。"在广东省法制办的敦促下，广东省公安厅、交通厅粤公通字［2007］212号文出台，该文明确规定："从即日起停止执行《关于进一步加强机动车驾驶人培训、考试工作的通知》。"① 培训是必需的，但培训也应因人而异，否则容易造成某种浪费不说，还可能成为某些部门的部门利益来源。

（3）合作模式

应该说合作的培养模式是目前较为流行的模式，也被不少学校所推拥。在校企合作和企业与企业合作推进过程中，一直有三种运转模式。

第一，以学校为主企业为辅的培养模式。为了实现就业目的，不少学校主动与企业挂钩，为企业培训技能人才，企业提出培养要求、技术技能参数，学校根据教学规律和市场规律，有目的地培养技能人才。这种培养模式在理论上是最为理想的模式，但实践中却有不少困难，因为企业并不主动。

第二，以企业为主学校为辅的培养模式。这种模式主要是在大型企业内部，以企业自办的技校为培养基地，直接为企业自身培养技能人才。这种培养模式的结果是：有目的、按岗位、实战式、全就业。这种模式虽好，但只是满足企业内部的需求。另外，也有企业根据自己的需要，在学校中选拔部分学生，企业派来师傅，有目的、实战式地培训，这种方式比企业自己培训要减少不少的企业成本。

校企合作的模式是较为理想的模式，但推行中有不少困难。这种困难在于企业用人有限，再加上学校培养的许多人才不是企业所需要的，企业因此不积极。学生到企业去实习，企业并不欢迎，这便使校企合作大打折扣，应该引起注意。

第三，企业与企业合作方式。企业成立培训机构，互相共用教育培训资源，培养企业所需要的人才，这是已有模式中较好的培养模式。

二、职业教育科学发展的模式分析

职业教育的模式随着经济社会的需求在不断发生变化，这种变化都是为了使学校或培训机构培养的学生更好地与经济社会相结合，特别是在企业中能够"实用"。另外，各种培训模式也是为了促进技能人才的成长，并为一些创造性人才搭建平台，为绝技人才培养继世之人。职业教育的模式发展必须有利于满足经济社会的需

---

① 深圳在线：www. szol. com. cn。

求，有利于满足就业者的需求，为培养人才创造环境。温家宝同志在《大力发展中国特色的职业教育》中讲过，中国特色的职业教育"必须与生产劳动和社会实践紧密结合，实行灵活多样的人才培养模式。"① 灵活多样的培养模式是中国特色职业教育应有的模式，也是我们应该不断探索的模式。并且要"推进体制机制创新，形成多元化办学格局"。② 我们现在仅仅从多元化格局方面进行分析，以实现中央对职业教育的新要求："发展职业教育，要面向市场，发挥政府主导作用，同时，要充分发挥企业、行业和社会力量举办职业教育的积极性。"③ 从职业教育的发展实践来看，职业教育不同于其他意义上的教育，除了内涵不同之外，其形式也有很大的区别。在职业教育的教育形式中，内涵决定了形式，同样，形式有时也影响着内涵的实现。在落实科学发展观的职业教育中，为了实现到"十一五"期末，"高级技工水平以上的高技能人才占技能劳动者的比例达到25%以上，其中技师、高级技师占技能劳动者的比例达5%以上。""力争到2020年，使我国高、中、初级技能劳动者的比例达到中等发达国家水平，形成与经济社会和谐发展的格局"④ 的总要求，职业教育的培养形式应该是多样的、动态的和科学的。职业教育主要的培养模式有以下几种。

1. "齐抓共管"的培养模式

所谓"齐抓共管"指动员社会力量培养的模式。高素质高技能人才培养成功与否，有社会的因素、企业的因素、高技能人才个人的因素。各种社会条件和因素是人才培养的基本条件。职业教育说到底是一种社会教育的形式，即使在职业学校学习培训之后，最终还需要在社会不同的行业中提高技能、创新技能。因此，动员社会力量培养职业技能人才，是针对我国职业教育实际和经济社会发展的实际提出来的，是具有中国职业教育特色的培养模式。动员社会力量培养高技能人才，完成职业教育的任务，要"健全和完善以企业行业为主体、职业院校为基础、学校教育与企业培养紧密联系、政府推动与社会支持相互结合的高技能人才培养体系"，⑤ 这是我国"齐抓共管"独具特色的职业培养模式。在这种培养模式中，关键点在政府如何推动上。

所谓"齐抓共管"，就是充分调动各方面支持职业教育的积极性。要注意发挥院校培训基地的作用；要推动民办力量和社团力量投入职业教育；要建立现代企业

---

① 温家宝：《大力发展中国特色的职业教育》，《中国教育报》2005 年 11 月 14 日。

② 同上注。

③ 同上注。

④ 《中共中央办公厅、国务院办公厅印发〈关于进一步加强高技能人才工作的意见〉的通知》，《高技能人才工作文件汇编》，第 57 页，中国劳动保障出版社 2006 年版。

⑤ 同上注。

职工培训制度；要"结合国家重大工程和重大科技计划项目的实施，以及重大技术和重大装备的引进消化吸收再创新培养高技能人才。结合产业结构调整，加大对包括农民工在内的新产业工人中高技能人才的培养力度"①，"齐抓共管"职业教育是一种思想解放的要求和各个方面齐出力的号召，是中央对职业教育重视的体现，是我国实事求是推动职业教育发展的必由之路。陈至立同志讲："我们可以引进外资、先进技术和现代经营管理经验，也可以引进部分高能技术人才和高层管理人才，但生产服务一线的高素质劳动者大军和技能型人才队伍必须靠自己培养。"② 这是中国特色社会主义经济建设工作的实际所决定的。

2. 以学校为主体的培养模式

以学校为主体的培养模式指充分发挥职业院校办学积极性，本着"以服务为宗旨，以就业为导向"的办学方针，推动职业院校更好地面向社会、面向市场办学。有关部门，要对一万余所的职业院校进行梳理，对职业教育办学的资格加以确认，用不同的形式淘汰部分名不副实的学校，对具备一定条件的学校，要重点扶持。要对学校加强业务指导，对入学、管理、毕业和教学计划、实训计划、证书认定、技能考核、创新培养等等方面都要有相应的规定，使学校真正成为高技能人才的培养基地。以学校为主体不是离开企业和社会，由学校"闭门造车"，而是要使学校与社会以及不同的企业相结合，使学校的教育，紧紧结合生产实践，培养出企业和社会欢迎而且能够用得上的高技能人才。以学校为主体培养高技能人才必须注意以下几点。

（1）要确立理论够用、实训为主的教育理念

职业教育不仅要注意职业技能以及市场需求的特点，还要注意学生自身的特点。进入职业院校的多是逻辑思维弱，形象思维强的学生。要针对学生思维形态的不同，树立理论教育为辅，实训教育为主的教育方式，这也是实践证明了的成功的职业教育方式，是实事求是的教育方式。

（2）要具有技能教育特色的教学计划和课程设置

要紧密结合企业技能要求和岗位要求，对照国家职业标准，重新确定和调整课程培养目标和课程设置，最好是与企业合作制定培训方案。"合理调整专业结构，大力发展面向新兴产业和现代服务业的专业，大力推进精品专业、精品课程和教材建设。""逐步建立有别于普通教育的，具有职业教育特点的人才培养、选拔与评价的标准和制度。"③ 职业教育是一种技能教育、生存教育，要根据职业教育实际情况

---

① 《中共中央办公厅、国务院办公厅印发〈关于进一步加强高技能人才工作的意见〉的通知》，《高技能人才工作文件汇编》，第57页，中国劳动保障出版社2006年版。
② 陈至立：《全面落实科学发展观努力开创职业教育工作新局面》，《中国教育报》2005年11月24日。
③ 《国务院关于大力发展职业教育的决定》，《光明日报》2005年11月10日。

制订教学计划，这些教学管理办法，来自于实践，来自于职业教育的本身特色，必须要保持这种特色。

（3）零距离岗位技能培训

所谓零距离即直接式的职业培训，学生在岗位直接接受知识技能，在职业培训之后即可以直接上岗，不用企业再培训。这种教育方式好处是可以节约教育资源，解决学生就业中的不适应等问题。

（4）订单式的定位培养

订单式的定位培养，是我们近年来一直追求的培养方式。所谓订单，指企业等需求部门提出人才培养的模式、内容、具体要求，由学校负责培养。企业等需求部门需要多少技能人才，需要什么样的技能人才，都由需求部门下"订单"，学校按订单培养，需求部门验收合格后，就可以到需求部门就业。这种职业培养模式最好，但操作起来比较困难。因为企业的核心技能操作与学校的实训还是有一定的差距的，"订单"履行中有困难。

（5）创新式的技能教育精神

技能教育要有一种精神作依托，这种精神就是创新的精神。创新是一个民族进步的灵魂，创新也是职业教育的灵魂。如何针对职业市场需求实施职业教育，如何在技能培养中融入创新的理念、创新的灵感、创新的技能条件等，是职业教育应该研究的。一句话，在职业教育中如何培养爱琢磨的技能人才，是教育部门应该重视和应该琢磨的。创新式职业教育，应该紧扣经济市场的主题，不断适应市场变化，在技能操作中创新，在技能教育中打下创造创新的基础。

3. 以行业、企业为主体的培养模式

"企业是举办职业教育的重要力量。要鼓励有条件的企业、企业集团或行业组织发展职业教育。"[1] 要"依靠行业企业发展职业教育，推动职业院校与企业的密切结合"。[2] 行业、企业为主体培养高素质高技能人才，是企业发展的需要，是直接解决急需高技能人才的必要措施。企业要强化职工培训，提高职工素质。从行业、企业的总体上讲，要按照中央和国务院的要求，保证企业培训的经费。"要认真落实'一般企业按照职工工资总额的 1.5% 足额提取教育培训经费，从业人员技术要求高、培训任务重、经济效益好的企业，可按 2.5% 提取'的规定，足额提取教育培训经费，主要用于企业职工特别是一线职工的教育和培训。企业新上项目都要安排员工技术培训经费。"[3]

---

① 温家宝：《大力发展中国特色的职业教育》，《中国教育报》2005 年 11 月 14 日。
② 《国务院关于大力发展职业教育的决定》，《光明日报》2005 年 11 月 10 日。
③ 同上注。

（1）行业的全力参与

行业的主管部门和行业协会都关系到企业、行业人才的培养。对行政管理、政策制定、制度的落实，行业主管部门责任重大。行业主管部门对于技术协调、培训、提升和人才培养的协调有着十分重要的作用，行业主管部门和行业协会一定要发挥管理、协调、帮忙的作用，推动行业为主体的人才培训模式的形成。"行业主管部门和行业协会要在国家教育方针和政策指导下，开展本行业人才需求预测，制订教育培训规划，组织和指导行业职业教育与培训工作；参与制订本行业特有工种职业资格标准、职业技能鉴定和证书颁发工作；参与制订培训机构资质标准和从业人员资格标准；参与国家对职业院校的教育教学评估和相关管理工作。"[①] 行业主管部门和行业协会参与高素质、高技能人才的培养，关键是服务。行业主管部门和行业协会一定要从思想上有足够的认识，全力参与就是全力为培养人才服务，而不是全力用"权"，不是人为或者"行为"（行业行为）地卡人才的培养，我们必须要有这种认识。否则，职业教育又多了一个"婆婆"，影响职业教育的科学发展。

（2）企业自身培养

企业对人才的需求最为了解，因为企业本身知道自己需要什么样的人才。因此，企业自身对人才的培养非常重要。多少年来，我们的企业都有自己的培养方式，由于时代不同，有些培养方式已发生了变化。这种变化从侧面证明了企业培养人才的必要和重要。师傅带徒弟是我们传统的行业为主体的培养模式，这种培养方式与企业的发展、社会的进步同步，已发生了较大的变化，以行业为主体的培养模式已演变为多种形式。

第一，企业内部计划培养方式。企业要积极参与行业人才培养的计划安排，做到在行业内部的互通有无，以改变培养方式，减少培养资源的浪费。行业、企业内部需要什么样的技能人才，需要多少技能人才，行业、企业可以按计划、分步骤地进行培养，以满足行业、企业对技能人才的需求，尤其是对高技能人才的需求。

第二，行业、企业自办职业院校的方式。"要充分发挥企业、行业和社会力量举办职业教育的积极性。""职业院校可由企业单独办、企业联办。"[②] 自主办学，自我培养，是一条人才成长的科学发展之路。有不少行业以及较大的企业，自己办职业培训学校，自己需要什么样的技能人才，就培养什么样的人才，这种办学方式真正达到了教育与企业的零距离对接，既保证了技能人才的就业，也满足了行业的需要。可是这种方式成本较高。

第三，联合办学的方式。联合办学指行业或企业与职业院校联办或企业与企业

① 《国务院关于大力发展职业教育的决定》，《光明日报》2005年11月10日。
② 温家宝：《大力发展中国特色的职业教育》，《中国教育报》2005年11月14日。

的联办。企业与职业院校联办采用互利的方式，院校有一定的培训收入，方便学生就业，企业可以保证需要的人才。还有的企业和行业采取委托培养的方式，即委托职业院校等办学机构为自己培养急需的人才，这种办学方式不用背办学实体的"包袱"。企业与企业联合办学，这在同类别的企业中可以减少办学成本，实现办学的资源共享和办学成果资源的共享。

第四，师傅带徒弟的方式。这是较为传统的培养技能人才的方式，现在被称为企业培训师制度，一名操作能力较高较强的师傅，负责培训或带领一到几个新学员，使之尽快掌握技能，成为企业技能骨干。这种方式容易出现师徒一家，"近亲繁衍"的现象，应加以注意。应该说师傅带徒弟的培养方式，是出好人才、快出人才和人才培养创新的一条捷径，应该注意推动，这种方式的效果首先要看企业的培训师制度的建立和落实情况，其次要看"师傅"的人品和技能。师傅人品不好，对技术保留，再高的技能也带不出高徒；人品好、技能好，才能出真正的高徒。

第五，技师研修方式。所谓技师研修指让有一定技能的人进行一定层面上的技术研究，保证提升的时间与空间，这些研修的技师可以到别的企业去进修学习，也可以向同一行业其他技能较好的人学习，以求在技术上有所突破。这样做，为掌握了一定技能的人创造了思考和总结的机会，便于技能的提升和技术创新。研究可以带着技术技能问题进行，也可以以技术单元方式进行。

第六，岗位练兵的方式。所谓岗位练兵指技术人员在本企业的班组岗位上通过实际操练、现场培训、互相学习或以技术比赛的方式促使技术人员取长补短，找出问题，学习别人，提升自己，这样做不仅能达到岗位技能的要求，而且为改进工艺、优化流程和技术革新打下基础。

第七，技术交流的方式。技术交流是一种互动式的培养方式，交流也是进步的助推器，必须注意运用。我们知道不同的技术个体有不同的技术感受，把有不同感受的同一工种的技术人员放在一起进行技术交流，就能使有心人在灵感方面擦出火花，从而提高自己的技术能力，提高自己的创新能力。在企业中，同一工种的技术人员交流是非常重要的，它不仅使一部分人找出技术把握上的不足，而且使原本操作技能较好的人独立思考，技术精益求精。

第八，技术项目引进的培训方式。技术项目引进的技术培养方式指结合企业的技术创新、企业的技术改造、企业的技术项目引进，利用国内国外不同的技术资源，开展对新技术以及相关知识的培养。技术项目引进是较为困难的事情，发达国家绝对不会把自己的核心技术传授给我们。因此，我们必须在项目引进中注意培养我们的技能人才，以保证技术项目正常上马，保证企业的技术创新、技术改造按计划进行。

第九，技术研发攻关的方式。所谓技术研发攻关指为了攻破某一技术难题，有关部门从相关技术领域抽调技术能手，一起钻研、测试，最终攻破某一技术难题。这种方式在我们的攻破"两弹一星"技术难题中经常使用。作为企业、行业，可以学习这种办法，组织在生产经营中的技术能手进行攻关研究，解决某些技术难题。

4. 校企合作的培养模式

校企合作培养技能人才的方式是近年来被校企双方都看重的方式，而且是今后培养技能人才的主要方式，是培养高素质高技能人才的方向。国务院在《关于大力发展职业教育的决定》中指出："大力推行工学结合、校企合作的培养模式。与企业紧密联系，加强学生的生产实习和社会实践，改革以学校和课堂为中心的传统人才培养模式。"①《中共中央办公厅、国务院办公厅印发〈关于进一步加强高技能人才工作的意见〉的通知》中指出要"建立高技能人才校企合作培养制度"。② 这都为今后职业教育构建科学发展的模式指出了理想之路，我们必须认真研究和认真落实。校企合作建立高技能人才培养制度，应该由政府及相关部门负责人、企业行业和职业院校代表，以及有关方面专家组成高技能人才校企合作培养协调指导委员会，研究制定校企合作培养高技能人才的发展规划、培养方向、培养目标，指导和协调学校与企业开展合作。校企合作实现了企业中有"校"，校中有"企业"的培养方式。不仅解决了技术人才培养的问题，还解决了技术人才的使用问题。校企合作的培养形式，是职业院校的办学方向，是以市场需求为导向的办学方式。在校企合作办学形式中，主要有下面几种形式：

（1）企业技能岗位式

所谓企业技能岗位是指按企业技能岗位的标准培养学生、学员的方式。学校和企业根据企业技能岗位的需求，共同研究设置培养技能人员的专业，使培养出来的技能人员是企业所需要的、能够解决企业实际问题的技术人才，这种合作的培养方式，更受企业的欢迎，而学校要相对改变教学计划，培养指导老师，按企业岗位需求编写教材，不再是"闭门造车"式的培养人才方式。

（2）学校、企业双导师方式

所谓双导师指学校和企业各派出具有一定技能和理论修养的老师作为培养人才导师的方式。校企合作培养人才，目的是解决好理论与实践、形式与技能结合的问题。学校与企业对技术人员的培养采用双导师的制度，能够解决好某些关键的问题。解决好这种结合，有利于技术人才的成长，有利于高技能人才本领的提升和创新思维的形成。

---

① 《国务院关于大力发展职业教育的决定》，《光明日报》2005年11月10日。
② 《中共中央办公厅、国务院办公厅印发〈关于进一步加强高技能人才工作的意见〉的通知》，《高技能人才文件汇编》，第58页，中国劳动社会保障出版社2006年版。

（3）合作实训的方式

合作实训指学校和企业联合推进培养技能人才的实训方式。职业院校对技能人员的主要培养形式是实训，校方的实训与工厂、企业、行业的实训还有区别。校方的实训是实习式的，行业、企业的实训是生产式的。学校与企业合作实训可以减少实习实训的环节，节省资源，学生可以直接掌握生产技术，当然，学生要有一定的实训基础。

（4）产学结合的方式

产学结合也称做工学结合，工学结合是从学生的角度而言的，产学结合是指从企业和学校的角度而言的。产学结合指产业（企业）与学校的合作，把生产与实习合二为一，同时进行。产学结合可以在学校进行，也可以在企业进行。这种结合可以理解为理论与实践的结合，也可以理解为生产与学习的结合。学校既可以通过实训为企业加工生产一定形式的产品，也可以直接通过实训为生产生活生产一定的成品，成为产学方面实在的结合方式，并且使学校的消耗式实训变成了生产式的实训，减少了培养人才的成本，值得推广。

（5）校企基地培训的方式

校企基地培训指学校把实训基地建在企业的培养方式。学校在企业构建培训基地，能够解决高技能人才的实训需求。校企合作被学校称为："借企业之水，行学校培养技能人才之舟"；被企业称为："用学校之手，创企业之财富"。由此看来，校企合作是一种双赢的培养技能人才的方式。

5. 培训基地的培养模式

中央指出，要"加强高技能人才培训基地建设"。[①] 培训基地的培养模式指利用现有的教育资源，委托骨干企业、重点职业院校、不同的培训机构，根据地区支柱产业的情况，建立培训基地，培养出社会急需的各种高技能人才。在建设建立培训基地过程中，要注意使培训基地布局合理、技能含量高、面向社会、具有实力、具有的一定的技术权威。这些培训基地，主要为完成技能培训和为技能鉴定服务。建立实训基地，要保证基地具有一定岗位群的接受容量和能力，生产设备要具有先进性和智能化水平，指导老师或师傅要有较高的整体技术水平和应用能力、引导能力。

（1）依托大型骨干企业的培训方式

政府以及职业院校依托大型骨干企业，建立高技能人才的培训基地。这种基地主要是为地方经济服务，带有地方性、产业性的特征。依托大型骨干企业，为企业

---

① 《中共中央办公厅、国务院办公厅印发〈关于进一步加强高技能人才工作的意见〉的通知》，《高技能人才文件汇编》，第 59 页，中国劳动社会保障出版社 2006 年版。

产品的上下游产业链培训培养技能人才，实现地方支柱产业的支撑功能，满足地方经济发展的需求。

（2）依托重点职业院校的培训方式

依托重点职业院校建立高技能人才的培训基地，这种基地带有学术性和技能性的特征。重点职业院校不仅有技能鉴定机构，还有较好的校企合用培训基地。利用重点职业院校的技术、师资、实训场所，完成地方经济建设需要的基地实训任务。

（3）建立培训机构的培训方式

培训机构有行业的和地方政府相关部门主管的，也有民营的，但民营非常少，有些虽为民营，却以国有形式出现。建立相关的培训机构作为高技能人才的培训基地，主要是为地方经济建设服务，为技能证书的鉴定服务。在目前的管理体制下，培训机构是不可少的。

（4）国家与地方或地方组织相关院校建立公共实训基地的培训方式

为了推动地方经济发展和地方对技能人才的需要，落实国家扶持不同地区经济发展的政策，国家与地方政府联手组建公共实训基地。公共实训基地也可以由地方自己建，但基地使用可以是公共的，不同的院校、不同的企业可以共同使用。公共实训基地必须发挥"公共"的作用，真正实现实训资源共享，以减少不必要的重复建设，这是一种非常好的措施。

6. 自学钻研的模式

自学钻研成才模式是指具有一定技能和知识的个体以自学为主，把知识和技能用到生产的技能操作中去，不断提升技能水平，使自己成为高素质、高技能人才。自学钻研的提升模式是一种自觉的学习方式，是职业技能创新的一个源头。在产业发展中，生产一线的工艺改进、流程优化和各种技术革新，都离不开技术人员的自学钻研。

（1）引导自学钻研的形式

所谓引导指社会各方面都要以各种方式引导技术人员自学钻研，以取得相应的成果。引导要有精神的、物质的、兴趣的不同引导方式。"重视技能、重视技工，要成为全社会的一种文明风尚。我们不仅要尊重那些有理论素养的教授、专家，也要尊重那些自己动手、实际操作，有发明创造的技术专家。""要建立健全专利制度、标准体系和知识产权保护制度，从法律与政策上鼓励和保护技能型人才的发明创造。""凡是能产生较大经济效益和社会效益的，都应予以重奖。"[1]"对在技能岗

---

① 温家宝：《大力发展中国特色的职业教育》，《中国教育报》2005 年 11 月 14 日。

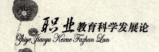
位工作并掌握高超技能、作出重大贡献的骨干人才，可进一步突破工作年限和职业资格等级的要求，允许他们破格或越级参加技师、高级技师考评。"① 作为企业和学校乃至社会，都要鼓励职工学习新知识和新技术，钻研岗位技能，积极参与技术革新和攻关项目，要利用物质、精神以及其他的引导方式，鼓励技术人员自学钻研，不断提升自己的技能。

（2）钻研岗位技能的形式

所谓钻研岗位技能指技术工人在自己岗位上的技能熟练和革新。中国有句古话叫做"行行出状元"，在不同的岗位上，有不同的技能高手。作为技术人员，不仅仅要爱自己的岗位，而且还要钻研岗位技能，要思考，要琢磨，要有革新技能的思维和做法。只有真正钻进去，才有可能创新创造和提升技能。

（3）自主创业的钻研形式

所谓自主创业指技能人才凭借自己的技能专长自己创办企业。从技能人才的个体来讲，学是必须的，而创新以及技能操作中的"悟"应该是自主钻研才能达到的。胡锦涛同志在十七大报告中指出："完善支持自主创业、自谋职业政策，加强就业观念教育，使更多劳动者成为创业者。"② 职业教育培养的不仅仅是就业者，而且更多的应该是自主创业者。要培养学生自主创业的理念，掌握自主创业的技能技术，开创自主创业之路。

7. 国际合作的培养模式

国际合作的培养模式也是近年来新开辟的技能人才培养的道路。国际合作培养高技能人才有几种方式，随着经济形式的发展，可能合作方式会不断增多。要探索合作新路子，鼓励学生掌握新技术。全球经济一体化，导致劳动在国际的流动量加大。联合国科教文组织是世界职教领域的主要组织者，目前已建立了连接 128 个国家和地区的职教实施中心的联合国职教信息网络。联合国教科文组织要在德国波恩建立一个国际技术教育研究中心，提供职业教育研究与发展信息，培训职教人员。我国和德国政府近 20 年来进行了下岗妇女再就业、要害素质培训等多项合作。在世界范围内双边以至多边的合作办学或合资办学，成为职业教育国际合作的又一新形式。③ 国际合作办学主要有几种形式：

（1）联合办学的方式

职业院校与国外职业院校联合办学的方式已经成熟，现在，不少职业院校都有

---

① 《中共中央办公厅、国务院办公厅印发〈关于进一步加强高技能人才工作的意见〉的通知》，《高技能人才文件汇编》，第 59 页，中国劳动保障出版社 2006 年版。

② 胡锦涛：《高举中国特色社会主义伟大旗帜　为夺取全面建设小康社会新胜利而奋斗》，《十七大报告辅导读本》，第 37 页，人民出版社 2007 年版。

③ 育凤茹、孙慧敏：《职业教育和培训：国外经济与中国的实践》，论文网：www. lwwang. net。

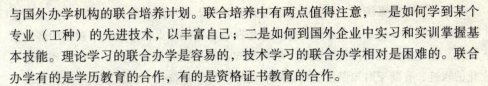

与国外办学机构的联合培养计划。联合培养中有两点值得注意，一是如何学到某个专业（工种）的先进技术，以丰富自己；二是如何到国外企业中实习和实训掌握基本技能。理论学习的联合办学是容易的，技术学习的联合办学相对是困难的。联合办学有的是学历教育的合作，有的是资格证书教育的合作。

（2）出国培训（研修）的方式

出国培训指先派职业技能较高的技能人才到国外相关企业或培训机构学习。这种培训有两种选派的原因，一个是因为引进外国设备必须选派技能人才去国外培训，以便使用和保养设备。另一个是因为某种技术的需要，选派有一定研究能力和具有一定技术的人到国外进行带有研究性质的学习。后一种培训更有技术性和实用性。

（3）引进外国先进培训资源的方式

由于国内经济建设的需要，某些专业高素质和高技能人才比较缺乏，为了完成培养任务，国内又缺少该种培训资源，这样就可以引进外国培训资源对国内相关人员进行培训。国外的先进培训资源包括设备、人员、资料等等，引进何种资源应根据企业的需求而定。

我们介绍了目前已有和正在开发的技能人才的培养模式，没有把他们分为大类，这些培训模式可能是交叉的，有的可能是有所兼容的，为了重点分析这种培训模式可以把它们单列出来，便于分析和理解。

三、职业教育现有模式的比较

有比较才有鉴别，才有先进和落后之分，才有科学和非科学之分，才有对某些培训模式的改造、更新和取舍。我们对职业教育现有模式的比较主要是从理论上进行的，只是进行简单的对比，以便找出某些模式的优、中、劣，供大家选用和评判。

1. 学校模式的比较

所谓学校的模式指以学校教育为主的职业教育形式，这种教育形式目前还是职业教育的主要形式，我们有必要进行比较，找出其特点、特色和不足，以便使院校的职业教育模式跟上经济发展的步伐，推进职业院校的科学发展。学校模式的比较主要是从历史的层面，从与职业企业培训的层面进行。职业教育从内涵分析，应该包括技术教育、职业教育和职业培训三个方面。从教育的形式上应该分为学校教育、企业培训和鉴定培训等模式，这其中包括了校企合作等模式。

（1）学校为主的职业教育模式的优点

学校为主的职业教育模式有着自身的优点，这些优点是与企业教育和培训教育相比较而言的，我们分析的优点，可能是暂时的，是随着经济社会的发展而变化的。

第一，理论系统化。职业院校的教育首要特点是理论系统化，这种优点无论是在文化基础课，还是在专业理论课，或是在技术基础课上，都表现出独到的理论系统性。这种系统性可以帮助学生了解某种知识和技能的来龙去脉，可以找到理论变化的轨迹，有助于对知识技能的理解和运用。理论系统化，也是职业院校教师的一大特长。

第二，教学常规化。所谓常规化指按照教学大纲教学计划的要求，按部就班地实施和组织教学。在教学过程中，先教什么，后教什么，重点是什么，难点是什么，学生的掌握点应该是什么都非常清楚。在教学组织上，每天教学时间的安排，教学资源的运用，教师的备课、教课都按照一定的规范进行。

第三，教材专业化。所谓教材专业化指院校的教材都是按教学内容要求而选用教材或教师自编教材。自编教材是职业院校的特点，尤其是在使用模块教学的院校，都是按照模块教学的要求，重新编写教材。因为采用模块教学，它有一套完整的教学训练程序，程序中的每个动作要领都有理论的结合点，同一结合点上可能含有几门课程（按原有课程）的理论知识，必须打破原有的教材体系，加强模块教学的专业性，解决学科体系与生产实践所需的知识综合性矛盾，解决技能性为主的教学专业性问题。

第四，技术的应知应会化。所谓应知、应会指对技术技能掌握的程度，应知是应该知道，是必须知道；应会指必须熟练掌握。职业教育是把技能、技术放在教学内容首位的，必须抓住应知、应会的要点，要求学生熟练掌握技能，而不是一知半解，如果学生对技术掌握只是一知半解，那么他在实践中一定会被用人单位所淘汰。应知、应会是职业院校教育的基本要求。

第五，管理的制度化。职业院校的管理是按照学校建设的要求进行的，从教学到科研，从党建到管理，都有一套较为完整的制度。学校负责人以及学校中层部门负责人，都是按照管理制度要求开展工作，用制度规范各种管理活动的。

（2）学校为主的职业教育模式的不足

学校为主的职业教育的模式尽管有许多的优点，但仍有许多的不足，这些不足主要体现在与生产实际的结合上。学校为主的职业教育不足，表面上看是职业院校内部的，但却与职业教育的全局相联，尤其是与职业教育主管部门相联。

第一，职业教育管理体制依然不顺。职业教育管理体制不顺影响了职业院校的科学发展。温家宝总理讲："要整合现有职业教育资源，改变职业院校条块分割、多头管理的状况。要进一步落实职业院校的办学自主权，增强其自主办学和自主发展的能力。"① 总理的讲话已两年多，职业院校的条块分割、多头管理的状况仍然没

---

① 温家宝：《大力发展中国特色的职业教育》，《中国教育报》2005 年 11 月 14 日。

有多大的改变，自主权仍没有得到落实。职业院校的婆婆多不要紧，就怕婆婆阻碍干事，那样就根本谈不上科学发展了。体制的问题不是职业院校能够解决的，必须由政府部门来解决。

第二，职业院校间互通不够。职业院校间特别是中等职业教育和高等教育的互通不够，主要是中等职业教育通不到高等教育。"要从教育体制上搭建基础教育、职业教育、高等教育互联互通的桥梁，搞好中等职业教育、高等职业教育合理分工和相互衔接，为各类学校毕业生就业成才和终身学习创造条件。"[1] 我们必须解决互通的问题，解决证书与学历之间联结的问题，解决就业成才的问题。

第三，职业院校实习不足。职业院校实习不足指实训的时间和设备不足，学生没有达到应知应会熟练掌握技术的程度。职业院校的实训设备不足是一个较为普遍的现象，严重影响了学生对技术的掌握。必须加快实训基地的建设，解决实训不足的问题。

第四，职业院校与企业距离仍很远。职业院校应该和企业零距离才能保证学生与企业零距离。现在的情况是，不少院校自教自个的学，与企业距离仍然很远，职业院校的专业（工种）设置，职业院校所培养的学生，与职业仍有不小的距离，有不少企业招到学生之后，要重新进行上岗前的培训，不仅浪费了学生和企业的时间，也浪费了企业和学校的教育资源。没有达到"职业教育面向就业，重要的是面向企业，培养企业需要的人才"[2] 的要求。

第五，重技轻德的形势严峻。不少职业院校在培养学生中重技能培养，轻职业道德教育，轻个人品德教育，这种现象是一种非常可怕的现象。有的中等职业学校学生多、资源少，管理不到位，道德教育缺失，影响了学生成为真正人才。美国劳工部提出职业教育培养学生的"技能、思维、品德"三种素质比我们对品德的要求更为明确。我们一定要"把德育工作放在首位，全面推进素质教育。坚持育人为本，突出以诚信、敬业为重点的职业道德教育"。[3]

我们分析学校模式的不足，有些不是模式自身的原因，必须从体制上、理念上找原因，尤其是从主管部门找原因，主管部门在职业教育科学发展过程中一定要注意保持相当的前瞻性，不能"头疼医头、脚疼医脚"，职业教育不宜"摸着石头过河"，这一点必须明确。

2. 企业培训模式的比较

企业的教育培训与学校教育比起来目的性更强，知识和技能的要求更直接，功

---

① 温家宝：《大力发展中国特色的职业教育》，《中国教育报》2005 年 11 月 14 日。

② 同上注。

③ 《国务院关于大力发展职业教育的决定》，《光明日报》2005 年 11 月 10 日。

利性也更清楚。企业的培训模式也是随着经济形势变化而变化的。近两年的珠三角、长三角的民工荒，已逐渐凸显技术工人队伍的变化，逐渐改变企业职业培训的方式。最近美国的次贷款危机，使得我国不少电子产品出口受阻，影响了企业培训的形式和内容。作为企业，它是以市场为导向的，市场对企业产品的需求程度也决定了企业用工的数量和质量，决定着企业培训的模式。企业培训模式有自身的优点，也有自身的不足。

（1）企业培训模式的优点

企业与学校的鉴定培训有相同之处，也有不同之处。在模式方面，企业更注重内涵，很少关注形式，这是与学校的根本区别。

第一，培训的直接式。所谓直接式指企业对职工教育的培训是以直接的方式进行的。企业需要的某项技能，可以直接委派某人或某些人去学习或者让某师傅直接指导学习，比学校的理论指导，上岗训练更为直接。在培训中，企业还要求职工的技能必须达到一定的熟练程度，以直接上岗顶岗为标准。

第二，培训的实用式。所谓实用指企业对技能人才的实际使用的"价值"。在实用方面，企业培养的学生可以是学校的形式，也可以是培训班的形式，培训的要求必须是实用的。对于企业来说，培养人才能够用得上，人才的技术能够实用，能够解决企业某个流程或某个岗位的直接问题。对于技能人才来讲，自己经过学习可以马上就业，目的更明确，就业也没有了后顾之忧，这比在职业院校读书学技能后再就业更为实际、更为直接。

第三，培训的个别式。所谓培训的个别指在关键技能和技巧的培训指导上，企业采用的是个别进行的方式。在培训班或学校学习中，指导是普遍的，而在岗位学习的培训中，教育和指导是个别的，特别是实行导师制的企业对个别指导培训方式使用的更多。

第四，培训的市场式。企业在整个大的经济市场中间只是一个"点"，必须顺应市场的要求，遵循市场的规律，不断发展自己，因此企业的市场式更明显。为了适应市场对产品的需求，企业必须不断地革新或变化产品的形式或内容，因此就需要技能人才不断掌握新技能，以适应市场的变化。在技能人才的引进上，也是根据市场的变化和技能人才个体的技能水平而取舍的，即在选人上也多用市场的方式。

第五，培训的服务式。所谓培训服务式是指企业培训技能人才是为自己服务的，为企业发展服务的。企业自我培养人才，用自己培养的人才为自己服务主要是在较为大型的企业。这种服务是以技术技能方面为主要内容的。对企业来讲，服务是自我式的，对技能人才来讲，是为企业服务的，也是技能人才本身生活生存所必需的。

（2）企业培训模式的不足

企业培训是为了满足企业科学发展的需要，也是经济市场的需要。企业培训培养的模式主要是为自己服务的，所以有非常明显的功利性和狭隘性。应当在科学发展中加以注意。企业培训还有一种自给自足的特点，这种特点影响了企业对外的"通联"，以及对外的开放程度。

第一，表现出一定的功利式。所谓功利指企业自己培养人才为自己服务从而实现自我发展的模式。企业适当的功利是必须的，但功利也要有一定的合理度，不能"唯利是图"，那样不会科学发展，这一点应当引起企业家注意。

第二，表现为一定的近亲式。所谓近亲指企业中技能人才的自我培养，容易使车间班组技术骨干都是由某一个或者某几个师傅带出来的，形成技能技术上的"血缘化"，在某些技术难题方面不容易实现突破。

第三，表现为技能的单一式。这里的单一式也被称为技能技术的狭窄式。由于长期在一个"点"上或一个企业工作，容易形成一种思维定式，这种思维定式往往是单一的，在科技发展突飞猛进的今天，这种单一式不利于企业的发展。

第四，表现为技术技能发展的"近视"性。所谓近视指企业以及自己所培养的人才看得不远。企业缺少发展尤其是技术发展的前瞻性，技术技能人才也缺少战略思想，容易顾眼前而不顾长远。

3. 鉴定培训模式的比较

在技术技能的发展中，鉴定培训是必要的，这也是实践得出的结论。国务院在《大力发展职业教育的决定》中明确指出："严格实行就业准入制度，完善职业资格证书制度。""用人单位招录职工必须严格执行'先培训、后就业'、'先培训、后上岗'的规定，从取得职业院校学历证书、职业资格证书和职业培训合格证书的人员中优先录用。"[①] 这个决定规定了鉴定培训是必备的条件。鉴定培训的模式是就业必须经过的培训模式，职业院校和学生都非常看重这种培训模式，有必要对此加以分析。

（1）鉴定培训模式的优点

第一，鉴定培训是一种安全的模式。所谓安全模式指对上岗前的技能人才进行培训达到一定水平之后获得证书才可以上岗，这便使技术、技能安全有了保障，同时安全包括技能人才的人身安全、机器等财产安全以及产品配件的"安全"。有了培训，便把好了入口关。

第二，培训鉴定是一种较为公平的模式。所谓公平指上岗和换岗必备的条件是公平的。没有鉴定的资格证书，便不能上岗，这对谁都一样，所以是较为公平的。

第三，培训鉴定是提高综合素质的模式。所谓提高综合素质在鉴定培训中有综

---

① 《国务院关于大力发展职业教育的决定》，《光明日报》2005 年 11 月 10 日。

合的要求："以职业能力为导向，以工作业绩为重点，注重对劳动者职业道德和职业知识水平进行考核和评价。对符合国家职业标准规定条件的后备高技能人才，应及时提供技能鉴定服务。"[1]《职业技能鉴定规定》中也明确指出，培训鉴定是为了"促进职业技能开发，提高劳动者素质"。[2] 培训鉴定不仅仅鉴定技术，而且还鉴定一个人的职业道德和其他素质。

第四，培训鉴定是具有导向作用的模式。培训鉴定的导向主要是职业导向。企业需求什么样的技能人才，培训鉴定就应该予以鉴定。但这种鉴定的导向是一种间接的，有时还可能是滞后的。

（2）鉴定培训的不足

第一，形成了某种权力形式。由于国家要求先培训后上岗，有准入证的要求，便形成了技能鉴定的某种"权力"，容易形成一些弄虚作假的现象，出现行业腐败的行为。

第二，形成了某种"新官僚"形式。所谓新官僚指形成了某种新的官僚阶层，而这种新官僚阶层又为千千万万准备就业人员所求，因为就业的"敲门砖"在他们手中，在要求公务员"廉洁、务实、为民"的过程中，同样要对培训鉴定部门尤其是政府部门举办的职业培训鉴定部门从严要求。

第三，鉴定培训具有滞后性。新技术、新工艺、新流程不断出现，技能鉴定总是在技术等成熟之后才进行鉴定，因此表现为滞后性，这也是事物发展规律所决定的。

---

① 《关于进一步加强高技能人才评价工作的通知》，《最新技工学校建设标准与教学实习培训计划实施及就业工作指导手册》，第 13 页，中国劳动出版社 2007 年版。

② 《职业技能鉴定规定》，《最新技工学校建设标准与教学实习培训计划实施及就业工作指导手册》，第 282 页，中国劳动出版社 2007 年版。

第五章

职业教育科学发展的途径

　　职业教育走过了曲曲折折的发展历程，目前进入了最佳时期，2007 年全国职业教育的在校生已达 2861 万人，创历史新高。作为职业教育者和职业教育的主管部门，一定要明白，扩大招生规模不是职业教育的目的，职业教育不能盲目扩招，职业教育必须走科学发展之路。"坚持以人为本，全面、协调、可持续的发展观，是我们以邓小平理论和'三个代表'重要思想为指导，从新世纪新阶段党和国家事业发展全局出发提出的重大战略思想。"① 职业教育有与其他教育不同的职业性、社会性、人民性、目的性、动态性、市场性等特点，更应该以科学发展观作指导，走科学发展之路。

一、稳定招生规模，提高培养质量

　　职业教育必须具备一定的规模，没有一定数量的学生，也就没有职业教育，这是一个浅显的道理。但是，职业教育的目的是什么，我们不少职业教育者并不清楚。不少职业教育者把职业教育发展作为目的，即把职业教育办大、办高为目的，这违背了科学发展观。科学发展观，首先要求是坚持以人为本，职业教育的发展也必须以人为本。可在职业院校中，有人把本来用于办学手段的经济效益作为发展的目的，其结果是职业教育发展背离了人，职业教育发展背离了发展的可持续性。职业教育目的是为经济社会的科学发展培养高素质、高技能人才，这一点我们必须明确。而培养高素质、高技能人才的核心，就是提高职业教育的质量，使进入职业院校的学生先成为"人"，再成为才。

1. 稳定招生规模

　　招生规模影响职业院校的收入，这是近年来不少职业院校扭住招生规模的根本

原因。我们知道，招生规模不是越大越好，招生规模要有一定的限度，超越了一定的限度，就不是科学的招生规模。另外，从不同地区的初中、高中毕业生的数字来看，未来几年生源将大大减少，如果盲目扩大招生规模，那必然影响职业院校的发展后劲。在前两年的扩招中，已经使不少职业院校教学、实训、生活等设施严重不足。个别职业院校的规模已达2万多人，连基本的生活条件都不具备，严重地背离了科学的发展观。要坚持全面、协调、可持续的发展，职业院校必须实事求是、科学分析，根据自身的条件和未来发展规划来确定招生规模。

(1) 稳定招生规模就是要使职业院校的招生规模适量

所谓招生规模的适量就是招生数字要科学。这种适量既要科学地安排生活设施、教学设施、实训设施，科学地安排教学人员，使学校能够满足师生的教学以及生活的基本需求。适量，即学校招合适数量的学生。职业院校不能"人满为患"，不能只贪数量，贪"经济效益"而忽略了教育规律，忽略了人才培养规律。这必须引起职业院校和职业教育主管部门的注意，不能掉以轻心、得过且过，不能应付差事。

(2) 稳定招生规模就是要提高教育质量

教育教学质量是职业教育的生命线，必须认真抓好。正如温家宝同志要求的那样，要"努力提高职业院校办学水平和质量"，"要深化职业教育的教学内容、教学方法改革，培养目标、专业设置、课程教材、学制安排等，都要适应企业和社会需求"，"职业教育要认真贯彻党的教育方针，全面实施素质教育。"① 要"大力推进精品专业、精品课程和教材建设"，"加强师资队伍建设"，"要从严治教，规范管理，引导职业教育健康协调可持续发展。"② 职业教育必须贯彻党的教育方针，必须依据教育规律和市场规律办事，必须抓好教学质量，并把培养德才兼备的人才放在学校工作的首位。

(3) 稳定招生规模就是要把握毕业生走向

所谓把握毕业生走向指把握学生的就业市场，抓好学生的就业。对学校来讲，教育目的是培养人才；对具体的学生个体来讲，学习是为了找一个合适的"饭碗"。招生适量为的是"科学"就业，不能让职业院校的学生也出现毕业就失业的现象。要根据经济、社会对技能人才需求安排招生的数量，这一点非常重要。稳定招生规模要量学校的基本条件而定。要从学校老师的结构、数量等学校的基本条件决定招生的数字，这也是科学发展职业教育的基本要求。过多地增加学生数量，不仅培养不出好学生，也会损害职业院校的声誉。

---

① 温家宝：《大力发展中国特色的职业教育》，《中国教育报》2005年11月14日。
② 《国务院关于大力发展职业教育的决定》，《光明日报》2005年11月10日。

2. 规范教学内容

职业院校必须把握科学发展的内涵，"进一步深化教育教学改革。根据市场和社会需要，不断更新教学内容，改进教学方法。合理调整专业结构，大力发展面向新兴产业和现代服务业的专业"，要"与企业紧密联系，加强学生的生产实习和社会实践，改革以学校和课堂为中心的传统人才培养模式"。① 教学计划、教学大纲、课程设置是培养高技能人才必要的基础性条件。在招生规模不断扩大的情况下，要保证教学质量的稳定，教育教学质量是职业院校的生命线。规范教学内容，要根据职业院校学生的特点，要考虑教学过程具有多因素、多层次、多序列、多环节、多动态的特点，考虑到市场导向的关键性作用。

(1) 要制定结合本校实际的教学计划

教学计划既是指导教学的目标、教学的步骤、课程的设置、课程的顺序、课程时间的纲领，也是落实教学任务的实施表。教学计划要根据职业教育的特点，科学地安排教学内容，从而实现教学目的。诸如培养目标是造就高技能人才，那么课程设置就要与经济社会的实际相结合，要以市场对技能人才的需求为导向，利用人才市场、劳动力市场的供求变化而科学地安排。课程设置要注意课程的结构，即文化课、技术基础课、专业理论课、生产实习课、政治体育课等不同的结构安排，科学地规划内容、时序的比重，注意理论够用、实训为主的科学性，使学生真正掌握技能。其中还要考虑到不同学生的个体差异，在实施教学计划中实现"循序渐进、因材施教、教学相长、启发诱导、教书育人、产教结合、一专多能"的原则。课程设置必须注意技能结构。职业教育的性质、特点、教学原则、专业设置决定了职业教育的技能结构，这种结构又确定了职业教育必须注意培养学生的实际动手能力，要注意实现两结合一延伸。两结合是：要使文化基础知识、技术基础知识、专业理论知识的学习与操作技能的训练相结合；要使相关专业理论知识的学习和相关的操作技能训练有机结合。一延伸是技能人才毕业之后能使自己获取的知识、技能在岗位上延伸和提升。

(2) 要科学地设置和调整专业结构

所谓科学地设置和调整专业结构，已经说明我们的专业设置与市场和社会的需求有一定的差距，有的离市场很远，出现了职业教育同生产脱节的现象。目前，我国职业教育专业"工种"的设置，呈现了过细、过繁、过窄的特点，不适应当前劳动力市场、人才市场的需要。职业教育应该根据市场经济和社会的需求，科学地设置专业。如机械类专业，国家部门设置了 29 个专业，而台湾只有机械、铸造、扳金、汽车 4 个专业。又如深圳蛇口育才学校的职业班，创办时设了会计、文秘、幼

---

① 《国务院关于大力发展职业教育的决定》，《光明日报》2005 年 11 月 10 日。

师、电工、电子等专业，几年后发现专业中的课程交叉，而毕业后就业面特窄，影响学生的就业和对相关知识的掌握。后来他们把六个小专业改为文、工两大专业，既解决了课程知识的交叉问题，又解决了学生就业专业面窄的问题，专业如何设置，应该由学校根据当地经济社会建设的需要而定，根据学生的就业情况而定。

(3) 要科学地设置学习年限和培训时间

国务院文件规定要"加快建立弹性学习制度，逐步推行学分制和选修制"。"中等职业学校在校生最后一年要到企业等用人单位顶岗实习，高等职业院校学生实习实训时间不少于半年。""逐步建立和完善半工半读制度，在部分职业院校中开展学生通过半工半读实现免费接受职业教育的试点，取得经验后逐步推广。"① 过去对学历要求上基本是一刀切，中级工三年，中级工基础上的高级工两年，高级工进技师班两年，高职教育三年等等，这不符合职业教育的实际。学历的长短，应以专业为依据，以技术掌握为标准。有些专业和技术，学习的时间可以长一些，有些专业和技术，学习时间可以短一些。学校应该根据本身条件和市场需要，办多种专业、发多种文凭、给多种证书，当然这不是乱发和滥发，应根据学生的个体和不同学校的实际情况条件而定。

(4) 科学地备有一定的教学场地

除了国家共同建立的实训基地之外，职业院校必须有自己的实训基地和校舍等条件。我们知道场地是办好职业教育的基本条件，虽然国家没有明确的强制标准，但高等教育、中学教育的场地都有明确的标准，可以参照执行，执行中要留有一定的发展空间。

(5) 科学地配置教学设备

教学设备是职业院校必需的，虽然有些职业院校已与企业建立了实习关系，但教学和实训设备还是必需的。目前，职业学校三大短缺之一就是教学设备尤其以实训设备短缺为最。不少职业院校别说每生平均一实训岗位，有的是 5 生一岗位，严重影响了教学目的的实现，影响教育的质量。教学设备分为生产实习设备、理论课教室设备、实验室设备、电化教育设备、体育设备、图书阅览设备和资料。这些设备必须科学地配置，以保证教学的正常进行。

3. 强化实训（实验）理论

所谓强化实训（实验）理论指注意实训实习中理论的学习和运用，运用理论指导实训和实习，并在实践中提升理论。在教学计划安排中，职业院校设置的课程一般由文化课、技术基础课、专业理论课、生产实习课和政治体育课等构成。在教学

---

① 《国务院关于大力发展职业教育的决定》，《光明日报》2005 年 11 月 10 日。

过程中，老师一般只注意专业理论传授和生产实训的操作，而对于实训实验中的理论却很少重视。实训理论是介于专业理论和生产实训两者中间的一种理论，这种理论既要有专业理论作基础，又要用它来指导生产实训。所谓实训（实验）理论是指在实训过程中，指导教师用比专业理论更通俗更便于操作的体验，教会学生技术以及技术操作原理和过程的论述。在操作实训中，我们不仅要教会学生怎么操作，而且要教会学生懂得为什么要这么操作，这么操作会出现什么样的结果，失误了会出现什么样的结果，出现不当结果时，应该如何排除以减少损失以及常规操作下故障的分析、诊断、排除等等，都属实训（实验）理论的范畴。强化实训（实验）理论是我们对教学经验的总结，是一种实践中的体会。

（1）实训（实验）理论是专业理论的延伸

所谓专业理论是指对某一专业（工种）实际操作描述、规范和指导的相关规律、经验的数据和某些语言的表述。专业理论变为实际操作，还必须有实训（实验）的理论作"中介"和"桥梁"，因为专业理论用在实训中还有一定的距离，实训（实验）理论是专业理论的延伸，是为了保证专业理论指导实训（实验）实现的附生理论，是因指导实训教师个体而异的。有的实训指导老师在理论与操作的示范教学中使学生很快就掌握了要领；有的实训指导老师照搬专业理论，结果学生不知所云，掌握实训技术也就困难，这便是实训（实验）理论不到位的结果。

（2）实训（实验）理论是生产实习指导的前提

所谓前提指实训（实验）理论是完成生产实习理论方面的某种重要基础。生产实习既要有专业理论的指导或者说是专业理论的实践，又要有实训（实验）理论的规范，这种规范是直接的、点通式的、可以反复实践的。在实训（实验）理论教学中，它可以把实训操作中的各种问题最大化、极致化或最细化，是指导学生掌握技能最重要的技能技巧式的理论。没有实训（实验）理论的指导，完成专业理论与生产实习的结合，是比较困难的，容易带来意想不到的结果和不必要的实训损失。

（3）实训（实验）理论是技术基础知识的提升

技术基础知识包括了技能操作知识和技术操作水平。技术基础知识是技术操作前的准备，是实际技术操作的入门知识，有了技术基础知识，才可能对专业理论理解和运用，能在实训（实验）中把握要领，而实训（实验）理论是把握要领的实际描述和示范。

（4）实训（实验）理论的实践可以预防实训及生产故障的发生

实训中出现故障是经常的，有操作技术、知识理解和设备、设施等不同的原因。但实训理论指导实践，可以减少和防止实训过程中故障的出现或及时解决故障。显然专业理论对某一产品生产操作中容易出现的故障以及原因已作了总结，可是在实习生产中，专业理论的总结与故障出现的前兆以及引发的原因有时不相符，因为现场操作的原因是复杂的。实训（实验）理论在实习生产中不仅帮助学生解决

了某种故障可能出现的原因，排除的办法，结果的处理等实际问题，而且切实地把专业理论用通俗实际的形式在生产实习中变成现实。

（5）实训（实验）理论为技能人才创新作了实践与理论上的准备

实训（实验）理论是一种必须与实践结合的理论，也是启发学生创新和指导教师个体理论与实践结合提升的理论。用这种理论指导容易使学生在技能操作中发现问题，并在实训操作中解决问题，帮助学生启发创新思维和积累创新实践经验。实训理论是对技术实践的再梳理，把技术操作的内涵、结果以及容易出现的问题都作了分析，可以使学生或学员中的有心人静心琢磨，产生革新的想法。

（6）实训（实验）理论的教学效果因老师的个体而异

每一个老师都是一个教学个体，教学效果会因教师个体的不同而不同。我们知道，指导老师对实训（实验）理论的掌握以及对实训内容研究力度不同，指导的结果也不会相同。有不少老师在指导中会总结出许多经验，并举一反三；而有的老师只会一是一，二是二，毫无提升和总结。因此，要注意培养指导老师实训（实验）理论的提升能力和指导能力。

（7）强化实训（实验）理论要注意"生本性"

所谓"生本"，指学生的基本素质情况。每一个学生的基本素质是不一样的，每一个学生对实训理论会从不同的角度、不同的层面和不同的水平线上进行理解。由于每个学生对理论的掌握、对实训（实验）操作技能的"悟"性不同，完成实习生产的能力也就不会相同。我们必须注意学生的个体差异，注意以学生为本开展有针对性的实训（实验）指导，对"悟"性高的学生要注意激发其创造创新的灵感。

4. 改变实训条件

实训条件落后是制约职业教育发展的一个"瓶颈"，必须予以改变。国务院已强调："高度重视实践和实训环节教学，继续实施职业教育实训基地建设计划，在重点专业领域建成 2000 个专业门类齐全、装备水平较高、优质资源共享的职业教育实训基地。"[①] 实训条件的改变和实训基地建设的高要求主要是由于职业院校不断扩招引发的。扩招带来的实训设备条件不足已严重影响到教学质量，所有职业院校必须注意改变自己的实训条件，跟上经济发展的要求，升级实训设备。招生的科学、适量，必然要求实训条件的科学、适量。要考虑到实训岗位的容量，考虑到经济发展后设备的更新量，真正实现"训者有其位"。

（1）改变实训条件要注意设备配备的科学性

所谓配备科学，就是要"配"有所用，配备设备要先急后缓，能配备较先进的设备，绝不使用落后的设备。设备科学性的配置，可以保证实训理念和实训设备的

---

① 《国务院关于大力发展职业教育的决定》，《光明日报》2005 年 11 月 10 日。

先进性。作为学校或上级主管部门负责设备的同志，必须以高度负责的精神，把握实训设备购置的先进性与科学性。

（2）改变实训条件要注意设备的智能性

由于设备技术的更新、知识的进步、科学技术的发展，许多实训设备已经具有较强的智能性，这对于实训的科学化非常重要。对智能强的设备，我们不仅仅要会使用，充分让智能作用发挥出来，而且要掌握智能设备的关键点，在使用中加以改进。当然，改进智能设备必须视实训指导老师的水平而定。

（3）改变实训条件要注意技术性

所谓技术性指实训设备的改善、改进、引进、维修，都要有相应的技术，因而表现为极强的技术性。操作设备需要技术技能，保养维护设备也需要技术技能。

（4）改变实训条件要注意自制性

所谓自制性指职业院校的教师和学生在实训过程中根据需要而自己制作实训的简易设备和模具。自制实训设备和模具而进行实训已在不少职业院校中推行，它既培养了教师和学生的创新能力，又节约了学校的资金。

5. 重点培养有专业技能特长的人才

在形象思维的学习群体中，不同的个体有不同的"悟"性。作为职业院校，要注意发现和培训有专业特长的人才。重点培养有专业技能特长的人才应注意两点。

（1）注意培养个体差异中有专长的人才

要区别对待学生的不同个体，照顾到技能培训中的个体差异。要有目的地培养专业技能人才的特长，使之在将来经济社会中成为技能的领军人物。专业技能是专业人员的内功，是自主创新的基础。学校要在推动学生"工中学"、"学中工"的实践中加强学生技能内功的提升，要不断培养学生在操作训练中发现问题、分析问题和解决问题的能力。要注意学生一专多能的培养，注意学生在理论学习和职业实训中的知识性、技术性、喜好性的培养。

（2）注意挖掘和引导绝招绝技人才

在我国民间有不少有绝技的人才以及民间的传统技艺，职业院校有责任去发现、挖掘和保护，在发现、挖掘和保护中注意研究其特点、规律和特殊的技艺关键点，使绝技绝招和民间传统技艺实现代际传承，发扬光大。

二、以人为本，师资为先

职业院校不同于政府部门，应淡化"官本位"的思想，树立民主、自由、科学、学术、技能的思想，让内行、专家管理职业教育。要使院校领导明白，搞好职业教育，师资是关键。

1. 在教职工队伍建设中以教师为本

教职工是学校的主人，在教职工队伍的建设中，必须以教师为本。职业院校有三种育人方式：教书育人、管理育人、服务育人。教书育人是首要任务，必须把培养师资放到教工队伍建设的首要位置。

（1）加强师资队伍建设

第一，加强师资培养。加强师资队伍建设必须按照中央的要求，重点放在实际技能的教学上。"实施职业院校教师素质提高计划，地方各级财政要继续支持职业教育师资培养培训基地建设和师资培训工作。建立职业教育教师到企业实践制度，专业教师每两年必须有两个月到企业或生产服务一线实践。制定和完善职业教育兼职教师聘用政策，支持职业院校面向社会聘用工程技术人员、高技能人才担任专业课教师或实习指导教师。加强'双师型'教师队伍建设，职业院校中实践性较强的专业教师，可按照相应专业技术职务试行条例的规定，申请评定第二个专业技术资格，也可以根据有关规定申请取得相应的职业资格证书。"[1] 加强师资培养，各院校都应该有计划并抓落实，要把师资培养作为师资队伍建设的首要任务来抓。并做到有计划、按步骤地进行。

第二，建立师资建设制度。要根据中央的要求和地方政府的要求，建立师资队伍建设的制度。师资队伍建设既要有自己院校的特点，又要学习外校师资队伍建设的经验，做到实事求是，本着需要、提升的要求，按照实用的导向，完善教师队伍建设的制度。院校要把培养、引进、提高结合起来，尽快解决师资严重失缺的问题。

（2）改善职业教育教师的生活条件

要按照《教师法》的规定，不断地解决职业教育教师的生活条件，有些院校生活条件可以参照有关高校的办法实施。要为教师解决相关的职称、工资待遇、医疗保障、住房等方面的实际问题和实际困难，解除教师的后顾之忧。

（3）教师要树立主人翁思想

教师要爱校，爱校体现的主要一点就是要树立主人翁思想。所谓主人翁就是要求教师在学校当家做主。学校是全体教职工的，是师生共同生存生活的载体，要培养教师的主人翁思想，教师也要树立主人翁意识，用自己的人格魅力、学识魅力、高超的技术能力、敬业的工作精神教育学生，树立自己的信誉。学校要建立教代会、职代会制度，定期向老师通报学校建设等发展情况，接受老师对学校各项工作的监督。

---

① 《国务院关于大力发展职业教育的决定》，《光明日报》2005 年 11 月 10 日。

2. 师资队伍建设师德为基

在职业院校中，师德建设是师资建设的基础。要加强师德建设，必须启发教师道德建设的自觉性，用道德准则规范自己的行为。所谓师德是指教师在从事教育工作中逐步形成的道德观念、道德情操、道德行为和道德意志，是教师从事教育工作时所遵循的行为规范和必备的品格。

(1) "四德"建设是师德的主要内涵

胡锦涛总书记在十七大报告中指出："加强社会公德、职业道德、家庭美德、个人品德建设。"这是职业院校师德建设的主要内涵，必须认真学习，自觉奉行。

(2) 学校必须做好育人工作

作为职业院校，一切工作都有育人的属性，要切实做好三育人工作。首先是做好教书育人工作。学校所有的教师都承担着教书育人的任务，要树立主观上教书育人的思想，把教书工作做精，把育人工作做实。其次是做好管理育人工作，作为学校管理工作者，要树立育人的理念。学校的一切管理工作者都是为教学工作服务的，都是为培养高技能人才服务的，都具有育人的属性。要在管理队伍中强化育人意识，做好有意识和无意识的育人工作，再次是做好服务育人工作。学校除了教学、管理工作任务之外，还有服务工作。学校的服务工作具有根本的育人属性，有直接育人和间接育人的功能，要切实做好服务育人工作。

(3) 遵守师德的几条基本原则和规范

第一，师德建设必须遵循的原则。一是爱的原则。要爱学生、关怀学生。爱生是一种境界，作为一名老师，只有爱职业爱学生才是一名名副其实的老师，才能成为一名大师。有人讲爱自己的孩子是人，爱他人的孩子是"神"，讲的就是一种境界。这种爱要体现在帮助学生成人上，帮助学生掌握学习方法上，帮助学生掌握技能上。一切为了学生，为了一切学生，为了学生的一切，这需要爱来支撑。二是平等的原则。师生人格平等，不得歧视差生。三是公正的原则。公正对待每个学生，给学生以应得的信任和教诲。四是服务的原则。为学生倾心服务，像对待自己的孩子那样心甘情愿地做学生成长的基石和铺垫。

第二，师德建设应注意的几项规范。教师要热爱自己的职业，忠于教育事业，身体力行教育方针。教师要使传道与授业相结合，真正实现教书育人。教师要教而不厌，诲人不倦。教师要尊重同仁，相互支持。

3. 师资队伍建设师能为柱

所谓师能为柱是指老师的学问和能力是职业教育的支柱。职业院校的老师如果以其昏昏，使人昭昭，那是不行的。教师一定要有自己独到的学问、技能和能力，要使教师的学问不断提升，为了搞好职业教育"支柱"的建设，必须注意做好几点：

（1）职业院校领导必须开明

说职业院校领导开明可能有人还以为是笑谈。在职业院校里，有的领导是从政府的公务员岗位或其他岗位上照顾到职业院校的，尤以地方职业院校为甚。某些院校领导把政府的一些作风行为带到了职业院校，使职业院校的科学发展受阻。政府管干部的部门，一定注意不能让武断或粗俗的干部领导职业院校，那样，职业院校永远不会科学发展。

第一，学校领导必须民主。所谓民主就是全校都要讲民主，院校班子建设要讲民主，对老师要讲民主，要让老师讲话，要虚心听取老师的意见。对学校建设、重大人事安排、教学评估、职称评定等等关系到学校发展和教师利益的工作，必须听取不同老师的意见，让老师心情舒畅。不能刚愎自用，用"我还不懂吗"，"我还没读过书吗"来回答教师关于学校发展和自身利益的建议。

第二，学校领导必须宽容。这里的宽容指要听得进或者能容下不同的意见。老师提的意见有时可能会与自身的利益有关，也可能会与学校的决定有冲突。要理解教师的意见，能从教师的角度和层面去考虑问题和作出决策。

第三，学校领导必须有长进。所谓长进指领导在学问上和品行上有进步。外行并不可怕，有许多人在这个行业是内行，在另一行业又是外行，因此，要看领导是否甘当小学生，真正俯下身子去学习，把自己变成"次外行"，以争取变为内行。长进，就是要把自己逐步变成职业教育的内行。没有领导的开明，教师的能力建设要么是一句空话，要么是表面现象，无法实现学问和能力建设共进。领导开明了，才能凝聚人心，才能真正提升教师的能力，才能呈现学校的合力。

（2）必须全力提高老师的学问和能力

第一，让技能大师治校。职业教育的主要特点是教师的技能性，学校各级班子建设，要注意培养和选拔技能大师，使技能大师成为引导学校建设和领导学校建设的主力军。职业院校不能让"外行"领导内行，那样是违背职业教育发展规律的。

第二，要注意提升教师的高技能能力。"师傅不明徒弟拙"，在科技日益发展的今天，不仅要注意培养老师的技能水平，还要让老师在自我培养中跟上科技进步的步伐，成为发明创造的源头。高技能水平是根据不同的专业（工种）而确定的，同时又要根据某一专业当前的发展水平而确定。

第三，要注意提升教师的专业能力。专业能力指老师在某一专业方面的学识水平，职业教育专业的设置是根据当地工农业生产的需要而确定的，这不仅是经济社会建设的需要，而且是学生就业的需要。作为老师既要成为自己专业的内行，尽可能掌握自己所学专业的全部知识；又要把握本专业发展的方向，有掌握本专业知识发展走向的能力。另外，职业教育的老师只要条件许可，就应该初步掌握相近专业的知识。

第四，要注意培养教师的智能化能力。所谓智能化能力指老师在教书育人中的智慧和协调等综合能力。这种智慧是创新创造的起点和源泉，是开启学生创新创造的"阀门"，是一种他人不可具有的触类旁通的智能。职业教育的发展必须与经济建设同步，有时还需要有一定的超前量，职业教育老师的知识能力必须跟上科技发展和经济建设发展的步伐。在现代经济建设中，科技发展、科技产品、技术操作越来越智能化，因此，教师的技能技术也应该呈智能化的特点。

4. 师资队伍建设竞争是动力

竞争指人们为了自己某些方面的利益而争胜。竞争是经济社会建设呈现出来的总的趋势，职业教育培养学生的生存精神就必须有竞争内容。职业教育"以就业为导向"的本身，就包含了极强的竞争性。职业教育不同于普通高等教育，必须以竞争为动力，只有这样才能保证教师队伍的活力，才能保证校企合作的粘合力，才能提升职业院校的发展力，学生在竞争就业市场上才有自我生存的能力。

（1）注意提升教师的知识技能竞争力

知识技能竞争力指老师掌握的知识技能和运用知识技能在教书育人中所显现的能力水平。知识技能如果不进步就会逐步老化，人生存生活能力不进步就会退化，要让老师掌握经济社会科技进步的状态，感到社会进步的压力，让老师了解自己所在的专业知识方面的变化情况，让老师感到自己知识技能的不足，以此推动老师掌握新知识新技能的欲望。以竞争为动力，还要用某些策略，鼓励知识技能进步的老师，诸如举办"技能节"，表彰参加各类技能大赛获奖的老师，以推动老师树立知识技能的意识，提高教师的知识技能竞争力。

（2）注意提升教育效益方面的竞争力

所谓效益指人们所追求的物质和精神"益处"的总称。马克思讲过，人们奋斗所争取的一切，都同他们的利益有关。职业教育的老师奋斗所争取的一切也与他们的利益相关，这是朴素的道理。作为职业院校，要在利益分配上形成竞争，即让教师在获取效益上实现竞争。诸如在职称、名誉、分配等方面制定竞争办法，让老师不断提升自己获得效益方面的竞争力。除此之外，教育还应具备社会其他方面的竞争力，有些竞争虽不为名利而来，却获得名利而归。

（3）教师要具备培养学生竞争精神的能力

在市场经济的条件下，竞争无处不在。学生在掌握一定的技能之后，必然要进入竞争的社会，如何培养学生在生活生存中竞争，在知识技能上竞争，要看老师的能力。老师必须具备培养学生竞争能力的能力，包括在精神上的养成和知识技能上的"高超"，也就是人们常说用自己的真本事培养学生具有真本事。

三、把握内涵，塑造学生

职业教育所培养的学生多是以形象思维为主思维的学生，这些学生有好动、奇

想、表面化、逆反的特点，这正是技能创新所必须具备的特点。从经济社会建设的需求来讲，社会需要技能人才，这正与职业教育的任务相吻合。作为职业院校，必须把握社会需求、学生特长、学校专长的不同内涵，用不同的教育方式，强化塑造不同类型的高技能人才。当然，不同的学生个体，既可以成为单一技能的高技能人才，也可以成为多类别的高技能人才。

1. 培养技术技能型人才

所谓技术技能型人才指在企业生产加工一线中从事技术操作，具有较高技能水平，能够解决操作性难题的人员，简单地说就是具有一定的技术和技能的一线工作人员，这是高技能人才中最为普通的一种。职业院校和培训机构应该注意技术技能型人才的特点，根据生产加工一线的实际需求而有目的地进行培养。

（1）技术技能人才的科学培养要注意一线性

所谓一线性指技术技能人才全部是在生产加工的第一线，是直接与机器、产品"交往"的人才，学校所传授的技术技能必须能够用得上，因此，学校在培养过程中也必须按照生产加工一线技术技能的要求进行培养。这种培养包括一线的精神准备、一线的技术技能准备、一线的经济效益的准备。在学校的学习中，就应该使这些人才具备一线的"准角色"，为进入一线实际操作和工作做好准备。

（2）技术技能型人才的培养要注意普通性

所谓普通指技术技能型人才是人才群体的金字塔中最多最低层的基础部分。说他们普通主要表现为两点。一是这一类的人才最多，在一线中最为普遍。二是这类人才多是动手型的，技术和技能多是生产一线水平的。学校的培养，要注意技术技能型人才的这种特性，针对这种特性有针对性地进行培养，并与其他类型的人才加以区别。

（3）技术技能型人才的培养要注意技术性

所谓技术性指使技术技能型人才掌握相关的技术。学习知识和技术是技术技能型人才的根本任务，必须注意教会学生一定的技术和操作技能。技术性要注意技术在生产中的针对性，即针对加工、生产的实际而教会技术。技术性要注意技术运用的熟练性。熟练也就是生产、加工技术和操作技术的应知、应会部分。技术是在进步的，要注意培养学生在生产、加工中的技术进取精神。

（4）技术技能型人才的培养要注意专业性

所谓专业性指专门从事某种生产、加工的水平和能力。培养学生的技术技能，无论是一专多能还是多专多能，都必须注意培养中的专业性，要培养学生对技能的专、精、神。专，指对知识、技能掌握的水平；精，指对技术某一线上的"纵深"程度；神，指对专业技术的实用悟性，也即解决问题的能力和创新创造的能力。技术技能型的人才不仅仅要会操作，懂原理，会装配，还要会找操作故障的原因，有解决技能操作中设施故障的技能。要注意从社会需求、家长希望、学校内涵等角度培养学生某一方面的技术技能。

2. 培养复合技能型人才

所谓复合技能型人才指在生产一线中掌握一门以上操作技能，能够在生产中从事多工种、多岗位的复杂劳动，解决生产操作难题的人员。所谓复合指多方面或多层次的知识技能的叠加，从掌握的技术技能层面看，复合技能型人才是技术技能后的人才，即是比技术技能型略高一层次的技能人才。

(1) 培养复合技能型人才要注意人才的复合性

所谓复合性指不同层面和不同类型的技术合在一起而被受教育者掌握。复合技能型人才的特点就是复合性，在对受教育者的培养中，应该用不同的教育方法和不同技能的类别对受教育者实施教育，使受教育者在技能的不同层面，把不同的技能技术类型尽可能科学地结合在一起，从而达到技能复合的标准和要求。在生产加工的第一线，同一专业（工种）的技术是多元的，解决问题思维是多发的，解决问题的办法是多样的，复合技能型人才应该具备这样的复合性。

(2) 培养复合型技能人才要注意人才的复杂性

所谓复杂性指技能复合之后掌握技能的类别更多、技术内涵更深、表象更杂。复合型技能人才所从事的是一种"复杂"的劳动，技能技术的复杂也就是必然了，简单地说，因为技能的复合，在多工种、多岗位的劳动就成为必然，解决技术问题的能力也必然是广、精、深的，因此必须注意技术技能的复杂和培养学生过程中多工种、多岗位的科学结合的问题，这个问题的本身也很复杂。

(3) 培养复合技能型人才要注意其社会性

所谓社会性指复合型技能人才的本身和将要从事的技能工作都必然与社会各界或同界别中相互联系广泛。任何技术都是为社会生产服务的，这是针对全社会而言的。同一企业不同岗位、不同工种或不同企业、不同岗位或不同工种的本身也具有社会性。要注意复合技能型人才在不同岗位中的社会复杂性和社会多样性，以求真正解决技术、技能等问题。

复合型技能人才的复合问题是比较复杂的问题，是经济社会建设需求复杂的体现，是职业教育中为了就业而进行复合教育的必然追求，虽然这种教育老师并没有感觉到。现在实行的"模块"教学，已经具有了复合教育的特点，把相连相邻的一些工种合在一起，进行复合式的教育。复合型技能人才培养应该注意在某一技术技能上突出"尖、深"的能力，以求在某一方面有所突破。就是说，对某些复合型技能人才来说，"复合"是必需的，"尖、深"也是必需的，那样，才能成为更深层次的人才。

3. 培养知识技能型人才

所谓知识技能型人才指既具备较高的专业理论知识水平，又具备较高的操作技能水平的人员。这部分人才在生产实际中能够将所掌握的理论知识用于指导生产实践，并在生产中有所发现、有所创造。在企业的生产加工中，知识技能型人才是技能人员的核心，是技术人才中的最高层次，是科学家、工程师、经营管理人才与高技能人才和高素质劳动者的中间"人物"，是两者中能够转化的人物，有着一种特殊的承上启下作用。没有这一部分人才的作用，科学技术很难转化为现实生产力；没有这一部分人才的作用，技术技能操作的难题也无法解决。知识技能型人才不多，是技术技能人才的"金字塔"中的塔尖。职业院校在培养中要注意其不同层面的进步和需求，尤其对从生产、加工第一线返回进修培训的技能人才，要从知识层面加以引导和培养。

（1）培养知识技能型人才要注意创造性

知识技能型人才的创造性指在生产加工中运用的新方法、发明的新工艺和新程序，推进技术的革新。在培养知识技能型人才中，既要培养受教育者的理论知识，又要培养其较为精深的技术，同时还要培养这部分人的"悟"性，启发其创新创造的思维，培养其创新创造的能力。在知识技能型人才的创造过程中，知识和技能是创造的基础和基本条件，"悟"性是创新创造的灵魂。要注意推进和帮助这部分人的"悟"性积累。

（2）培养知识技能型人才要注意结合性

所谓结合指知识、技能、生产、加工的条件与人的创新精神等方面合为一体，只有通过不同类型的结合，才能使知识技能"生产化"，使知识技能"创造化"。结合就是要使理论与实践结合，创造与劳动技能结合，灵感与生产结合，物质与精神结合。没有一种"钻"的精神是不会有知识技能创新的。在生产加工中要培养这部分人在现有生产条件基础上突发奇想，使知识在技能生产的操作中发挥奇特的作用。

（3）培养知识技能型人才要注意尊重和引导个性

这里的个性指知识技能型人才的技能个性，即生产、加工的生产条件下形成的一个人比较固定的技能特性。当然，这种技能特性与知识技能型人才的人格个性有关系。任何创新创造都需要一定的个性，没有个性，人云亦云的技能人才不会有创造和创新。作为职业教育，要注意尊重知识技能型人才的个性，在培养中加以引导。所谓引导，指要尽力让技术个性发挥，让创造的个性有迸发涌流的条件，而对于处事个性要加以规范，让其在处事中达到互融，在知识技能培养中不断交流，以此规范其"个性"的形式。

四、市场引导，紧扣主题

《国务院关于大力发展职业教育的决定》中指出："坚持'以服务为宗旨、以就业为导向'的职业教育办学方针，积极推动职业教育从计划培养向市场驱动转变，从政府直接管理向宏观引导转变，从传统的升学导向向就业导向转变。"① 一个"方针"，三个"转变"已把职业教育的办学方向和办学道路说得非常明白。职业教育的显著特点就是以人才市场和企业需求市场为导向，为经济社会培养人才。职业教育必须坚持教育培训与生产实际相结合，坚持学校教育和企业培养相结合，以劳动力市场和企业需求市场为导向，以提高职业能力为核心，突出技能训练。学校的专业设置必须适应本地区经济建设和企业生产发展的需要。所谓市场，指人才需求市场（也称就业市场）；所谓主题，指经济建设这个主题。

1. 政府统筹均衡发展职业教育

职业教育以市场、就业为导向，即中央所提出的："充分发挥市场在高技能人才资源开发和配置中的基础性作用。"② 政府在"市场"中的这只有形的手必须用好。"要切实加强对职业教育工作的领导"，"切实把加强职业教育作为关系全局的大事。改变职业教育薄弱的状况，要解决体制问题、投入问题、社会环境问题，但首先是要解决对职业教育的思想认识和领导重视问题。认识要到位，领导要到位，工作要到位。现在，一些远见卓识的领导者都认识到，职业教育越来越重要，抓职业教育，就是抓就业、抓产业素质、抓投资环境、抓发展后劲和竞争力。"③ 政府这只手要自己用好，职业院校要利用好。

（1）政府利用市场，引导职业教育发展

政府对职业教育的领导，不是真正去抓教育、抓教学，而是用一些科学发展的政策，引导职业院校紧紧围绕产业发展的步伐，科学地发展职业教育。职业教育具有极强的地方特色，即为地方经济发展服务，地方政府应该根据企业的需求，用某些政策导向，引导职业院校的专业（工种）设置，并确立自己的办学特色。政府运用理念、政策、资源投入等方法，引导职业教育的科学发展。

（2）政府制定规划，建好职教网络

如果说经济拉动是职业教育发展的"原动力"，那么，政府主导则是职业教育

---

① 《国务院关于大力发展职业教育的决定》，《光明日报》2005 年 11 月 10 日。

② 《中共中央办公厅、国务院办公厅印发〈关于进一步加强高技能人才工作的意见〉的通知》，《高技能人才工作文件汇编》，第 56 页，中国劳动社会保障出版社 2006 年版。

③ 温家宝：《大力发展中国特色的职业教育》，《中国教育报》2005 年 11 月 14 日。

的"推动力"。① 对职业教育政府应该统筹规划、统筹管理。国务院要求:"建立和完善遍布城乡、灵活开放的职业教育和培训网络。在合理规划布局、整合现有资源的基础上,每个市(地)都要重点建设一所高等职业技术学院和若干所中等职业学校。每个县(市、区)都要重点办好一所起骨干示范作用的职教中心(中等职业学校)。乡镇要依据中小学、农民文化技术学校及其他培训机构开展职业教育和培训。社区要大力开展职业教育和培训服务。"② 地方政府应该认真领会并认真落实国务院的规定。应该说,《决定》的许多内容在一些地区并没有落实好。

(3) 政府部门与职业院校联手促职业教育科学发展

中国特色社会主义的最大特色是政府主导下发展经济,中国特色的职业教育也必然在政府主导下科学发展。政府的相关部门尤其是主管职业教育的部门必须解放思想、实事求是,下放手中权力,尤其是鉴定机构的"办证"权力,真正使职业院校的"责、权、利"相结合,促使职业教育科学发展。能否像广东顺德那样,实现职业院校既是教育机构,也是职业技能鉴定机构,还是社会培训机构,三重角色相互交叉。广东顺德共15个职业技能鉴定所有14个设在职业院校;19个再就业培训机构,有14家落在职业院校。③

2. 职业教育必须以科学发展观为指导

职业教育的发展不能离开科学发展观作指导,因为科学发展观是指导职业教育发展的根本纲领。职业教育发展不能脱离经济建设的人才市场,不能丢掉经济建设和企业、社会这个评判标准,不能离开实践这个检验标准。职业教育必须"牢固树立和认真落实以人为本,全面、协调、可持续的发展观"。④

(1) 职业教育发展必须以人为本

"坚持以人为本,就是要以实现人的全面发展为目标,从人民群众的根本利益出发谋发展、促发展。"⑤ 在职业院校中坚持以人为本还要做到理解人、尊重人、关心人,在教师队伍建设中,以教师为本;在学校管理中,以学生为本。职业院校不仅要以学生为主体,传授给学生技能,还要考虑到技能有地方发挥,要考虑到学生在社会上如何运用好自己所学到的技能。

(2) 职业教育必须让人才全面发展

我们的教育方针明确规定要使受教育者在德、智、体等方面全面发展。科学发

① 张玉文、刘琴:《政府统筹均衡发展职业教育》,《中国教育报》2008年4月24日。
② 《国务院关于大力发展职业教育的决定》,《光明日报》2005年11月10日。
③ 同注①。
④ 胡锦涛:《树立和落实科学发展观》,《保持共产党员先进性教育读本》,第280页,党建读物出版社2005年版。
⑤ 同上注,第281页。

展观指导职业教育的发展，必须让学生全面发展。让学生全面发展，是学校教育的根本目的。就业导向使技能技术越来越重要，但全面提高学生的素质是职业教育的主要任务，两者并不矛盾，职业院校一定要科学地抓好，不能顾此失彼，不能丢掉育人的根本任务。

（3）职业教育必须协调地发展

职业教育的协调发展就是主管体制要协调，政策导向要协调，就业环境要协调，职业院校内部的教育教学、管理、服务等各个环节、各个方面要协调。

（4）职业院校必须可持续地发展

职业教育可持续地发展指职业教育的发展要具有前瞻性、计划性，要用科学的理念，推进职业教育教学的可持续发展，用技术技能创新，充实职业教育的内涵，使职业教育既为经济社会服务，又不失自身教育的本色，不断为社会主义事业培养建设人才。在培养学生中，既要考虑经济建设的需要即学生就业的需要，又要考虑学生个性发展的需要，以使学生在职业生涯上学尽其识、人尽其才。

3. 职业教育必须以劳动力市场和企业需求为导向

国务院提出"以就业为导向"其实就是以劳动力市场和企业需求为导向，就是要"积极开展订单培养，加强职业指导和创业教育，建立和完善职业院校毕业生就业和创业服务体系，推动职业院校更好地面向社会、面向市场办学"。[①] 以劳动力市场和企业需求为导向，就是要科学地发展职业教育。如果盲目地无方向培养技能人才，那就不"科学"。

（1）职业教育要科学地"办学"

所谓科学地办学主要是指职业院校既要搞好以敬业和诚信为重点的职业道德教育，又要学习基础理论知识；既要坚持手脑并用、做学合一的教学原则，又要突出注重技能个性的发挥。教学内容要注重学以致用。

第一，科学地"办学"就是要保持学校内部结构的合理。要优化学校教学、科研、管理、学生工作等结构，优化学科建设、课程设置、就业导向的结构，凸显办学的不同层次，优化教育资源。要尽量平衡不同教育类别之间的关系，尽量为地方经济建设服务，防止结构的失调。

第二，科学地"办学"就是要紧紧把握市场导向。要为经济建设和企业服务，必须紧密关注经济建设和企业的需求，不贪大、不盲目，要研究社会需求规律，防止学非所需、学非所用、需非所学、用非所识。

第三，科学地"办学"就是要科学地设置专业。专业是依据市场需求设置的，

---

① 《国务院关于大力发展职业教育的决定》，《光明日报》2005 年 11 月 10 日。

市场需求又是在不断变化的，专业设置要有科学性、预见性、市场性，防止今设明改，"资源"浪费。

第四，科学地"办学"就是要改变传统的教学模式。职业教育的教学，实训是中心。要改变传统的以学校课堂为中心的做法，职业教育的课堂有些设在学校，有些可以设在工厂车间、服务场所和田间地头。

(2) 职业教育要遵循不同的规律

第一，职业教育必须遵循教育规律。遵循教育规律，必须"把德育放在首位，全面推进素质教育。坚持育人为本，突出以诚信、敬业为重点的职业道德教育"。①遵循教育规律，必须注重学生的全面发展，重点进行学生实践能力和职业技能的培养。使每个学生都能够有一技之长，有职业技能，成为有用的人才，成为社会主义事业的建设者。正如工人教授窦铁成说的那样："一个人可以没有文凭，但不能没有知识和技能。"②

第二，职业教育必须遵循市场规律。市场规律是以需求为导向，以价格作为调节手段的市场关系。对于职业教育来说，必须面向社会、面向市场办学，职业教育必须培养社会、市场所需求的技能人才。如果培养的人才不受欢迎，那么职业教育一定违背了"市场规律"，没有真正面向社会、面向市场办学。遵循市场规律办学，要注意使教育规律和市场规律相结合。职业教育培养的人才是生产技能型人才，要保证效益的实现，即以最少的投资获取最大的成果，实现资源的优化配置。职业院校培养的学生要符合适销对路、高质量、低成本、高竞争力的要求，确保走产教结合、校企结合的教育教学之路。职业院校要用市场调节的手段，完善招生和分配制度，遵循市场需求规律。要利用各种形式，推进职业院校学生的就业。为了达到高就业水平，就要把好招生关、专业关、产教结合关、就业关。学校要运用好市场机制，搜集社会、经济、劳动人口发展变化和企业需求等信息，研究当地劳动力供需状态，要有一定的预见性。在专业设置上，不宜照搬高等院校的做法，不宜过细；在课程设置上，注意以专为主，向广扩散，实现一专多学，达到一专多能；在学习和能力上要呈扩散状态，这样有助于学生对技能的掌握，有助于就业岗位的需求。另外，要注意培养学生的动态就业观，先就业，后择业；先生存，后发展，鼓励学生自主创业。

4. 职业教育要善于反思，轻装前进

职业教育是具有动态内涵的教育，是追随市场的教育，因此，职业教育必须善于反思，善于改正不足，跟上市场步伐。当然，职业教育有时也具有引导市场的作

---

① 《国务院关于大力发展职业教育的决定》，《光明日报》2005 年 11 月 10 日。
② 石国胜：《"工人教授"窦铁成》，《人民日报》2008 年 4 月 25 日。

用，但市场导引职业教育是主流。

（1）职业教育要不断地总结自己

职业教育应该从内部、外部等不同方面进行总结。不总结，就看不到职业教育的特点、弱点、缺点，看不到同行的特点，看不到市场变化的热点。

（2）职业教育要不断地调整自己

所谓调整，即不断地对专业设置、课程安排、实训落实、招生计划、分配走向等等工作加以调整，对队伍建设的计划加以调整。

（3）职业教育要有科学的预见

所谓预见是指职业教育遵循职业教育自身发展规律和市场发展规律，事先预料职业教育的未来。我们知道，虽然市场是动态的形态，职业教育必须紧紧追随这些变化，但是，职业教育不可能是被动地跟随，对于人才市场、企业市场的需求要有一定的科学预见。同时，要发挥职业教育技能人才操作性、集群性的优点，对经济社会的建设施加影响，以引导市场对技能人才的不同需求。

第六章

创办具有特色的职业院校

职业院校不同于普通学校，也不同于基础教育的学校，这是从职业院校本质特性区分的。"要从教育体制上搭建基础教育、职业教育、高等教育互联互通的桥梁"，"要改变传统的以学校课堂为中心的做法"。① 由于职业教育不再是以升学为目的，必须"从传统的升学导向向就业导向转变"，必须"更好地面向社会、面向市场办学"。必须"逐步建立有别于普通教育的，具有职业教育特点的人才培养、选拔与评价的标准和制度。"② 这从本质上对职业院校作了界定。但是，对于职业院校来讲，如何在职业教育的大前提下，创办自己的特色，这种特色既区别于普通教育，又区别于同为职业院校的其他院校，的确值得我们研究。在面向市场、面向社会办学中，也只有有了自己的特色，才能受到社会尤其是企业的欢迎，才能受到求学者的青睐，才能真正实现院校自身的科学发展。我们能否提倡围绕市场办学校，依托行业设专业，根据目标定课程，强化素质育人才。真正实现教与学的统一，实现岗位主导、德能并重、产教结合、学做一体。办特色学校，用特色育人，以特色强校。

一、创办具有特色的职业院校的内涵

"特色"这个词热起来是在邓小平同志提出的"建设有中国特色的社会主义"③之后。我们讲的职业院校的特色，不仅讲具有中国特色，更确切地讲是具有教育的特色，具有职业院校的特色。"特色"不是自己装扮出来的，是通过学校办学本质和学生能力在社会上的作用而显现出来的。创办特色，关键在创办，在职业院校的自身。

1. 创办具有特色的职业院校的含义与属性

温家宝同志提出"大力发展中国特色的职业教育"，对职业院校来讲，就必须

---

① 温家宝：《大力发展中国特色的职业教育》，《中国教育报》2005年11月14日。
② 《国务院关于大力发展职业教育的决定》，《光明日报》2005年11月10日。
③ 《邓小平文选》，第3卷，第62页，人民出版社1993年版。

大力发展具有自己特色的职业院校，这是时代的要求，也是社会和市场的需要，更是职业院校自身发展的需要。创办特色的职业院校有自身的含义和自身的属性。

（1）有特色的职业院校的含义

第一，特色的含义。"特色"中的"色"已不再只具有颜"色"的本义，而是与音色、成色等"色"相近，特色指事物特殊的质量、特殊的品质。从字面意义上分析，特色的概念应该有广义和狭义之分。从广义上讲，特色是一个中性词，指有别于其他事物之处。从狭义上讲，特色应该是一个褒义词，指优于其他事物的方面。《现代汉语词典》解释为："事物所表现的独特的色彩、风格等。"这里的"色彩"也不再是颜色的色彩，而是指事物独有的品质、风格。事物的特色既可以表现为人无我有、人有我优、人优我精，也可以表现为人多我少、人有我无。"特色"是在一定的历史时期经过长期实践积淀出来的特殊品质和风格。不同事物特色内涵有不同的品质和风格，而这些特色的形成以及固有特性又都表现出共性的特点。特色具有积淀性。所有事物的特色都是在实践积淀的基础上，经过主观世界的比较、鉴别、筛选、提炼之后，最后形成的。小平同志讲"中国特色"时说到："中国的社会主义道路与苏联不完全一样，一开始就有区别，中国建国以来就有自己的特点。"① "马克思主义必须是同中国实际相结合的马克思主义，社会主义必须是切合中国实际的有中国特色的社会主义。"② "我们还要积累新经验，还会遇到新问题，然后提出新办法。总的说来，这条道路叫做建设有中国特色的社会主义道路。"③ 邓小平同志这些论述，说明了特色的独特性。"特色"是一种积淀，一种总结中的提升。特色具有独特性。独特是指独有的、特别的、填补了空白的意思。这种独特，正是别人所没有的，而只有自己独有的。特色具有价值性。事物的特色，体现着事物本身的价值即内在价值。我们这里讲的价值不是体现在商品里的社会必要劳动的价值，而是指特色的作用。任何事物的特色都具有其他事物不可替代的作用，这种作用也具有独特性。事物的内在价值不在于满足人们如何如何的需要，而在于具有内在的优异特性。④ 特色具有科学性。特色之所以成为特色，必然有其科学的道理。所谓科学指特色合乎客观规律，并且可以长期发展和提升。特色具有统一性。所谓统一指特色的内在和外在的统一。特色既是抽象的、概括的，又是具体的、实在的。特色必然统一于某事物之中，并支撑着事物不断地发展，这是辩证统一规律的反映。

特色是在不断充实和发展的，不同的事物也都在形成自己的特色。特色正在超

---

① 《邓小平文选》，第2卷，第235页，人民出版社1994年版。

② 《邓小平文选》，第3卷，第63页，人民出版社1993年版。

③ 同上注，第65页。

④ 孙孔懿：《特色的本质》，《学校教育科研全书》上卷，第604页，九洲图书出版社、人民日报出版社1998年版。

越原来日常生活意义上的狭窄的环境，扩展到包括自然界、社会和人类思维的广阔领域。越来越多的人认识到，在多元化、多样化的世界中，在经济全球化的过程中，特色并没有"一体化"，而且不断在强化。人们都在选择特色、设计特色、创造特色、保护特色、强化特色，这是符合事物发展规律的。特色正逐渐成为具有严格意义的科学概念，其最基本的属性就是它的优于一般的品质、品性。①

第二，职业院校特色的含义。职业院校特色的含义指办学主体根据自身的条件和社会的需求，在一定的政策导向和办学理念引导下，经过刻意追求，形成的与其他院校不同的办学风格和办学机制。② 职业院校的特色表现在两个方面。一是总体体制上的特色。职业教育不同于基础教育和普通教育，它培养的结果，不再为升学服务，而是为就业即为市场、为经济、为社会服务，这是体制上的特色。二是院校中间自己的特色。应该说每一个学校都具有自己的特点，办学规模、办学风格、专业设置等都不尽相同，但不尽相同点只是办学具有的特点，它不是特色。特色是学校的"品牌"，体现为人无我有、人有我优、人优我精、人精我特和人有我无、人多我少的特征，表现出个性化的、不可替代的本质。职业院校的特色具有独特性。所谓独特，指院校的某方面品质优于其他院校，并被实践所证明。职业院校的特色具有升华性。所谓升华指职业院校的特点经过提高和"精炼"成为特色。而且特色还会在社会实践中不断提高。职业院校的特色具有市场性。职业院校是面向社会、面向市场办学，市场性是必然的。如果职业院校的特色不具有市场性，那么，这种特色最终将不成为特色，会被市场所淘汰。职业院校的特色具有灵魂性。所谓灵魂指主导职业院校的关键因素。职业院校要在市场中办学，在竞争中生存，在培养人才中科学发展，必须有自己的特色，形成自己的品牌。特色是职业院校办学水平的标志，是人才培养质量的标志，是自己与其他院校不同的校风、学风、教风、师资水平、专业建设、制度规范等等，职业院校应该也必须有自己的"灵魂"，因为"灵魂"是从职业院校内涵中抽出的支撑点，它概括了职业院校内涵建设的全部目标，如果从职业院校目标的全部内涵分析，应该说，职业院校内涵建设的本身也独具特色。职业院校内涵建设被称为十大融合：培养目标——高素质与高技能相融合；培养主体——学校与企业相融合；课程教学模式——理论与实践相融合；教学过程——学习与工作相融合；实践教学体系——校内实训与校外实训相融合；师资队伍——专职与兼职相融合；校内实训基地——教学性与生产性相融合；质量监控体系——目标管理与过程控制相融合；校园文化——学校精神与企业文化相融合；学校功能——人才培养与社会服务相融合。这十大融合，就是职业院校特色的体现。

---

① 孙孔懿：《特色的本质》，《学校教育科研全书》上卷，第 604 页，九洲图书出版社、人民日报出版社 1998 年版。

② 徐之俊：《对高等职业教育特色的认识》，中国高职高专教育网：www.tech.net.cn。

(2) 职业院校特色的属性

所谓属性指职业院校特色具有的性质和特点。职业院校特色是职业院校刻意追求逐渐形成的在某一方面或更多方面优于其他院校或区别于其他院校的独特的、稳定的、科学的品质。这种品质也被称作办学特色。不同的职业院校都应该形成自己的特色，以求自身的科学发展。

第一，职业院校特色的教育性与市场性的统一。职业院校特色的教育性指职业院校的品牌具有教育性。职业院校的一切工作都具有教育的属性，"品牌"的教育性应该更为明显。诸如学校的"品牌"专业，就是教育所需求的具有特色的专业，其教育性是必然的、客观存在的。职业院校特色的市场性指职业院校在为市场培养人才，在为市场服务，没有了市场，再有特色的专业也成为"无本之木"，会被社会和市场淘汰。在职业院校特色中，教育性和市场性是统一于一身的，但两者内涵又完全不同。教育性主要任务是培养人们成人成才；市场性的任务是选择对特色有利的方面。教育的"有教无类"和市场的选择竞争又是一对矛盾，两者又都统一于职业院校的特色之中，这两者的本身也是职业教育的特色。

第二，职业院校特色的绝对性与相对性的统一。职业院校特色的绝对性，在宏观上指学校特色的普遍性和无限性，在微观上指学校特色的客观性和确定性。职业院校的特色是靠自身的努力而形成的，又是与其他院校特色所完全不同的，是自身所具有的。职业院校特色相对性指与同类别院校特色比较并随着条件变化而变化的。职业院校的特色不是孤立存在的，它的形成、发展、变化、消失都是在其他院校的比照关系中显示出来的，这种比照是院校特色存在的基础，没有比照便不显职业院校的特色。职业院校特色相对性还表现为范围性和时间性。这两者也是相对而言的，在一定范围之内，某些特色是职业院校的特色；在一定的范围之外，这些特色便不称为特色。在时间上，某一时期内，职业院校的特色是特色，而过了一定时期，职业院校的特色便不成为特色。职业院校特色的绝对性与相对性统一于职业教育乃至全社会环境之中，两者是辩证的统一，相对中有绝对，绝对又存在于相对之中。① 我们应该注意的是充分发挥职业教育特色绝对性特点，在一定范围和一定的时间内充分发挥特色的作用，以推进职业教育特色的科学形成和科学进步。

第三，职业院校特色的独特性与普遍性的统一。这一对属性是职业教育特色自身属性的根本体现。所谓有职业院校特色的独特性指职业院校特色独有的、特别的特点。从特色的属性而言，职业院校的特色缺乏独特性就谈不上特色。职业院校是一个独立存在的实体，其本身就应该有自己的独特的个性。这种个性无论是表现在校长、专业、教学模式、教学管理等方面，还是表现在独有的教学资源（物质）方

---

① 孙孔懿：《特色的本质》，《学校教育科研全书》上卷，第606页，九洲图书出版社、人民日报出版社1998年版。

面等都应该有自己的个性。特色又是品牌，是职业院校更为独特的特色。所谓普遍性即共性，指职业教育在教育大环境中的共同性质，职业教育在技能传授和掌握技能方面又与企业有技能性的共同性质。任何一个独立的事物不但有其与同类事物不同的个性，而且又都有与同类事物相同的共性。作为职业院校，同为学校，学校的特色总有相似、相近、相同之处，在教育即培养人这个根本性质上是相同的、相通的。同为职业院校，可能培养的专业不同，但同为社会培养技能人才是相同的。这些，都可以帮助我们理解职业院校特色的普遍性问题。所谓普遍指存在具有共同性。特色的共同性即普遍性是由职业院校本身的性质决定的。职业院校特色普遍性的存在，决定了职业院校可以同中求异，在同院校的不同特色中，既找出共同之处，又找出不同之处的实质，从而为自己的科学发展和形成自己的特色，为探索职业院校自身特色建设的一般规律而努力，使学校特色的独特性与普遍性很好地结合起来，统一于职业院校的特色之中。

第四，职业院校特色的职业性与成人性的统一。所谓职业性指所有的职业院校的特色都带有使学生在社会中找到作为主要生活来源的工作特性。无论学校的专业、课程安排、实训计划、校企合作，还是某些方面的技能特色都离不开职业性。职业性是职业院校特色建设的本质特征之一。可以说没有职业的需求，就不会有职业院校。在科学发展职业教育中，要注意职业院校的职业性，在刻意创建院校特色的时候，必须注意特色中的职业性质。所谓成人性指教育的本质，即"使人成为人"，使学生的综合素质普遍提高。在应试教育中，"成人"的教育成为一句口号，主管部门喊、校长喊、老师喊，但谁也没有离开应试这个指挥棒，大家在热热闹闹喊素质教育的时候，都在扎扎实实地进行应试教育。如果说悖论，这的确是我国教育最大的悖论。记得有一位大学校长讲过一句话，说学校老师的责任是首先教会学生做人，其次教会学生学习的方法，再次是教给学生知识和技能。这三条，概括了我们的素质教育的全部内容。职业教育，应该加强学生的成人教育，虽然就业是我们的导向，但做人不能丢掉。具有特色的职业教育应该是职业性与成人性统一的教育，具有特色的职业院校更应该是职业性与成人性统一的院校。职业院校的特色也必然是职业性与成人性统一的特色，而且应该把成人教育即"把德育工作放在首位，全面推进素质教育"。① 如何把职业性和成人性巧妙地统一起来，这是突出职业院校特色的需要，也是职业院校科学发展的需要。

第五，职业院校特色的抽象性与实在性的统一。② 职业院校的特色具有抽象性。所谓抽象，指职业院校的特色是笼统的，有时是不能具体形容出来的东西。它有时

① 《国务院关于大力发展职业教育的决定》，《光明日报》2005 年 11 月 10 日。
② 孙孔懿：《学校特色的内涵》，《学校教育科研全书》上卷，第 605 页，九洲图书出版社、人民日报出版社 1998 年版。

无法找到某种形态，却又从学生、教师的身上体现出来，特色的抽象有时又带有某种精神上的特征。职业院校的特色具有实在性。所谓实在指人们某些看得见的特色部分。职业院校的特色有时要体味，但它又是一种客观的存在。职业院校的特色在学校内无时不在、无处不在，弥散于学校工作的各个方面，体现在师生的一言一行中，① 表现于学校的对外形象上。从管理制度上讲，学校特色既体现在一种指导思想上，又体现在学校的章程中。从教学过程上讲，学校特色既体现在老师教、学生学的课堂里、实训场地中，又体现在老师的风格、人品，学生的悟性中。从人际关系上讲，学校特色既体现在人际交往的过程中，又体现在人际交往的心理状态中。从学校形象上讲，学校特色既体现在学生的行为和能力上，又体现在学校的学风、校风中。在确立学校特色的过程中，我们不仅仅要注意特色建立的标准、要求，又要注意师生在心理上的反映和社会对学校的认可。抽象与实在不仅仅是职业院校特色统一的体现，也是职业院校科学发展特色的需要。人们应该透过特色的实在"过程"，寻求特色理性、精神性和形态下的实质，以求把握事物的规律，把握职业院校创建特色的本质需求。

第六，职业院校特色的被动性与自主性的统一。职业院校特色具有被动性。所谓被动性指特色要靠外力推动而促成。职业院校的建立、发展，职业院校特色的形成在很大程度上是靠外力推动的。从职业教育形成的历史来看，是我们的先辈们为了自身的延续和发展，把长期积累起来的生产劳动经验和社会生活经验传授给年轻一代，使他们适应劳动和生活的需要而产生的。应该说，先有了先辈们的职业技能，才有职业教育。先有职业教育的事实，后有职业院校。从受教育者来看，接受职业教育的人多是被动的；从职业院校的建立来看，起始阶段是被动的；从职业院校特色的形成来看，开始的时候也是被动的。这些都表现了事物发展的规律，一些事物的发展是在外力推动下进行的，职业院校的特色形成和特色发展过程，也需要外力的推动。职业院校的特色具有自主性。被动的"对面"便是自主。所谓自主性指职业院校的特色由自己作主并主动推进。在职业院校发展过程中，有关院校刻意追求形成自己的特色，诸如特色专业、品牌专业、校企合作、自身发展等都具有自主性。用辩证的观点分析，职业教育特色建立和形成的关键还是靠自主。毛泽东同志讲过："唯物辩证法认为外因是变化的条件，内因是变化的根据，外因通过内因而起作用。鸡蛋因得适当的温度而变化为鸡子，但温度不能使石头变为鸡子，因为二者的根据是不同的。"② 这段话已经把事物发展的被动与自主表述得非常清楚。职业院校靠自己的努力，才能形成自己的特色，才能形成自己的品牌，这是自主。有

① 孙孔懿：《学校特色的内涵》，《学校教育科研全书》上卷，第605页，九洲图书出版社、人民日报出版社1998年版。

② 《毛泽东选集》，第1卷，第302页，人民出版社1991年版。

了自主，再充分利用外力，推动特色的形成和发展，拉动职业院校的发展，职业院校才能立于不败之地，这便是职业院校自主与被动的统一。

第七，职业院校特色的稳定性与动态性的统一。职业院校特色具有稳定性。所谓稳定指职业教育特色具有稳当和固定的特点。职业教育的实践是人们在一定历史条件下进行的，学校的名称、规模、性质、任务等都受到历史条件的限制，实践的结果也必然具有与一定历史条件类似的稳定性。[①] 从学校现实来看，形成了一定的特色之后，不可能马上更新或者改变，这既是事物发展规律所决定的，也是学校教职工所希望的。这种稳定性一方面要接受时间的检验，一方面要接受职业教育的实践和社会实践的检验。从实用的角度看，职业院校的特色也必须要保持相对的稳定，不然也不能称之为特色。职业院校特色具有动态性。所谓动态性指职业院校的特色在相对稳定的基础上有所变化。辩证法告诉我们事物的变化是绝对的，而不变是相对的。"世界上没有绝对不变的东西。变，不变，又变，又不变，这就是宇宙的发展。"[②] 职业院校的特色稳定是相对的，变化是绝对的，变化就是一个动态的过程。从积极层面看，争取创办特色，争取尽快发展，推动着职业教育不断发展和进步。而从客观情况来分析，社会需求也在推动职业教育的发展，迫使职业院校内部形成特色。从消极层面看，由于历史的进步，经济的发展，原来已形成的特色可能会成为缺点，事实的变化会推动职业院校放弃原有的"特色"，积极形成新的特色，这也是一种不同层面的变化。从"特色"的自身来说，特色的内涵也在不断充实、调整、进步，任何特色的内部都是在变化着的。由于特色的内部变化和外部需求的推动，职业院校的特色正如同职业院校的自身一样，在不断"运动"着、变化着。稳定与动态这一对特色所固有的矛盾，推动着职业院校特色的稳固与发展。另外，从职业院校自身来看，职业院校能动和创造的品格，决定了他们一定会按照事物发展的规律，一方面改变自己，使自己更加适应社会的需求；一方面不断改变着自己的客观条件，争取更加适合职业院校发展的资源环境、政策环境，突破已有的条件限制，不断把学校特色的品位推向新的高度或不断变换和创新特色品位。总之，职业院校应该把握自身的特点，结合社会对职业院校的需求，把握自身特色的稳定与动态的统一和平衡，追求职业院校特色的科学性和进步性，推动自身科学发展。

第八，职业院校特色的独立性与人民性的统一。职业院校的特色具有独立性。所谓独立性指职业教育的本身是一个自成系统有自身性质和规律的事物。职业院校是职业教育的组成部分，在办学性质、办学体制、办学形式等方面都是独立的，自成体系的，在职业院校系统中形成的职业院校的特色也一定是具有很强的独立性。

---

① 孙孔懿：《学校特色的内涵》，《学校教育科研全书》上卷，第606页，九洲图书出版社、人民日报出版社1998年版。

② 《毛泽东文集》，第8卷，第392页，人民出版社1999年版。

其实，所谓的特色，一定是自己所具有的而他人少有或者没有的独立特点，特色的本身就具有独立性。职业院校特点的独立，并不代表特色是孤立的，不与其他事物相联系。职业教育不是孤立存在的，职业教育的本身具有极强的人民性，这也使职业院校的特色具有人民性。从人民对教育需要层面分析，职业教育的特色具有人民性。"职业教育具有鲜明的职业性、社会性、人民性。""职业教育应该是面向人人的教育，使更多的人能够找到适合于自己学习和发展的空间，从而使教育事业关注人人成为可能。"① 从教育自身来讲，教育是人民的事业，应该尽量为所需要的人服务，也就是古人所讲的"有教无类"，所以，职业教育的特色也必然带有人民性。职业院校在发展过程中，应该注意保持自身的独立性，使特色更"特"，又应该保持人民性，使特色为更多需要服务的人服务，使两者结合更为紧密，统一于办好人民职业教育的总任务之中。

2. 职业院校特色的本源与结构要素

职业院校特色的本源和结构要素是职业院校特色形成的根源和根本，要创办特色，推动职业院校上台阶，必须研究职业院校特色的本源和结构要素，从而了解特色的实质。

（1）职业院校特色的本源

所谓本源指职业院校特色产生的根源。任何事物都有自己的本源。历史唯物主义认为社会存在决定社会意识，社会存在是第一性的，社会意识是第二性的。同时还认为，社会意识不仅反映社会存在，而又反作用于社会存在。由此看来，社会物质生活制约着政治生活和精神生活，② 从这个层面理解，社会存在决定着职业院校的特色，而且职业院校特色的本源可以从社会意识和社会存在的角度去分析和理解，以便找出职业院校特色的本源。

第一，物质世界的差异性。③ 由于世界是物质构成的，物质世界存在着差异。从人类社会来讲，人们生存生活的能力、水平、质量，人的性格、态度、喜好、需求等等都存在着差异。由于物质世界的差异，决定了职业教育特色的生成。职业院校的特色正是差异的体现，因为特色是其他院校所没有的事物，才最终形成了特色。从物质世界的差异性来看，物质的差异性决定了不同地区的物质水平不同，决定了职业院校的物质投入不同，也决定了职业院校特色的差别。例如：广东职业院校特色与江苏职业院校特色不同，有地域的原因，也有不同物质投入的原因，还有经济

---

① 温家宝：《大力发展中国特色的职业教育》，《中国教育报》2005 年 11 月 14 日。

② 孙孔懿：《学校特色的内涵》，《学校教育科研全书》上卷，第 606 页，九洲图书出版社、人民日报出版社 1998 年版。

③ 同上注。

需求的原因。从职业院校差异性来看，职业院校无论从模式到内涵都有很大的差异，这种差异也就形成了不同职业院校的特色，从而决定了职业院校特色的性质。从人们对职业教育的需求来看，它决定了职业教育尤其是职业院校办学的走向，推动了职业院校特色的形成。每一个职业院校都具有自己的特长，而特长还不是特色，必须把特长或者特点发展成为特色。

第二，社会、企业的需求性。一方水土，养一方人家，一方水土和人家，催生了一方经济。社会、企业是多样的，对职业院校的需求也是多样的。虽然职业教育形势在某些方面对职业院校具有引导作用，但社会、企业的需求实实在在地引导着职业院校的发展。中央反复强调"面向社会、面向市场办学"，"以就业为导向"，①就说明了满足社会、企业的需求是职业院校的主要任务。换句话说，满足社会、企业的需求，是职业院校办学的"第一大特色"。而社会、企业对技能人才需求的层次不同、数量不同，也推动了职业院校特色的确立。

第三，教育发展的多元性。所谓多元性指教育发展的多样性。教育从单一到多样，从简单到复杂，从低级到高级，无论是形式还是内容，都呈多元化的趋势。从教育的结果来看，应试教育不再是唯一的教育形式，教育显现了与社会生活关联越来越紧密的形式。就职业教育本身而言，"推进体制创新，形成多元化办学格局"是现实的状况和发展的方向，这其中有政府办学的形式，有企业、行业办学的形式，有社会力量办学的形式，有中外合作办学的形式等等。不同的办学形式中又有不同的办学主体。例如：政府办学的形式中有中央政府办学、行业办学，省、市、县、镇等不同政府层面办学等等的形式，所有这些办学形式，要求职业教育自身必须展示不同的特性，形成职业院校不同的办学特色和具有自己特色的科学发展道路。

第四，职业院校的能动性。所谓能动性指职业院校在创建特色过程中自觉努力，积极活动。同为相近的一类院校，同为一个主管部门，同在一个城市，办学的效果却不会相同，这除了客观原因之外，职业院校的主观能动性是主要原因。发挥主观能动性，建有特色的职业院校可以按照市场的要求、按照自己的价值取向去努力，但必须遵循教育的规律和市场发展的规律，不能靠"大胆"、"敢为"、"拍脑袋"去办教育，去创职业院校的特色。就是说，主观能动性的发挥必须遵循职业教育的规律，实事求是地创建，否则，那将会"拔苗助长"，破坏职业教育的发展。能动性的发挥，有经济社会进步要求的原因，也有个人教育需要的原因，还有就业准入的原因。作为办学的主体，应该审时度势，把握职业教育科学发展的精髓，扬长避短，创建特色，推动发展。职业教育特色的理论来源于实践，又要经过广大教育工作者运用到实践中去，不断地充实和完善，使特色真"特"。在同等办学条件

---

① 《国务院关于大力发展职业教育的决定》，《光明日报》2005年11月10日。

下，职业院校对教育理论、对市场需求的理解各不相同，便出现了不同特色的职业院校。同在一所学校，由于不同的院、系、部对教育规律和专业发展的理解不同，同样可以创建不同的专业特色，从而形成学校的特色，这都是能动性的原因。

第五，学习主体的选择性。所谓选择，指学生对学习模式、年限、学历、学校、专业（工种）等方面的挑选。在就业为导向的职业教育中，越来越多的学习主体挑选最好就业的院校和专业就读，这不仅凸显院校特色和品牌专业（工种），而且客观上对学校办学的情况作出了评价。学生对学校以及专业的选择具有导向性。所谓导向，一种是对学校特色肯定的导向，一种是学校特色对专业选择的导向。好的学校以及好的专业，就业就好，就能吸引学生去就读。学生对学校以及专业选择具有自主性，从职业院校每年退学的情况来看，不少学生是因为没有选择好自己理想的学校和理想的专业（工种），在就读一段时间后，选择退学。在职业教育中尤其是中等职业教育中，学生具有极强的自主性，可以任意挑选自己喜欢的专业和学校，这是与普通高等教育的不同之处。学生对学校以及专业的选择具有功利性。市场经济中功利有时会成为一种无形的杠杆，调节着人们对物质方面的追求。学生在选择学校和专业的过程时，有时把功利放在了首位，例如，所选择的院校就业情况如何，所选择的专业就业情况和自己的喜好程度如何，就业的企业工资待遇如何等等，决定了选择的方向。功利是一个既被谴责又被追求的矛盾问题，应该正确引导，把握好功利的度。在很大程度上，学习主体对学校和专业（工种）的选择既是对学校特色的肯定，也是形成特色的一个重要条件。因此，要用科学方法引导学生选择，从不同角度推动特色的建立。

第六，精神世界的追求性。社会存在决定社会意识，社会存在是第一位的，社会意识是第二位的，但是，社会意识不仅反映社会存在，而且反作用于社会存在。社会意识的反作用，在一定的条件下是十分巨大的。社会存在和社会意识相互关系的原理，是马克思恩格斯的伟大发现，它从根本上描述了社会发展的规律，为建立真正的社会科学奠定了基础。人类不同于其他动物的根本点，就是人类具有意识，意识也即精神，它是感觉、思维等各种心理过程的总和。对于职业教育来讲，多数人是为了就业，为了生存，为了物质的追求，但也有不少人（包括有些追求物质的人）是为了精神上的追求。有人学习不是为了工作，而是为了满足某种心理的需要。在职业院校特色创建过程中，同样也有精神的追求。应该说职业院校的特点，既有物质性，也包括了很强的精神性。一个人是应该有点精神的，一个学校更应该有点精神，这种精神也体现在学校的特色之中。

（2）职业院校特色的结构要素

构成职业院校特色的有多种要素，从学校的科学发展过程来看，学校的建立发展需要多种要素结合而成，学校的特色构建也是如此。特色是在长期办学过程中积淀形成的、本校特有的、优于其他学校的独特优质风貌。特色对培养人才、提高教学质量有巨大的效果，在社会上有影响并得到公认，这是学校特色构成要素的关键点。除了教育自身构成特色的要素之外，还有主管部门的导向以及社会的环境等相关要素。因此，它"是许多规定性的综合，因而是多样性的统一"。①

第一，办学指导思想。办学指导思想也被称为办学的主题思想，有人还称为主题。办学指导思想是以校长为代表的教学思想在办学过程中的集中体现。② 构成职业院校特色的主题，是一所职业院校的灵魂，是学校特色之本，是学校科学发展的主旋律。一般情况下，办学指导思想或者主题是指在教育方针的指导下，借鉴不同院校的经验，对学校现实教育资源配值状况和学校职业教育发展水平进行调查、分析、研究，结合自己学校的实际进行科学规划而形成的办学理想。办学指导思想直接影响职业院校的定位、专业设置、培养目标、培养模式、师资队伍建设、课程体系建设、学校结构的确定、发展目标的确立，反映了一所职业院校特色的科学建设、科学发展的层次和水平，表现出学校的发展方向。确定学校指导思想有多方面因素影响，与构成的要素有相通之处，但真正起主导作用的是教育方针和教育观念。《中华人民共和国教育法》、《中华人民共和国职业教育法》、《国务院关于大力发展职业教育的决定》、《中共中央办公厅、国务院办公厅印发〈关于进一步加强高技能人才工作的意见〉的通知》为我们明确了教育方针，我们必须按照教育方针的要求，结合自己学校的实际，确立我们的教育观念。由此看来，职业教育的主题受到不同因素的支配和制约，同时制约着职业院校的特色形成。

一是教育方针的支配和制约。一切有组织的教育活动都受到教育方针的支配和制约，职业院校的教育活动和办学特色同样受到教育方针的支配和制约，这种支配和制约体现在办学方针、路线、政策上，体现在教育行为的规范上，体现在人们对教育现象的认识上。

二是办学主体的教育能力和教育水平的制约。在举办职业教育中，有少数人把职业教育作为摇钱树，把职业教育作为企业，指导思想是赚钱，完全背离了教育的本质，有这种办学思想的学校，绝对不会创出办学特色。因此，在职业教育创办特色过程中，要配懂教育、有能力、能为大家服务的职业院校的领导班子，要确立正确的指导思想。

三是经济社会的支配和制约。职业教育的主题来自于经济社会的实践，同时又受经济社会的制约，尤其是以就业为导向的职业院校，受到的支配和制约更为直接，因为职业院校直接为经济社会培养技能人才。

四是受社会人深层思想教育价值观的支配和制约。有关专家研究表明，目前有

---

① 《马克思恩格斯选集》，第 2 卷，第 103 页，人民出版社 1974 年版。
② 邢真：《学校特色的结构要素》，《学校教育科研全书》上卷，第 610 页，九洲图书出版社、人民日报出版社 1998 年版。

四种教育价值观①影响社会人的教育活动。首先是个人本位价值观。所谓个人本位价值观指以满足社会人个人或个体需要为中心的教育价值思想和理念。它强调和追求的是个人的需要和个人的发展，以人的个体发展差异和发展的规律性作为教育的基础。这种教育的价值观，深刻地影响着职业教育，不少家长为孩子选择专业（工种）和学校，完全是为了孩子的就业，很少有出于孩子为社会贡献的要求、感恩的要求，这样培养出来的学生，也缺少奉献的精神。我们感到职业教育和职业院校创建特色，似乎缺少一种"职业教育的精神"。个人本位教育价值观，应该加以纠正或者加以引导。其次是社会本位价值观。所谓社会本位价值观是指以满足社会需要为中心的教育思想和理念。这种教育价值观，强调把社会利益（包括国家利益）作为教育的出发点和归宿，② 追求的是社会价值和为社会服务，这是改革开放前我们的教育价值观的主体。这种价值观过分强调共性，过分强调为他人、为社会，忽略了个体需求以及个体差异，影响了创造的教育和教育的创造，影响了创造人才的培养，也应该注意加以补充和纠正。再次是学术本位价值观。所谓学术本位价值观是指以学术发展为中心的教育思想和理念。这种价值现在在研究型高校中很有"市场"，这种观点认为学术是中心，理论是根本，求知求真是教育的价值，要把学校办成独立的科研实体，少有社会的接触和干扰。这种观点完全不适合职业院校。职业院校要有研究，要有学术，但职业院校不可能一切为了学术，而主要是培养学生的技能、知识水平。学术本位价值观，值得借鉴的是那种执著追求的精神，把这种精神用在职业院校特色的创建上和学生对知识技能的学习上，将会能量无穷。最后是结合论价值观。所谓结合论价值观是指既满足社会发展、又满足个人需求的辩证统一的教育思想和教育理念。社会是每一个社会人生存的依附体，任何个体都不可能离开社会发展而实现自我发展，受教育个体必须立足于社会，追求自身的教育价值。职业院校在创办特色和推行教育理念时，要注意价值观的正确，防止极左、极右，防止从一个极端走向另一个极端。结合论价值观是职业教育应该坚持的理想的价值观。在创办职业院校特色过程中，在满足经济社会需求中，传递和继承一定的社会观念、文化科学、技能技术、健康的生活习惯等，为的是培养创新基础，培养中国特色社会主义事业的建设者。对于学生个体来讲，就要开发学生的潜力，借助已有的知识和技能，让学生学会生存、学会学习、学会关心、学会创造，使学生成为"有理想、有道德、有文化、有纪律"③ 的技能人才，为自己立足社会，为自己的生存、发展打下坚实的基础。职业教育要坚持结合论的价值观，促进自身科学发

---

① 邢真：《学校特色的结构要素》，《学校教育科研全书》上卷，第611页，九洲图书出版社、人民日报出版社1998年版。

② 同上注。

③ 《邓小平文选》，第3卷，第110页，人民出版社1993年版。

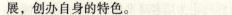

展，创办自身的特色。

办学指导思想看似是意识方面的东西，在教育中却起着主导作用。一个职业学校没有好的指导思想，不仅不会办好职业教育，也办不出职业院校的特色。这也正是意识对存在的巨大的反作用，我们要注意确立正确的指导思想，即把握住职业教育的办学主题，以推动职业院校特色的确立、完善。

第二，职业院校行为方式。所谓行为方式指为了实现指导思想而选取的教育形式和方法，它是教育指导思想的外在形式，是可以感受到的东西。职业教育的行为方式是完成教育任务的载体，是职业院校特色的躯干，是职业教育实践活动外显部分的全部。在确立了职业院校的指导思想之后，一定要注意选择科学的教育行为方式，以推进职业院校特色的创建。职业教育行为方式一般分为几种。

一是为自身性质定位。所谓定位指找准职业院校自身的位置。职业院校属职业教育的类别，它不同于普通高等教育、基础教育，这是首先要确定的。在职业教育定位中，温家宝同志《大力发展中国特色的职业教育》的讲话和国务院《关于大力发展职业教育的决定》中已把体制分得很清楚，即基础教育、职业教育和高等教育的体制。[1] 无论是中等职业教育，还是高等职业教育，都属职业教育的范畴，这个概念必须明确。其次要明确是高等职业教育、中等职业教育的层次，在同一层面和不同层面中逐步创建自身的特色。再次，要明确自己办学的区域。职业教育多是为地方经济服务的，要立足地方经济社会的发展，定位于哪一个或哪几个经济区域，这也有利于职业院校自身的发展。

二是确定教育目标。所谓教育目标，有职业教育发展的目标，也有培养什么样人才的目标。首先，要"明确职业教育改革发展的目标。进一步建立和完善适应社会主义市场经济体制，满足人民群众终身学习需要，与市场需求和劳动就业紧密结合，校企合作、工学结合，结构合理、形式多样，灵活开放、自主发展，有中国特色的现代职业教育体系"。[2] 这是国家制定职业教育改革发展的总目标，这个总目标为职业院校发展指明了方向。在这个总目标中，国家还确定了到2010年，中等职业教育招生规模达到800万人，与普通高中招生规模大体相当；高等职业教育招生规模占高等教育招生规模的一半以上。"十一五"期间，为社会输送2500多万名中等职业学校毕业生，1100多万名高等职业院校毕业生。[3] 这个目标的确定，也为职业院校制定招生目标提供了依据。职业院校根据总目标，确定自己的招生目标，创办特色专业和特色校园。其次，要确立自身培养目标。职业院校的培养目标是："以服务社会主义现代化建设为宗旨，培养数以亿计的高素质劳动者和数以千万计

---

① 温家宝：《大力发展中国特色的职业教育》，《中国教育报》2005年11月14日。
② 《国务院关于大力发展职业教育的决定》，《光明日报》2005年11月10日。
③ 同上注。

的高技能人才。"① 中央把职业教育的培养目标确定为培养高素质劳动者和高技能人才。只有明确了培养目标，才能确定办学特色。

三是确定教育内容。教育内容的首要内容是专业设置。职业教育的特色有很大一部分是建立在专业特色上。有不少特色专业成为学校的特色，成为学校的品牌。教育内容的第二方面内容是课程内容。要把技术基础课、专业理论课、实习实训课与文化课、德育课结合起来，使做人与学技能、知识集于一体，保证教育方针的落实。教育内容的第三方面内容是学制以及证书的安排。是弹性学制还是实性学制；是准备让受教育者获得多少个专业证书以及与证书相关的培训内容必须加以确立。

四是确定教育途径。在教育途径方面，国务院明确作了规定。首先，必须坚持多元化办学的格局。其次，必须坚持以就业为导向。再次必须走工学结合、校企合作之路。最后是保证职业准入制度的落实。

五是确定教学手段和方法。是用传统的教学方法还是运用与生产实际相结合的教学方法，是职业院校在教学手段与教学方法上必须作出的选择，经过多年职业教育的实践，现在在职业院校一般选择的教学手段和方法有"模块教学法"、"课题教学法"、"双元制教学法"等不同的教学方法。

六是确定学校内部体制的方式。内部体制方式有明确的系、部、处构建体制，也有看不见的人际关系联系方式。在学生管理上，有班主任制，也有辅导员制，还有把班主任和辅导员合在一起工作的混合制。在学习方式上，有全日制方式，有培训方式。学校内部体制建设是用民主方式还是用"官本位"的方式，关系到职业教育特别是职业院校自身是否真的科学发展，关系到职业院校特色的创建。

七是确定学校管理办法。用什么样的方法管理学校，用什么样的制度去规范师生言行，用什么方式奖惩师生，都必须实事求是，要用科学的方式制定学校管理制度，用激励的方式支持和奖励在技能创造中、在技能大赛中获得成绩的师生，奖励为树立专业特色、创品牌专业和创学校特色的先进集体和先进个人，树正气，树良好的校风和学风。

八是用科学方法整合各种要素。创学校品牌，创特色院校光靠学校内部还是不行的，必须协调好政府、社会、学校、学生、教师、家长等各方面的关系，协调人、财、物等不同要素，使学校上下拧成一股绳，为推进院校的科学发展，为创办院校的特色而整合各种要素。

职业院校教育行为的方式是在不断变化的，由于时代的变化，经济的发展，企业的变化，社会需求的改变，学校办学主客观条件的变化等原因，都会使职业院校教育行为方式发生变化。例如：有的中专、中技升为专科职业院校，专科职业学院

---

① 《国务院关于大力发展职业教育的决定》，《光明日报》2005 年 11 月 10 日。

升格为本科院校，都会使原有的教育行为发生变化。另外，由于学校内部结构包括主要负责人的变化，致使原来占主导地位的行为方式退为非主导地位，原来某些非主导地位的行为方式变化为学校的主导地位，主导地位的变化，大多会使学校特色发生变化。在学校特色的变化过程中，如果先进的、科学的行为方式取代了原来的方式，那么，学校以及学校的特色就发展了、进步了；如果是一种落后的、武断的行为方式取代了原来较科学和进步的方式，那么，学校以及学校的特色就是一种弱化。① 作为职业教育主管部门和职业院校的负责人，一定要用科学的方式，推进职业教育的科学发展，推进职业教育特色的科学确立。

第三，职业院校特色的环境氛围。我们讲职业院校环境氛围，主要指学校的自然环境和人文环境。自然环境包括了学校地理区域环境和经济发展环境；人文环境包括社会舆论（认可度）和学校内部的人际关系。一是学校地理区域环境。学校所处的区域环境非常重要，它关系到学校办学形式、专业设计和特色的形成。应该说，学校地理区域环境既为学校提供了办学的条件，同样也向学校提出了为地方服务的标准和要求。当然，人们在办学环境中可以主动创造并力争改变办学环境，主动使职业院校适应办学环境。二是学校经济区域的环境。除了自然地理环境之外，学校还有外延的经济区域环境。经济的发展，需要职业院校为之培养人才，以满足经济发展的需要。职业院校往往是在满足经济发展要求中形成了自己的特色，办出了自己的品牌专业。地理环境与经济区域环境有很大的区别。地理环境往往指行政区域，而经济区域往往指一个经济发展地带，它常常是跨行政区域的经济范围。如珠三角经济区域、长三角经济区域、环渤海经济区域等等。这些区域有的跨几个省、市。职业院校创建职业院校的特色，往往要照顾行政区域的要求，因为职业院校多为地方院校，许多的条件必须由地方行政主管来提供；同时，职业院校的发展，又要考虑经济区域的要求，因为企业、行业的需求，又牵动和引导着学校创办特色的方向和学校发展的方向。在运用两种不同区域环境时，职业院校必须注意协调中的"科学"，因为协调关系也是独具中国特色的一种不能忽视的重要力量。有时主管部门的一个"公章"，可能会卡死一所职业院校。三是有关职业院校健康的舆论会促发职业院校的特色，促进职业院校的发展。健康的舆论可以分为内外两种。学校内部的舆论指内部的人心所向。一个院校，如果风气正，事业发展必然会是又好又快，因为人心顺，大家会齐心协力谋工作、谋发展，这是一种物质所不能替代的无形的精神力量，用组织干部部门的行话说，是大家都在谋事、谋学校科学发展、谋创学校的品牌。如果学校风气不正，舆论必然混乱，缺少健康的主导舆论，人心涣散，作风疲沓，"学校教育的各个教育要素的整合及运转就犹如一架缺

---

① 邢真：《学校特色的结构要素》，《学校教育科研全书》，第612页，九洲图书出版社、人民日报出版社1998年版。

乏润滑剂的旧机器，只能咯咯吱吱地转动，稍不注意，甚至会将机器本身磨损、毁坏。"① 学校外部的舆论指社会对职业院校的认可度。社会认可度，是外部对学校的理解和认识，一个学校，只有内部管理规范、科学，学校专业品牌特色强，就业效果好，才有可能得到社会人的认可。应该说，社会认可度高，学校的特色一般就好；社会认可度差，学校特色也就差。社会舆论有时如同"洪水"一样可以对职业院校造成巨大的冲击。因此，作为职业院校，一定要注意加强内涵建设，加强学校的特色建设，使自己的学校在社会上叫得响，在办学效果上出得去，从而提高学校的知名度，真正使学校或者学校某些专业在同行中形成名牌。

3. 职业院校应具有应然特色和品质

所谓应然，指职业教育应该具有的特色和品质。职业院校要办出自己的特色，创造自己的品牌，必须在主观上刻意追求特色，创建特色。所谓创建特色必须注意追求学校或专业的"个性"最大化，注意在工作创建中发扬自己的优势，把优势变成特色。另外，要敢于创造、创新，敢于冒点风险，善于总结。当然，敢创，也要科学，要在实事求是中创出特色。还有，要在办学中善于坚持，对某些能够成为特色的专业，要不怕失败，不怕碰壁，坚持到底，不断在实践中提升特色。以教学的实践来看，特色的形成不是一朝一夕的，要有一个相当时期的沉淀过程，要从全方位支持学校创特色，并在工作中形成一种创办特色的制度。

(1) 在管理上打好特色的基础

在应然特色创建上，我们必须先做好自己的日常工作，先在学校管理上创成品牌，然后再在学术上、教学上创品牌。

第一，必须有严格的规章制度，以保证管理的科学化、规范化、制度化。在制度建立中，不能只顾对外好听，形式上要求而实际上不做，必须从细、从严、从小，实事求是，推进规章制度的建立和执行。

第二，采用人性化的管理方式，以保证凝聚人心。人性化管理和人情化管理是相近的。人是感情动物，会管理的院校领导一定会用人性化的管理方法管理学校，让创造特色的"源泉"充分涌流，以保证各项工作按照预定计划前进，保证自己的职教事业科学发展。任何工作的落实都有一条朴素的道理，即事在人为。

(2) 在专业设置上彰显个性

在实际创建特色的过程中，我们已经感受到，特色主要体现在专业（工种）设置上，因为只有专业设置成为精品，才能创专业品牌，才能创建自己的特色。

第一，保证设置的专业具有科学性。所谓科学，指设置的专业企业是企业所需

---

① 邢真：《学校特色的结构要素》，《学校教育科研全书》上卷，第 612 页，九洲图书出版社、人民日报出版社 1998 年版。

求的，是有发展后劲的，是保证就业的。

第二，保证设置的专业具有前瞻性。品牌、特色专业必定具有明确的导向功能，对区域经济、产业结构、培养高技能人才具有科学的预见性。专业设置既要与当地主导产业紧密结合，成为区域内特色优势产业的助动器和智力保障。要不断对专业前景进行调研，以求特色专业内涵不断提升。

第三，保证设置的专业具有技术性。所谓技术指专业设置具有技术和技能性。我们所要创办的特色专业不同于一般专业，应该在专业理论、技能构成上具有明确的技术岗位"倾向"和明确的技能实战要领。技能人才的培养要具有针对性、适应性、应用性，人才掌握的知识技能应该宽基础、精能力，达到具有岗位能力的针对性、有效性和可迁移性。专业的导向性不仅仅是品牌特色创建的问题，而且是保证从品牌特色中培养出来的人才能够在主导企业的岗位上就业、创业，以此推动专业技术性的可持续发展。

第四，保证设置的专业具有特色性。所谓专业特色指专业设置上有别于普通学校的学科专业设置的同时，既要有与同类院校中专业设置的区别点，又要有自己学校内专业设置的特点。这种特点应该是鲜明的、独有的，其他专业或者其他院校不可攀比的。特色专业设置的特点应该集中体现在人才培养方案的设计、人才培养过程的实施、人才培养的质量、人才培养的就业效果等方面。其中人才培养方案、人才培养过程是保证人才培养质量的，而人才培养的就业使用效果是检验人才培养质量和专业特色科学与否的标准。人才培养的就业使用效果是检验专业设置特色性的统一标准。可以说，技能人才的创新能力、适应能力、社会认可度是推动专业特色建设良性循环的根本。一般说来，专业设置越具特色，就业效果就应该越好；就业使用效果越好，就越会推动专业设置特色的形成和提升。

第五，保证设置的专业具有示范性。示范性指专业设置中榜样的作用。我们知道，有的榜样是让他人学习精神的，有的榜样是让他人学习事物内涵的。专业设置的示范性主要是让其他专业在专业设置中学习示范专业设置的精神。职业院校专业设置的示范不是让其他专业设置照搬硬套，接木移植，要防止示范作用被曲解。专业设置的示范为其他专业树立了榜样，示范的专业也一定成为学校的品牌专业。专业设置的示范性表现为几点，一是专业设置的特色代表着某些职业院校专业设置的方向；二是专业设置的特色为其他专业在质量标准、实训标准、人才培养模式、专业设置模式等方面提供了参考的依据；三是专业设置的特色推动了职业院校整体力量的提升，在同行中或者就业中更具竞争力。

（3）在专业内涵建设上独具特点

在专业内涵建设上具有特色是职业院校专业建设时应该具备的，是有关政策和文件明确规定的，这是职业院校特色建设中包括正常的专业建设中应有的特质，而不是刻意的追求。专业内涵建设的特点主要表现为以下几个方面。

第一，建设培养目标调控体系。在国务院关于加强职业教育决定发布之前，高等职业技术院校多是按照普通高校的"学科专业"设置专业和安排课程的,这使不少高等职业院校的毕业生,理论知识有余,而技能水平不足,这是培养目标调控不到位的原因。为了保证职业院校在建设中保持自身的优势,保持专业的特色,必须建立较为科学的职业院校培养目标的调控体系,以便及时调整培养目标和培养目标方案,保证特色更特,品牌更优,职业院校的发展更科学。一是建立培养目标市场跟踪系统。培养目标市场有两个方面,一方面要对相关企业用人用工和产品对技能人员的需求予以跟踪,以使学校培养的目标与企业需求对接,这不仅可以减少教育成本,而且可以减少培养人才的浪费,同时又可以保证就业率,减少社会的压力。另一方面,要对自己特色专业毕业的学生包括其他专业毕业的学生进行回访和跟踪调查,找到培养人才的优点和不足,以便在以后的培养中扬长避短。跟踪系统非常重要也非常必要,但有不少职业院校不重视或者根本不搞培养目标市场跟踪,结果成了"盲人放驴",培养的人企业不需要,企业需求的人又没有培养出来,使职业院校自身出现了生存危机,根本谈不上创建具有特色的职业院校。二是组建培养目标专家系统。专家系统的作用是针对市场、企业、社会的需求,调研市场培养目标,调整专业以及专业结构,改变教育办法。专家系统的专家可由企业的工程师、企业一线的技能工作人员、学校的专业老师、学校相关的领导构成。专家系统非常必要,它可以对学校学科建设、专业设置、培养目标、培养措施等进行"市场"调研,及时提出调整建议,保证培养目标的科学性和专业特色的科学性。三是组建评估系统。评估有学校教学质量的评估、专业设置科学性的评估、企业对学生使用效果的评估,还有市场对人才需求的数量评估和需求变化预测的评估。在专业设置科学性评估中,要注意评估职业岗位复合与分化、职业岗位能力需求变化、产业结构的变化、区域经济主流企业发展变化等等。评估系统可组建评估机构,按每年度或季度作出一些数字的统计,以保证评估数据更为科学,更要实事求是,以便给职业院校相关决策者提供参考。四是组建专业培养目标的调整系统。经过了调研、评估、专家认定,便可以检查培养目标的科学程度,从而对专业培养目标进行调整。调整分为两段,一段是调整培养目标的培养方案,这个方案要根据市场岗位分化和复合情况进行,以在培养过程中调整培养专门化的方向和相应培养方案、计划。另一段是组织实施。调整过后的方案应该比原方案更合理、更科学、更受市场欢迎,因此,必须有计划地对专业培养目标的调整方案予以落实。只评估不调整是不科学的,只提调整方案而不实施该方案也是不科学的。

第二,选择科学的培养模式。培养模式是职业院校改革的重点,也是职业院校特色建设的突破点。职业院校的培养模式必须面向社会、面向市场、以就业为导向。重点构建四条高技能人才的培养"走廊"。[①] 一是"实训走廊"。"实训走廊"

①　周劲松:《高等职业院校精品专业内涵建设的着力点》,国家示范性高等职业院校建设专题网站:shifan. sqzy. edu. cn。

包括了课堂内容，指通过实训学习和课堂学习，促使学生对技能基础知识、专业理论知识、岗位实训技能的理解与掌握，主要是通过基本技能的训练，使学生在"仿真"的模拟岗位上完成对知识、技能的理解，对技能的实际运用，完成"产品"的制作，使学生达到知识和技能方面的应知、应会、应熟。二是"企业走廊"。企业走廊指实现零距离对接，让学生从实训岗位走上"工作"岗位，初步了解企业的性质、生产的氛围、生产设备、生产流程、生产管理、企业文化，培养学生的实用能力，促使学生在企业环境中从"学习人"向"企业人"的转变、从学生到职工的转变、从知识技能到生产操作的转变，包括从消费到生产的转变。三是"人文素质走廊"。我们提出人文素质走廊，是因为在某些职业院校出现了人文素质的缺失。在某些职业院校里，学校不是以教师为本，在教学中，不是以学生为本，缺少尊重人、理解人、关心人的氛围。在培养人方面，只重技能、不重做人。我们要通过不同的教育方式，重塑职业院校的人文素质，重视人文素质的建设，培养学生的生存能力、做人能力、职业能力、创新能力。四是"评价走廊"。培养模式评价系统是一个综合系统，有专业评价、课程评价、实训评价、学生管理评价、就业评价、招生评价、领导干部作风评价等相关内容。培养评价主要是在教学、实训效果的评价方面，对于其他评价方式我们也应该加以重视。要根据不同学校的实际情况，根据学生学习实训的不同阶段，分别采用单项评价、多项评价和综合评价等方式，开展新项目的评价内容，诸如在企业岗位评价、作品和产品评价、产品或流程设计方案的评价等等。作为职业院校的领导，应该注意建立学校内和学校与企业结合方面不同的评价体系，了解不同系列的评价结果，及时调整和充实评价内容，正确地、科学地使用评价结果。在一定条件下，还应该总结评价的过程、目的、效果的情况，以求总结出评价的规律。

第三，构建培养经济社会需求的高技能人才培养方案。学校一切工作都在于培养高技能人才，这个目标不能被冲淡，更不能被替代。构建人才培养方案的内涵包括了探索出职业教育规律，争取按规律办事，不搞瞎指挥和"拍脑袋"培养方式；建立与企业结合的可调控的教学内容，并确保内容与经济建设的实际相结合；建立科学的易于操作、学生易于接受的教学方法，采用科学的教学手段；建立和不断丰富规范化、科学化、制度化的教学管理体系；建立和形成科学的、实事求是的评价体系。构建培养方案，我们已有很多的论述，总之，要让培养方案科学、可行、可控、可调，并且善于利于评价培养方案的成果，实事求是地作出总结。

第四，建设本校的师资团队。团队建设非常重要，"校荣我荣、校衰我耻"应成为教职工建校的理念，要使教职工有主人翁的思想，确立主人翁的态度。要建设实质性的"双师型"教师队伍。在团队建设中，要注意引导教师跟上经济发展的潮流，解放思想，开拓进取。尤其是要注意更新教育理念，提高教师教育教学的改革意识，实践实训能力，新技术、新产品、新工艺的创新能力以及接受能力，教育教

学的研究能力。培养学生既要讲形式，更要讲效果。要加大教师的培训力度，使老师紧紧跟上经济社会发展的步伐，突出职业教育教学中的实践性。

第五，实施专业研究能力工程。专业（工种）建设一方面来自经济建设的实践，创建培养适销对路的学生的专业（工种）；另一方面来自教师对教学工作尤其是专业建设的实践和体会。专业研究能力一般包括三点：一个是教育教学研究能力，一个是技术技能研究能力，还有一个是专业（工种）建设的研究能力。研究能力包括教师的实践能力和在全国以及不同层次的比赛中获得技能大奖的能力。对于职业院校老师来讲，一方面要会教，另一方面要有技能，会教和有技能才能真正进行研究，才能把研究成果应用到教育教学中去，才能用自己的教学实践成果、自己的研究成果丰富和推动专业建设以及专业研究能力建设。

二、创办特色职业院校的基本条件和原则

每一所职业院校都应该有自己的特色，但事实并不是如此。横观职业院校发展的过程，我们不难发现，职业院校的特色大多都建立在"行业"特色上，无论从原中专升格的技术职业院校，还是现在的职业学校，一般都打着"行业"的烙印。行业特色应该说也是特色，但并不是学校自己创建的特色，是行业固有的特色，在创建职业院校特色中应该加以区别。区别的原因，就是要使职业院校在共同的职业教育中，突出自己某些方面的个性，创造出共性之上的特色，以谋求自身科学发展之路。创建职业院校特色不是空穴来风，要有一定的条件和创建的原则。

1. 创建职业院校特色的基本条件

影响职业院校的发展有诸多的因素，影响创建职业院校特色也有诸多的因素，这些因素一方面保证了职业院校的正常运转，同样也在限制着职业院校的发展，如何利用现有的条件，创造新的条件，科学地利用条件，推动职业院校特色的创建呢？

（1）职业院校特色创建的内部条件

我们知道，任何事物的发展都有内部条件和外部条件的不同因素，唯物辩证法认为外因是变化的条件，内因是变化的根据，外因通过内因而起作用。职业院校特色的创建过程，是一个较长而且较为曲折的动态过程，创建职业院校的特色，必须要有一定的内部条件。所谓内部条件指学校内部关系到特色创建的不同因素。创建学校的特色，不能离开学校的条件，要根据学校的条件来创建学校的特色。当然，也有在特殊条件下，利用其他条件创建自己学校特色的例子，但是那种创建不具有代表性，是没有规律性可言的。我们分析的条件是学校具备的，可以运用的和可以改变的条件。

第一，思想观念。职业院校特色的创建包括科学发展，关键在思想观念。没有

正确的思想观念，创建特色包括自身的发展都是不可能的。毛泽东同志讲过："人们的社会存在，决定人们的思想。而代表先进阶级的正确思想，一旦被群众掌握，就会变成改造社会、改造世界的物质力量。"① 胡锦涛同志在十七大报告中指出："坚持解放思想、实事求是、与时俱进、勇于变革、勇于创新，永不僵化、永不停滞"。② 创建职业院校的特色，坚持职业院校的科学发展，必须确立创建自身特色的思想观念，没有从思想上认识创建特色的重要，就不会有较好的实践。首先，全校上下，尤其是学校的领导班子要认识到创建院校特色的重要和创建的品牌的必要，创建品牌、特色，表面上是职业院校的招牌、名声，实质上关系到职业院校自身能否科学地发展，能否持续地发展。如果看不到创建特色的重要，即使有了好的条件，同样创不出特色，树立不了品牌，学校也不会科学发展。其次，要认识到创建职业院校特色的途径。思想重视，不能只停留在口头上，要通过总结、比较、归纳、综合，认识到创建职业院校特色的道路，这条道路，不仅仅让领导干部认识到，还要让全体师生认识到。再次，要认识到创建职业院校特色的关键点。创建职业院校特色的关键是什么？有人讲是教师队伍，有人讲是物质条件，可在部分职业院校，有较强的师资队伍，也有较好的物质条件，一样没有自己的特色，一样没有实现科学发展。创建职业院校的特色，推进职业院校科学发展，关键在领导。领导的认识起着决定性作用。这也独具中国职业院校的特色。我们应该用各种方法促使领导在思想上重视职业教育的科学发展，重视职业院校特色的创建。最后是统一思想搞创建。认识到创建职业院校特色的重要和找到途径之后，就要统一全院师生员工的思想，把大家的思想统一到科学创建职业院校特色上来。创建职业院校的特色，实质上是科学发展职业院校，是创职业院校的品牌。在确立创建特色理念中，要注意在实践中创新理念，以指导教育教学的实践。能否使职业院校教学实践的理念实现不同的合一，即车间与教室合一，教师与师傅合一，学生与学徒合一，作品与产品合一，教学与科研合一，服务与创收合一。使理念在运用中创造，在创造中更新，保持自身的特色。

第二，组织建设。这里的组织建设既有创建特色的组织机构建设，也有组织相关部门和专家搞职业院校特色的建设。创建职业院校的特色。一是要有创建组织机构。在建立机构过程中，首先是要确定选择哪个专业作为品牌，哪个系部负责创建，哪个负责人负责领导，哪些人做创建成员等等，当然，也有品牌特色是在实践中形成并在以后的工作中"提升"的。二是要选择专业。选择多少专业，选择哪些专业作为品牌专业，既要考虑学校的条件，更要考虑专业（工种）的市场，选择专

---

① 《毛泽东文集》，第 8 卷，第 320 页，人民出版社 1996 年版。

② 胡锦涛：《高举中国特色社会主义伟大旗帜　为夺取全面建设小康社会新胜利而奋斗》，《十七大报告辅导读本》，人民出版社 2007 年版。

业要科学。三是要不断地进行评价。评价是一种总结，也是一种调整，更是一种提升。要组建评价体系，科学地、实事求是地评价创办职业院校特色的成效，实事求是地评价职业院校科学发展的现实和未来。最后是巩固提高。巩固提高职业院校的特色是组织机构的必然任务，没有巩固和提高，特色在发展中可能会"退色"，最终失色。巩固提高是职业院校创建特色的重要环节，必须认真抓好。在探讨职业院校特色创建过程中，有人认为组织建设是多余的，我们认为是必要的。组织建设的关键点是领导对创建职业院校特色的落实。

第三，师资队伍。建设学校特色，实施的主要力量是师资队伍。没有相当的师资队伍，创建工作就无法完成。邓小平同志讲过："一个学校能不能为社会主义建设培养合格的人才，培养德智体全面发展、有社会主义觉悟的有文化的劳动者，关键在教师。"① 小平同志这里讲的"关键"，是针对师生关系讲的，是在讲师资在建设学校中的重要性。在创建职业院校特色包括科学发展职业院校过程中，要求而且必须要有一支素质较高、能力较强的师资队伍。温家宝同志讲："要加强职业教育师资队伍建设，这是当前职业教育发展中最薄弱的一个环节。职业院校教师工作是重要的，而且是光荣的。要加强职业教育师资培养和培训，建立职业教育专业教师到企业生产一线实践的制度，制定和完善职业教育兼职教师聘用政策，鼓励工程技术人员、高技能人才到职业院校兼职。"② 温家宝同志从"重要"和"能力建设"方面提出了教师队伍建设的要求。师资力量建设应该从五个结构层面考察和落实：

一是教师道德结构。所谓道德结构指教师的不同道德水平构成一个师德体系。职业院校师德必须确立一个底线，规定什么样道德水准之下的人不可以做职业院校的老师。老师教书，首先是教德。教德，首先自己要有德。当然，我们平时要求教师道德水平一般是较高层面的，但实际教学生活中不会一样，道德的水准有高有低。职业院校的教师必须具有一定的师德要求，要有责任心，有事业心，有爱心。必须爱岗敬业，必须把培养人作为老师的最根本任务，要做学生的道德表率，全体教师的师德构成必须高于师德底线标准。

二是师资比例结构。职业院校的发展中，由于连年扩招，已经出现了教师与学生的比例严重失调的问题，这已影响到职业院校特色的创建，影响到职业院校的科学发展。在创建过程中，要使职业院校的师资比例结构科学。

三是学历和资格证书结构。职业院校的教师要具备一定的学历，不是越高越好，也不是不要学历。职业院校教师的学历要有一个科学的标准，一般要有本科以上的学历。另外，职业院校的教师还有一个非常重要的条件，那就是资格证书。双师双证也好，多证也好，都是在证明教师的实训指导能力。要鼓励老师多拿证，还

---

① 《邓小平文选》，第 2 卷，第 108 页，人民出版社 1994 年版。
② 温家宝：《大力发展中国特色的职业教育》，《中国教育报》2005 年 11 月 14 日。

要为老师的培训进修创造条件，为获得证书创造条件。职业院校要形成教师不断进修和学习的氛围。

四是教师年龄结构。要科学地配备职业院校的老师，在年龄结构上保持老、中、青相结合。老、中、青相结合有利于师资队伍结构的平衡，有利于技术技能接受中的差别比较。

五是教师能力结构。教师能力结构指教师的学识、技能、技术、科研、处事水平等各方面的能力综合。在现有教师队伍中，有的教师具有很强的学识水平和能力，有的教师学识水平一般；有的教师有很高的技能，有的教师却擅长理论知识；有的教师具有较强的科研能力，有的教师却只可以教书等等。老师能力不同，有关负责人就应该学会用人。古人讲"用人如器"，要把不同能力的人用在不同岗位上尽量发挥他们的作用。另外，有关负责人要对不同能力的教师进行培养，使能力结构不断发生变化，以求在创建特色专业中发挥不同的作用。

六是师资队伍建设规划结构。任何有建设规划的职业院校，都会编制自己的师资队伍建设规划，并尽量使规划合理、实用、科学，使结构适合自身的发展。师资队伍建设规划的编制要突破我国人事制度的某些规定，确保有用的、有能力的人进的来，使可塑的人才有地方培养，使师资队伍建设按照学校特色建设的要求设计并实施。

第四，物质条件。所谓物质条件指学校的物资资源条件。"巧妇难为无米之炊"，讲的是物质条件的必要、重要，物质条件在关键时具有"决定性作用"。物质条件是一种客观条件，它是经过努力可以改变的。在创建特色过程中，我们应该发挥校方的主观能动性，尽量创造条件、科学地使用资源。

一是场地设施。场地设施，是办学的最基本条件。按照国家有关要求，尤其是教学、生活实际的需要，要保证有校园；要有行政、生活用房；要有一定的教学辅助设施。创办有特色的职业院校，基本条件应该更好一些，更优裕一些。

二是实训设备。职业教育不同于一般教育，职业教育主要任务是培养学生的动手能力，培养学生的动手能力实现与企业零距离对接，必须要有相当数量的实训设备。企业需要的专业（工种）技能人才，学校必须有相关工种的实训设备，以保证学生所学有所训，所学有所用。实训设备包括了校企合作设备。在使用实训设备和运用实训设备中，要注意把实训与生产结合起来，使实训的重要设备都有具体的产品对象，逐步实现消耗性实训向生产性实训转变，注意搭建实训技能与效益的平台，实现产、学、研、鉴科学结合。可以搭建实训基地平台；搭建校办产业经营实体平台；搭建培训部门平台；搭建技能鉴定平台；搭建教师科研平台。利用这些平台，充分用好实训设备，促使学生实际技术能力的提升。

三是一般教学设施。我们之所以把实训设备拿出来专门分析，是因为实训设备在职业院校中地位重要。一般教学设施指教室以及教辅的相关设施。诸如桌椅、参考书、部分与理论教学相关的实验室等等。

四是设施布局要科学。有了场地，哪些地方是生活区、哪些地方是教学区，包括办公区、活动区、实训区和某些缓冲地带。另外，诸如教学区应该安静，生活区应该方便、安全。校园的绿化要合理，要真正体现出自身的校园文化，就是人们所讲的墙壁会说话，花草能传情等等，校园文化还必须与企业文化对接，在实训场地体现企业文化。创办特色职业院校，要保证校园文化建设的艺术性和健康性，以体现学校的精神。

从实物建设和物质保障来说，物质条件是基础，没有物质基础作保障，连正常教学活动都无法开展，别说创办特色职业院校了，我们一定要尽可能保障物质条件的充裕，以解除职业院校在科学发展中、在创建职业院校的特色建设中的后顾之忧。

第五，学生条件。学生是学校科学发展和创办具有特色职业院校的基本依据，是学校办学的目的所在，是学校教学培养的主体。没有学生的学校不叫学校。学生是教学特色的体现者，是教师培养技能人才的希望者，是经济社会的未来建设者。没有学生，一切教学活动和管理活动都无从谈起。职业院校应该围绕怎么培养出社会需求的具有特色的高技能人才而运转。把握学生的条件，应注意几点：

一是职业院校要把好学生的入口关。职业院校不同于普通高校，也不同于基础教育的学校，它是以就业为导向，以培养人们技能为主要任务的学校。所谓入口关，就是要对学生的录取有所选择，入口关非常重要，有的学生不具备学习技能条件，如果硬是让其学习，不仅学不到东西，还浪费了资源。把好入口关要从学生的志向、爱好、特长基本条件等方面综合考虑，要对学生进行一定的筛选，保证入学的学生能够合上节拍，跟上步伐，学到本领，成为人才。职业院校在招生中注意把好入口关既不是关卡，也不是个个放行，必须有一定的标准或者测试。

二是职业院校要把握学生的现有智力水平。学生的智力水平是学生现实智力的体现，是今后智力发展的基础，也是老师施教的根据。我们已分析过，人们的思维分为两大类，一类是逻辑思维，一类是形象思维；逻辑思维擅长应试，形象思维擅长动手创新。职业院校学生的思维能力主要体现在技能掌握和发挥上。把握学生现有的智力水平，可以看以往的成绩，也可以进行某些试验；可以对其进行知识技能的了解深度测试，也可以对其进行知识技能反应的敏捷程度测试。对学生智能的把握，要看未来、看发展，对学生的智力水平不能贸然下结论，因为有的人某方面智能不行，可能在另一方面的能力却是少有的"天才"。职业院校就要为发现"天才"而工作，为创建具有"天才"特色的职业院校而工作。

三是把握学生品德情况。学生的品德是学生道德的基本体现，是做人的基石。没有好的品德，再"天才"，技能再好，都会走向人类的反面。职业院校了解学生的品德情况，有利于教师有针对性地进行思想品德教育。创办特色职业院校，学生是"载体"，只有了解学生的品德，改善他们的品德，才能使学生这个主体条件更为完善。了解和掌握学生的品德，是一件艰难的工作，因为个人品德多是隐性的，一般不会表现在表面上。把握学生的品德，一靠了解、二靠观察、三靠归纳。作为职业院校要注意了解学生的卫生习惯、生活习惯、自治习惯、勤勉习惯、诚实习惯、友爱习惯、礼貌习惯、性格习惯、守纪习惯、节俭习惯、负责任的习惯、劳动的习惯①以及对父母态度的习惯等等。其实，如果真正了解了学生的各种习惯，对学生的个性、人品也就有了较为全面的了解。只有把握学生品德的大体情况，才能在创建特色学校中对学生的品德教育实现有的放矢。

四是把握学生的兴趣爱好。兴趣爱好指学生正常的生活学习以外的某种喜好。职业院校，除了对学生的基本学习情况、智力情况、品德情况有一定的了解之外，必须对学生的兴趣有所了解，这样，便于在特色创建中用其所长。在某种程度上，一个人的某种兴趣可能是该人的一种天赋，因此，作为职业院校，要注意了解和把握学生的兴趣，为兴趣的发展创造条件，以推动学生在某一技术领域成为有专长的高技能人才。

学生的"条件"是复杂的，我们所了解的学生条件有时只是表面现象。作为学校教育的主体，我们必须对他们尽力了解和把握，了解、把握的目的，是为了在正常的教育活动中，更好地调动和发挥学生的主观能动作用，更好地用好学生这个"条件"，为创办特色职业院校而努力，为推动职业院校科学发展而努力。每一位老师，每一位职工，都应该用爱心去对待学生，把握学生，让学生的某些条件得到充分发挥，让学生在自身培养方面，找到自信感觉，少自卑、少逆反，使自己成为高技能人才。

（2）职业院校特色建设内部条件的特征

我们简单地分析了职业院校特色建设中内部条件，职业院校必须使内部各条件尽量人尽其才、物尽其用、计划尽其职能。为了更好地利用这些条件，发展这些条件或改变这些条件，我们有必要对条件的特征进行分析，以便对内部条件更加了解和把握。

第一，内部条件的主导性特征。所谓主导性指内部条件在创建职业院校特色和职业院校科学发展中的主导作用。主导性特征一般体现在两个方面。一个是体现在主体条件身上的具有导向作用的性质，例如师德建设，对学校的校风、学风、班风建设都有着主导作用。要注意这些主导作用，发挥这些主导作用，让主导作用发挥得更科学。让内部条件主导性质更完善。另一个是运用这些条件的主体倾向具有某些主导作用。运用学校内部条件的主体提倡和反对的内涵，逐步改变内部条件，这种抑、扬作用导向着条件的发展变化。

---

① 陶宏智：《学校特色建设的基本条件》，《学校教育科研全书》，第614页，九洲图书出版社、人民日报出版社1998年版。

第二，内部条件的主观性特征。所谓主观性指职业院校特色建设中的某些条件凭借自身情况的优势发挥作用。职业教育的内部条件，有时主观性很强，它完全按照自身的条件进行活动。同时，主观性还表现在主观条件方面，诸如学历条件、证书条件、职称条件、年龄条件、能力条件、紧缺适度的条件等等。主观性也表现在负责人对客观条件的使用方面。

第三，内部条件的决定性特征。所谓决定指内部条件在使用过程中能够发挥出某些决定性的作用。创建职业院校的特色，关键在领导，领导也必须根据实际条件而决定特色创建工作，从这种意义上来说，内部条件具有某种决定性的作用。其实，对于师资队伍来讲，师德对于职业院校学生的培养就有着决定性的作用。

第四，内部条件的可变性特征。所谓可变指职业院校所有的内部条件都可以发生变化，只不过变化的程度不同而已。"世界没有绝对不变的东西"。"世界上一切都在发展变化"。① 现有条件变化最显著的是人的年龄，每个人年龄的变化使年龄结构也在变化。有些内部条件的变化有时我们是无法感觉到的。如人们道德的进步，在外显露并不明确。作为职业院校的负责人，应该主动欢迎变化、支持变化、推动变化。当然，这种变化要向有利于职业院校特色创建的方向转变。

第五，内部条件的能动性特征。能动指内部条件自觉努力的活动。应该说，职业教育的内部条件中除了成员的年龄比例结构自身不能改变外（它们的改变要靠时间的推移推动不同年龄、不同职称等层次人的结构调整，其实个人年龄属被动接受自然规律的改变），其他的内部条件都可以通过条件的个体而改变，都可以通过个体的努力而变化。应该注意内部条件能动性特点，注意发挥内部条件的能动性，以使条件向有利方面转化。

第六，内部条件的集约性特征。所谓集约指在职业院校发展过程中，尤其是在创建职业院校特色的过程中，用现代管理的方法，把职业院校所有内部条件集中使用，以提高条件的使用效率。内部条件的集约性发挥是比较难的事情，这考验着职业院校科学运作能力，尤其考验着职业院校负责人的人文精神。因此，集约性的使用必须靠有关人员的科学运作。

我们简单地分析了职业院校特色建设中内部条件的特征，有些特征不具有全部性，有的特征我们没有分析，只有靠我们的职业教育工作者在教育过程中去"悟"。

（3）职业院校特色创建的外部条件

职业院校是随着经济社会的发展而发展起来的。在传统的应试教育中不少人习惯地把职业教育看做另类，这也是由我国的历史原因所造成的。读大学是每一个家庭对孩子的希望，因此，读大学也成了多数年轻人的理想。在精英教育时代，读书

---

① 《毛泽东文集》，第8卷，第392页，人民出版社1999年版。

可以做官，所有大学毕业生都以干部身份就业。而中等职业教育又多以工人身份就业，这便是职业教育另类的"本源"。近年来，大学实行大众化教育，社会用不了那么多"干部"身份的工作人员，这时，职业教育才彰显其作用的重要。读大学找不到工作，要就业，就要有技能，因而，职业院校便开始走红了。虽然外部条件是事物变化的条件，但外部条件却很重要。毛泽东同志讲："唯物辩证法是否排除外部的原因呢？并不排除。"① 外部条件有时能关系到事物的生死存亡，诸如国家的政策，它足可以使某些职业院校兴，可以使某些职业院校萎缩。因此，我们一定要看到，一所学校能否建设出自身的特色，除了必备的自身内部条件之外，必须有相关的外部条件作支撑。这些外部条件，有的来自于职业院校的努力争取，有的来自于职业院校主管部门的政策催生。

第一，政策导向。所谓政策导向指国家相关法律、规定、管理办法对职业院校建设的方向引导作用。在我国，政策是国民的行为准则，任何单位和个人必须按政策办事，这也独具特色。毛泽东同志讲："政策和策略是党的生命。"② 说明政策的重要。职业院校一定要学懂政策、用好政策、用足政策，把政策的约束性演变为学校发展的动力源。有了政策要会用，没有政策要争取，"跑步钱进"就是对争取政策的概括，这也独具中国特色。现在，中央政府、地方政府对职业教育非常重视，要抓住这个黄金时期，争取政策到位，推动职业教育的科学发展，加快职业院校特色的创建。

第二，主管部门支持。所谓主管部门指掌管职业院校的物资、财务、人力、招生、获证、就业、干部任命等职能部门。中国有一句俗语叫做"县官不如现管"，职能部门中的现管非常重要。从职业教育的建设方面分析，建设院校特色本身就是教育改革的内容，这种建设如果没有上级主管部门的支持是很难取得成效的。主管部门支持在一定程度上可能会变成一些主管部门的某些"官员"的支持。职业院校的特色建设，要争取这些"现管"的支持，争取"人、财、物"等资源配备的最优化。要看到职业院校主管部门直接制约着职业院校的发展，制约着职业院校特色的创建。有时我们可以急切地感觉到职业院校的"生命"握在某些"现管"手中，而某些官僚和腐败现象也出自这些"现管"的队伍之中。

第三，市场经济的市场导向。职业院校是因经济发展而发展的，职业院校创办特色，必须以"市场"为导向，职业教育培养的人才，也必须"以就业市场"为导向。职业院校既要服从政府有形之手的管理，也必须遵循市场经济的规律，服从市场经济无形之手的调节。

第四，满足企业的需求。市场和企业是相通的，市场经济规律中包含着企业发

① 《毛泽东选集》，第1卷，第302页，人民出版社1991年版。
② 《毛泽东选集》，第4卷，第1298页，人民出版社1991年版。

展的规律，但市场是总体的，企业是具体的，是具有地方特色的市场经营形式。就业导向，说到底就是企业需求的导向，是地方经济发展的导向。建设特色的职业院校，离不开同企业的合作，离不开学生的就业。要充分调研企业需求的条件，借助企业需求之力，推动特色建设，推动自身的科学发展。

第五，相关单位的帮助。除了政府主管部门支持之外，学校必须得到学校区域、与学校经济往来、物资供应等相关单位的帮助。相关单位的帮助，可以从环境区域方面帮助，即与学校周围不同单位"处好"关系，寻求支持。相关单位的帮助，还可以从资源共享等方面获得支持，职业院校创办特色和科学发展，都需要有良好的周边环境。

第六，技术工程人才的协助。职业院校最大的特点是"技能性"，技能性人才多在企业、行业。学校创办自己的特色，离不开这些人才的支持和帮助。中央支持职业院校争取技术工程人员支持的做法。要"制定和完善职业教育兼职教师聘用政策，鼓励工程技术人员、高技能人才到职业院校兼职。"① 这些兼职老师，一方面满足了职业院校对职业指导教师的需求，另一方面还使企业与学校在技能培养上实现了某种对接；还有一方面就是可以帮助职业院校创办自己的特色。应该说，技术工程人员的协助是职业院校科学发展和职业院校特色建设中不可缺少的一支力量，是职业院校应该重视的一个必备条件。

第七，科研团体的协作。科研团体指与职业院校相关的学术团体、协会等等社会组织。从理论上分析，职业院校创建特色，创建什么特色，要创建的特色有哪些相关的理论和规范，其他职业院校创建特色的做法等等，都需要职业院校去学习、研究、探讨、归纳、总结和提升。没有理论调研和理论指导的特色创建是盲目的；创建特色不去归纳和总结是"弱智"的。在学习、研究中，不同院校的学术团体、行业协会的研究人员，可以从理论等方面给予支持。从创建特色实践上来看，像技师协会、职业教育协会，都可以从企业条件、实训条件上为职业院校提供某些帮助，并且可以在创建操作过程中帮助职业院校看到自己的优势和不足，从局外人的角度帮助职业院校确定什么可以作为特色来建设，什么是创建特色的辅助条件，什么该禁，什么该倡。有些学术团体，还可以把职业院校的特色创建作为课题确立，帮助职业院校制定出切实可行的创建措施。

职业院校发展中的外部条件是非常复杂的，职业院校不仅仅要在思想上重视，还要从行动上认真对待，要想方设法让职业教育外部条件形成有利于职业教育发展的合力，促进职业院校特色的创建。

(4) 职业院校特色创建外部条件的特征

职业院校特色创建的外部条件虽是外部，有时却有着决定性的作用，这些作用

---

① 温家宝：《大力发展中国特色的职业教育》，《中国教育报》2005 年 11 月 14 日。

不可忽视，应该小心对待。对外部条件的运用可以采用"大胆设想，小心求证"的方式，充分加以利用。职业院校建设的外部条件特征，有些是与内部条件相通的，但多是独具自己特色的。我们必须加以比较、分析，以确定利用"条件"的某种特征或多种特征，帮助职业教育特色的创建。

第一，外部条件的决定性。外部条件对职业院校的发展和特色创建的决定性作用是从政策以及主管部门的"权力"等层面分析的，它同职业教育内部条件的决定作用有很大区别。外部条件决定作用对职业教育来讲是被动的，是职业院校所不希望出现的。职业教育外部条件决定性作用体现为几点。一是对职业院校领导的任命。按照干部任命办法，职业院校的领导不是师生选举的，多是上级任命的，因而对职业院校的发展有着极为重要的决定作用。二是体现在政策的支持上。政策对职业院校发展有着具体的要求，哪些可行，哪些不可行，都有明确的规定。三是体现在某些"主管"们对政策的操作上。政策虽很明确，但操作和运用却有极大的弹性。"说你行你就行，不行也行；说你不行你就不行，行也不行"，是对政策决定性的注解。

第二，外部条件的隐蔽性。所谓隐蔽指有些外部条件是隐藏不见的。诸如市场经济的规律、政策的执行力度、主管部门的认可程度等外部条件都是隐藏的，是人们见不到的。职业院校要主动积极地对待外部条件的隐蔽性，防止外部条件负面作用的突然发生。职业院校应该注意化不利因素为有利因素，化不利条件为有利条件，积极推动职业教育的科学发展。

第三，外部条件的官僚性。所谓官僚性指政府主管部门在职业教育发展中的"长官意志"。很多的区域政府对创办什么样的职业院校，职业院校创办什么专业，甚至连人才引进，都事事把关，带有极强的长官意志。有些"长官"对职业院校的具体情况并不了解，结果容易形成官僚性的瞎指挥，给职业院校形成了某些不应该有的人为制约，从而影响职业院校的科学发展。

第四，外部条件的集结性。所谓集结性指不同的外部条件会同时对职业院校发挥作用。诸如在职业院校以就业为导向方面，既有政策的导向，又有政策相关部门的规范和参与，还有不同企业的直接要求，最后还有政府职业鉴定部门的职业资格鉴定。这种集结是必然的，是政府认为较为理想的集结。作为职业院校，应该注意不同外部条件集结的科学性，发挥集结正功能作用，减少负作用，以推动职业院校特色的科学建立。

第五，外部条件的友好性。友好性是指职业院校特色创建的外部条件中友好关系的体现。这些友好，有外部条件之间的友好，有外部条件与职业院校间的友好。在与职业技能人才的交往上，与相关部门的联系上，与科研团体的交流上都要有良好的氛围。有了友好的氛围，才能让外部条件为职业院校建设充分发挥作用，才能推动职业院校的科学发展。

第六，外部条件的可塑性。这里的可塑是指外部条件处于动态的、可以变化的形态。从创建特色院校具有凝聚作用的政策导向到经济社会的形态；从主管部门的认同到科研团体的协作等，这些外部条件，无一不在变化，这是事物发展规律决定的。对于职业院校来讲，要具有改变外部条件的积极性和主动性，既要按照市场规律办事，又要发挥自身的主观能动性，要利用外部条件的可塑性特征，创造条件，促使外部条件向有利于职业院校科学发展方面转化。另外，职业院校在科学发展中，在创建自身特色中，都应该用科学的办法，创造有利于职业院校科学发展的外部条件。

第七，外部条件的被动性。所谓被动，指在外力推动下外部条件才能发挥作用。我们仔细地分析了职业院校创建特色的外部条件，除了主管部门这一条件之外，其他外部条件都基本上处于被动的形态。当然在外部条件中，像国家有些部门：安全、消防、税务、工商以及代表政府的地方部门，它们虽不是主管部门，但从来不是被动的，有时他们比主管部门还主动，因为这其中有政策的要求，也有他们自身的动因。职业院校应该想办法改变外部条件环境，政府应该规范某些部门行为，防止"中梗阻"，防止"乱办事"、"办乱事"。

2. 创建职业院校特色的原则

创建职业院校特色和职业院校科学发展，都有一定的原则，尽管我们在创建工作中有时没有注意到原则的运用，但原则却在"有意"或"无意"地约束和规范着我们的创建行为。我们分析创建职业院校的特色，有主观上的原则和客观上的原则。在创建特色过程中，要注意运用好不同的原则，以推动特色的科学创建。

(1) 职业院校特色创建的主观原则

所谓主观原则，指创建职业院校特色的主体应该主动发挥自身作用并遵循一定的原则。主观原则是创建特色主体必须全部遵循或者创造条件也要遵循的原则，是应该主动运用的原则。运用好这些原则，既可以加快创建的速度，提高创建质量，同时也可以减少创建失误，推动特色的科学创建。

①科学性原则

创办职业院校的特色是一个科学的目标。所谓科学，指创建目标和过程都必须符合科学发展观的要求，运用科学发展观指导特色的创建。创办特色的职业院校，不能凭领导者一时"性起"，拍脑袋"创"；也不能人云亦云，别人创咱也创；更不能"老牛拉破车、慢慢来"。科学创建特色要求创建要符合学校以及经济社会发展的实际，在主观上树立科学创建的理念，坚持科学创建的原则。

第一，目标科学的原则。职业院校创建什么样的特色，是总体的，还是部分的；是学科的，还是专业的；是产品的，还是技能的；是理论的，还是实践的；是自身的，还是校企合作的等等。无论选择哪种目标，都必须经过论证、调查、检验、确立等步骤，保证特色创建目标的科学。

第二，措施科学的原则。确定目标，要有科学的措施。从我国经济发展现实来看，不少地区尤其是个别的经济发达地区，经济发展的措施不科学，有些地区经济发展绝对有特色，目标高，但路子偏、措施偏。正如胡锦涛同志在十七大报告中指出的："经济增长的资源环境代价过大；城乡、区域、经济社会发展仍然不平衡；农业稳定发展和农民持续增收难度加大；劳动就业、社会保障、收入分配、教育卫生、居民住房、安全生产、司法和社会治安等方面关系群众切身利益的问题仍然较多，部分低收入群众生活比较困难。"[1] 中央提出科学发展观，正是源于这些不科学措施和不科学结果而言的，这是由于只追求经济发展目标而出现的。创建职业院校特色，要用科学的措施，保证创建目标的实现。

第三，调节手段科学的原则。创建特色职业院校，不仅要按计划有步骤地进行，还必须注意总结创建经验、教训，找出创建的不足。随着经济社会的变化，要对创建措施，特别是对创建目标，及时加以调整。创建职业院校特色的过程，是一个不断调节的过程，我们要注意调节手段的科学。调节，必须在实事求是的基础上，在充分调研的基础上，用科学的方法、科学的手段，在较为合适的时间内给予调节。

第四，创建结果科学的原则。创建职业院校特色，人们追求的和看到的只是创建的结果，这种对成果认识的取舍法，我们是理解的，但"只求"结果的观察方法肯定不科学。任何创建结果都是有过程的，作为职业院校，必须注意创建结果的科学，即创建特色结果的科学含量。创建特色的结果，要经得起时间、经得起实践、经得起历史的检验，一句话要经得起科学发展观的检验。

②整体性原则

创建职业院校特色必然是一个系统的全校性的共同目标。虽然创建可能会在某些专业、品牌层面进行，但从创建目标的确立到创建结果的获得，都是全局性的，因此，创建职业院校的特色，必须动员全校的力量。

第一，计划的完整性。创建特色的计划要科学、要周密、要完整。创建计划不仅要有近期目标，还要有远期目标；创建计划不仅要有结果的预计，还要有调整结果的方案。创建计划要从目标、措施、调节、结果、评价等各方面保持完整。

第二，创建活动的全局性。创建特色院校，或者讲创建院校特色，必须调动全校的力量，动员全校师生员工进行创建，使创建活动人人出力，人人关注，虽然创建特色有时只限某个专业，但全员思想重视，以做好本职工作支持创建表现了创建特色的全局性。

---

① 胡锦涛：《高举中国特色社会主义伟大旗帜　为夺取全面建设小康社会新胜利而奋斗》，《十七大报告辅导读本》，第 5 页，人民出版社 2007 年版。

第三，创建成果的共享性。创建特色院校人人"参与"，创建的成果也应该人人"共享"。实际上，创建院校特色的本身就是全院师生员工所共有的特色，就体现了共享性。

③全面发展原则

职业院校虽然是"以就业为导向"，但《职业教育法》以及国务院的决定，都明确规定了职业院校的学生必须按教育方针的要求，全面发展。全面发展不是平均发展，全面发展中应该包括了个性的健康发展。在创建特色院校的过程中，不能为创建特色而影响学校和学生的全面发展。

第一，创建特色院校不能影响学校整体工作的全面发展。创建院校特色是我们的重要任务，但不是根本任务。我们要把握全院的工作全局，用创建院校特色的工作促全局工作的开展，以全校工作的健康开展促进特色的创建，并为创建特色做好保障。创建院校特色工作是全局工作的一个点，要用点上的工作促全局工作，并在工作中学习点上工作的经验和做法。

第二，创建特色院校不能影响学生的全面发展。我们必须确立在让学生掌握"技能"的培养任务的同时，树立学生的全面发展观。要促进学生在品德、知识、技能、身心素质、行为习惯、个性特长、兴趣爱好等方面全面发展，支持学生在学好技能中张扬个性，支持学生素质的全面提高。

④主动发展原则

创建学校特色的总目标应该是以自己的特色来促进学生的全面发展，使学生学有所长，使学生成为经济社会需要的高素质、高技能人才，创建特色不能离开培养人这个总目标。要调动各方面的积极性，促使师生在创建活动中和科学发展中发挥自身的主观能动性。

第一，调动学生的主观能动性。学生是职业教育的主体，创建特色活动是围绕培养学生开展的，我们要注意发挥学生在创建活动中的主观能动作用，要用科学的方法启动学生的内动力，在掌握技能中乐学、好学、会学，在创建特色中创造性地学习。作为教师，要用爱心去领学，要研究学生的学习心理，把握学生的学习心理，研究学生的学习方法和学习思维，以便更好地领学。

第二，调动教师的主观能动性。教师是创建特色职业院校的主体，创建特色活动是靠教师在教学活动中推开的。任何技术、技能、知识以及特色的创建都离不开老师的乐教、会教。学校要用人性化的方式，做到从事业、感情、待遇等方面为老师乐教、会教创造条件。

(2) 职业院校特色创建的客观原则

所谓客观原则指在职业院校主体之外形成的某些原则。客观原则是由客观条件围绕主体形成的，应该由主体在创建特色活动中遵守或者参考的原则。职业院校创建特色和科学发展，不仅受到主观因素制约，还受客观因素制约，有时客观因素具有某种决定性作用。"当有某一件事情（任何事情都是一样）要做，但是还没有方针、方法、计划或政策的时候，确定方针、方法、计划或政策，也就是重要的决定的东西。"① 当主观努力齐备的时候，影响院校特色的客观因素就是重要的决定的东西。

①经济市场导向原则

职业院校的发展离不开与经济市场的结合，职业院校的工作在为经济市场服务，经济市场对职业院校的发展具有导向性作用。职业院校特色的创建，同样要在经济市场的导向下进行。

第一，专业（工种）发展的导向。职业院校面向社会、面向市场办学，必须以经济市场对专业（工种）的需求为导向办好自己的特色专业（工种），创造自己的品牌。

第二，地方经济发展的导向。地方经济的需求引导着职业院校的发展和特色的创建。职业院校必须在地方经济发展的导引下，更好地为地方经济社会建设服务，为地方经济发展创建自己的特色。职业院校要充分利用这些因素，使这些客观因素成为推动特色创建的动力。

②就业导向原则

就业导向是职业教育的独特之处，也是职业院校创建特色的客观原则。职业院校特色的主要着力点就是培养出适销对路的人才，直接为企业发展服务。

第一，特色推动显就业的原则。所谓显就业就是能看到的就业现象。职业院校的特色无论是专业（工种），还是技能特长都应该成为推动显就业的基础。同样，就业率推动着特色的创建，推动着院校的发展。"职业教育面向就业，重要的是面向企业，培养企业需要的人才。"② 从职业院校就业的本身来讲，就业就是职业院校的品牌，就是一种特色的体现。这是显现出来的特点。

第二，特色推动隐就业的原则。所谓隐就业指不能马上就业，要经过一段时间或者再培训而就业的现象。如今的职业院校的毕业生，绝大部分都能够毕业就就业。但也有不少毕业生不能马上就业。职业院校为学生就业打下了基础，虽然有些毕业生不能马上就业，但有了基础，经过一定的双向筛选之后可以就业，还有的要经过一定的培训之后才能就业。隐就业，有毕业生的因素，也有企业的因素，更多的还是市场调节的因素。

第三，特色推动创业就业的原则。自主创业也被称为创业就业。对创业者来讲，创业之时也就解决了自己的就业问题；从创业者需要技能人才辅助的角度来讲，创业者又帮助了其他人就业。职业院校的特色以及科学发展，一定有着某种鼓

---

① 《毛泽东选集》，第1卷，第326页，人民出版社1991年版。
② 温家宝：《大力发展中国特色的职业教育》，《中国教育报》2005年11月14日。

励和推动"自主创业"的精神，这种精神会成为学生日后自主创业的动力。

③技能导向原则

职业院校是培养技能人才的地方，技能人才指有一定的技术技能和相关知识的人员。技能人才一般是在企业的一线工作，其技术技能要求非常明确。技术技能掌握也是有限度的，因此，技术技能又具有"专业"性，这是符合人才成长规律的。

第一，宽基础的导向。技术技能都必须建立在一定的知识和技能的基础上，知识、技能的基础应该是宽的、厚的，创建职业院校的特色，也需要一种较宽的知识和技能基础，以使职业院校的特色更牢固。

第二，精技能的导向。每一个技能人才都应该有自己的技能专长，而且这种专长应该因人而异，应该是独有的，是个性的。个性技能是职业院校特色创建的技术保证，应该鼓励不同的技能人才掌握独特的技能，并且在独特的技能方面越精越好，以使一部分技能人才有自己的绝招绝技。

④扶持导向原则

我们在分析外部条件时已对职业院校外部条件对特色创建的作用作了分析，而外部因素对职业院校特色创建具有某些扶持的导向，这些外部因素，尤其是政府和企业的引导、扶持使职业院校的特色创建更顺利、更完美。

第一，政策扶持导向原则。影响职业院校特色创建的外部主要因素是政策扶持。政策扶持包括政府行政导向、政策导向，职能部门对职业院校实施的"领导"等等。政策扶持关系到学校办学方向，关系到职业院校的科学发展，关系到职业院校的特色创建。政策扶持可以是正扶持，即用政策等看不见的"物质"形式，支持学校的科学发展；政策扶持也可以是"负扶持"，即用某些政策限制和改变学校的办学方向乃至撤销某些办学实体。作为职业院校，一定要用好政策扶持的导向原则。

第二，物质扶持导向原则。教育具有极强的公益性，教育应该由政府来承办。改革开放后，教育被部分市场化了，于是便出现了"教育产业化"的理论，这严重扭曲了教育公益性的特有性质。职业教育要发展，要创建职业教育的特色，创职业院校的特色，同样要有政府的相关物质扶持。政府的物质扶持，可以解决职业院校发展中急需的实训设备不足的问题，可以引领职业教育发展特色专业和市场急需专业。"国务院已决定，'十一五'期间中央财政对职业教育投入100亿元，重点用于支持职业教育实训基地建设，充实教学设备，资助贫困家庭学生接受职业教育。地方政府也要增加对职业教育的投入，加强职业教育基础能力建设。"① 职业院校要用好物质扶持的原则，争取更多的国家支持。

---

① 温家宝：《大力发展中国特色的职业教育》，《中国教育报》2005 年 11 月 14 日。

三、职业院校创建特色要处理好几个关系

职业院校处理好关系是从职业院校的大处和职业院校全局层面讲的，我们在分析外部条件时，已对处理好几个关系作了简单的分析，那些关系，虽然不带有全局性，但都有着决定职业院校命运的作用。有时，虽然创建职业院校的特色都已具备，但某些关键性关系没有处理好，一样创不成特色，这是有历史教训的。我们分析创建职业院校特色不同的关系，不是不讲原则，不讲政策，而是为了使原则在处理关系时变得更有原则性。职业院校创建特色要处理好的关系，我们把它们分为外部关系和内部关系，以便对创建必要条件的理解。

1. 创建特色要处理好内部关系

创建职业院校的特色，内部因素是根据，外部因素是条件，外部因素是通过内部因素而发挥作用的。因此，我们在这里首先分析内部关系，以求为职业院校的科学发展和特色创建找出一条较为理想的道路，也想在推动创建过程中，减少"摩擦"，减少不利因素，调动各方面的积极性。

（1）创建特色中领导以及教职工之间的关系

创建职业院校的特色，绝不只是领导的事，它关系到全校兴衰荣辱，关系到全体职工的利益。创建特色的动因可能先源自于领导，但如何创建是全体师生员工的事情，因此，必须注意处理好不同层面的关系，以求形成创建职业院校特色的合力，完成创建特色的任务，实现科学发展。

第一，校级领导之间的关系。对于创建特色，学校领导者在统一认识的基础上，合理分工，科学协作。对个别权力欲旺盛的领导，要用制度限制其"敛权"的行为，防止因一时私利而毁了科学发展的大事。关于校级领导之间的关系，我们还要作专门的分析。特色创建中领导之间的关系，是一种事业上"合作"的关系，特色的本身没有"利益"可图，大家应该精诚合作，为创建院校的特色而尽力。创建特色，分工一定要明确，责任一定要到个人，奖惩也要准确和到位。其实，在创建特色过程中，最能彰显领导的风格。

第二，校级领导与中层领导的关系。理论上讲这种关系是一种领导与被领导之间的关系，但在创建职业院校特色的过程中，两种领导的关系有时有着微妙的变化。创建特色的任务，多落实在基层，而又多由中层领导担纲完成，因此，中层领导在专业方面、在创建技术方面、在创建的话语权方面均占主动位置，因此，校级领导对于他们应该是服务、保障和调整的关系。这种关系有利于调动创建特色中中层干部的积极性，有利于集中精力搞创建，校级领导要找准位置，推动这种关系的优化、融合和科学。

第三，校领导与教职工的关系。在创建特色过程中，专业教师或者特色专业的教师是主体，是关键。在创建学校特色中，领导要注意用科学管理的制度方式，推动教师在创建特色专业和品牌中发挥作用。在创建学校特色过程中，学校领导发挥一定的保证作用、协调作用、激励作用，其中主要的关系功能还是一种协调和服务。校领导在创建特色过程中，要注意全局性，不越权，不越级指挥；在教职工应有的福利上，千方百计予以保障，用人性化的管理方式，推动职业院校的特色建设。

第四，中层领导与教师的关系。校中层干部直接领导职业院校特色的创建，而教师是创建特色一线的主体，两者在创建特色上有着一致性的关系。由于分工不同，教师在创建业务方面的任务更重一些，中层领导服务、保障的任务偏重一些。中层领导还有着组织、协调、评价、调整创建特色的任务。在创建职业院校特色的过程中，中层领导与教师之间的关系主要表现为同一、服务等关系。中层领导既要摆正位置，领导好创建；又要找准角色，搞好服务；同时中层干部还必须在业务上不断进取，以求做真正的创建排头兵。

第五，职工与教师的关系。学校应该以教学为中心，在创建特色过程中，学校的一切工作，都要为创建特色服务。全校教职工必须要确定这种理念，为创建特色服务、为教学服务、为师生生活服务。因此，职工与教师之间的关系体现出一种服务和保障的关系。

(2) 办学特色与整体优化的关系

办学特色是指职业院校与众不同的"个性"，即在教育方针、职业教育法等各种政策的指引下，职业院校在创建特色过程中形成的独有的教育"个性"，那种"人无我有，人有我优、人优我精、人精我特"的特色。在职业院校里，学校办学特色既不是指少数学生和教师的某种技能和本领；也不是指学生会唱歌、跳舞等个别的特长；而是指其他院校无法比拟的，打有自身烙印的某种优秀的技能素质。这种优秀的技能素质既可以推动全校其他技能的进步以及组合的优化，又可以独树一帜，与企业紧密结合，解决企业的需求以及学校学生的就业。办学特色与整体优化的关系可分为几点。

第一，办学特色与学校常规教学的关系。办学特色是学校刻意追求的办学特点，是在常规教学中优化而出现的。这种特色体现了"青出于蓝而胜于蓝"的特点，也表明了两者同为一源的关系。职业院校的办学特色不同于其他学校的办学特色，多是指独立于职业院校之中，与企业紧密沟通和影响企业发展的某些特点。职业院校既要保证特色之特，保证特色的发展，又要照顾到其他专业和常规的教学，保证常规教学和技能训练同步前进。一是表现为同一关系。职业院校的特色源于常规的教育教学之中，两者同根同源。二是表现为拔高与基础的关系。职业院校的某些特色是对常规教育教学的拔高，而常规的教育教学是基础。三是表现为促进与拉动的关系。从职业院校特色的层面来讲，它对常规的教育教学是一种推动；而从常规教育教学的层面上分析，常规教育教学对院校的特色是一种促进。促进与拉动是必须的，是保证职业院校科学发展内部和谐的必由之路。职业院校还要注意处理创建特色中的理论够用实训为主的关系，使特色与普通的教学实训结合起来。

第二，职业院校的特色与特色之间的关系。在职业教育发展的过程中我们可以发现，除了院校的行业特色之外，有的院校具有某一方面的特色，有的院校有两种或者两种以上的特色。职业院校中不同的特色共同发展，相得益彰是保证职业院校特色发展的重要途径。职业院校的特色是一种创新，比如办学指导思想有新意与市场紧密结合；比如办学专业独特；比如办学途径和措施有创造；比如办学的结果即学生的就业和技能大赛上有新的突破等等。这些特色相互之间是融通的，同一院校里不同的系部都可以形成自己的特色。特色与特色之间又有着不同的联系，表现为几种关系。一是互助、互促关系。所谓互助互促指特色之间的互相帮助、推动和互相促进的关系。二是互相竞争的关系。两种或者两种以上的特色互相之间存在着比较和竞争的特点。三是统一的关系。所谓统一指两者同属于一个学校，创建特色的目标、措施、要求是统一的，发展职业教育的目的也是统一的。

第三，职业院校办学特色的确立与形成的关系。我们分析过，办学特色多是因刻意创立而形成的，当然，行业特色除外。要形成什么样的职业院校特色，首先要有思想准备，即先有一个确立的过程，最终才能够形成。一般情况下，不确立特色而形成特色是少见的，确立了特色却没有形成也是少见的。职业院校的特色是学校师生集体智慧的结晶，是学校的"招牌"，是职业院校的优势。要注意极力地发挥优势，以达到创建特色最优的效果。特色的确立与形成，首先表现为一致性的关系，两者同为形成特色内部的动力因素，不确立特色，也不容易形成特色；其次是意识与物质的关系。确立创建某种特色，只是意识上东西，而创出了特色，则成为了物质的结果。再次，是一种因果关系。确立是起因，而形成则是结果，有了确立某种创建特色的起因，最终创成了特色，便成为了结果。

（3）教师不同学术及风格与特色创建的关系

教师的学术（专业方面的研究）风格是不尽相同的，即使是同一专业，不同的老师也会有不同的风格。作为创建职业院校特色的教师，由于学术风格不同，形成了自身独有的学术风格。这种学术风格对学校特色的创建有很大的影响，有时还成为特色的招牌、名片。创办特色的起因正是源于对教师学术以及风格的了解，源于学校的基本条件。

第一，创建特色与教师专业的关系。学校要创建的学校特色有的是与某些技术专业相同的，有的是不同的，有的是相近的。学校创建的特色与教师专业技术相同，那是统一的关系；创建特色与教师技术专业不同，那就必然形成互促的关系。虽然教师技术专业不同，但同为一校，在相关技能上可以互相启发，在创造性思维

上可以互动并有所引领，这种互助是十分必要的。

第二，创建特色与教师风格的关系。"教师风格"说到底还是"教学风格"，教学风格的本身也是一种特色，相对职业院校的特色来讲，教学风格是教师的教学个性特色，是辅助的特色。因此，学校特色与教学风格是一种统分关系。统，指学校特色占主导地位，统领着教学风格；分，指不同的教学风格，形成了学校的教学特色，而这种教学特色，有时就是学校的特色。诸如：模块教学特色，即是这种由不同教学风格个体经过摸索而形成的职业院校的教学特色。

第三，创建特色与创新的关系。创建特色本身就是一种创新，而教师在专业形成、教学风格形成中的创新，促进了学校特色的发展。两种创建角度不同，代表的层面不同。既表现为同为创新的统一关系，又表现为总体与个别的关系。

总之，学校特色的创建离不开教师的学术、专业、风格的催发，学校特色又为教师学术、专业、风格的形成创造了条件。有时，教师的专业风格就是一种特色，但必须要有多个教师学术风格的共同集结，才能创造学校大的特色，形成特色专业。

(4) 特色创建与学生特长之间的关系

从理论上讲，如果职业院校办学有特色，那么这个学校的学生应该普遍有特长；如果一所职业院校的学生普遍有特长，那么这所学校的特色应该展现得更充分。因为职业院校的办学目的就是为了培养有专长的技能人才。

第一，特色与基础的互依关系。办学基础也是创建特色的基础，要发挥办学基础的作用，逐渐创办特色。同样，要利用创办特色的机会，加强学校办学的基础。对于具体学生来讲，学好某方面知识，掌握某项技术要领是创特色的某种基础，而每个学生都具有了某些技术技能要领，那就成为了一种特色。

第二，特长与特色的互联关系。特色是从学校的层面而言的，特长是从学生层面而言的。特色概念较大较概括，特长较窄较具体。一所职业院校有特色，那么学生就应普遍有特长，两者是相辅相成、互为依托的。职业院校，应该鼓励和注意培养学生的特长，从而推动学校特色的形成。同样，职业院校要创建自己的特色，为学生发挥特长创造好的环境。

第三，要全力推动学生个体特长的充分发展。我们已经分析了学校特色与学生个人特长之间的关系，作为职业院校，一定要注意发展学生个人的特长。职业院校创办特色的目的是全面提升学生素质，为经济社会培养技能人才，这些技能人才一定是个个身怀技术、个性优化的专业人才，因此，发展人才的技能个性成为我们的重要任务。要发挥职业院校学生的个体特长，首先要对学生的特长有所了解，知道怎样扶植学生的特长。其次要让学生有发挥和发展的"场所"，有目的地培养和扶植学生特长的发展。

（5）特色创建的认识与实践的关系

创建职业院校的特色，是职业院校科学发展的需要，是地方经济社会建设的需要，是职业院校在市场中生存的需要。没有特色的职业院校在职业教育的行列中是很难生存和发展的。我们必须从思想上重视，在实践上努力，努力创建职业院校的特色，并处理好创建特色的理论与实践的关系。

第一，处理好理念在实践中确立的关系。要不要创建职业院校的特色，如何创建职业院校的特色，这些看似理念的问题，却是从职业教育的实践中提出来的，在职业教育的实践中确立的。职业院校，在为经济社会服务找准自己的位置、确定自己的发展方向、找准自己发展的特色、寻求"被政府服务"的同时，逐渐形成自身的特色。要认识到一切职业教育的理念都来源于实践，这是特色确立的基础。

第二，用正确的理论指导创建特色的实践。理论来自于实践，又指导着实践，职业教育理论的一部分来自于政府和行业部门对职业教育实践的总结，一部分来自于职业院校自身实践的提升。职业院校创建特色，既要用政府的相关理论政策作指导，又要用自身形成的理论作指导，力争理论与实践的结合。

第三，用实践的结果检验职业院校特色的理论。职业院校创建特色的实践结果一方面验证着职业教育理论的正确与否，一方面也在丰富职业教育的理论。毛泽东同志讲过："判定认识或理论之是否真理，不是依主观上觉得如何而定，而是依客观上社会实践的结果如何而定。"[1] 要运用好理论与实践的这种互依互促的关系，推动理论和实践的共同发展。

2. 创建特色要处理好外部关系

我们要注意处理好职业院校特色创建的外部关系，运用好外部条件，处理好内部与外部的关系，促进职业院校特色的形成，促进职业教育的科学发展。

（1）处理好为经济服务的关系

为经济社会服务是职业院校的根本任务，经济社会的发展又在引领着职业院校的发展。职业院校必须根据市场经济发展的需求，开设专业（工种），创建自身的特色。

第一，把握地方经济发展的脉搏，找准职业教育服务的方向。职业教育主要是为地方经济服务的，地方经济的发展和需求，引领着职业院校特色的创建和职业院校的发展。我们一定要科学界定职业院校特色的走向，保持职业教育发展的科学走向。

第二，处理好市场需求和为市场提供人才的关系。市场对人才的需求和为市场

---

[1]《毛泽东选集》，第1卷，第284页，人民出版社1991年版。

提供人才说起来是同一问题，但结果却不尽相同。市场对人才的需求，为职业院校提供了培养人才的方向；而职业院校培养的人才是否为市场所欢迎，这又取决于人才的质量和人才需求的变化程度。职业院校创建特色，离不开市场需求，必须处理好求与供的关系。

第三，处理好就业与知识技能、学习的关系。职业院校的学生进入学校是学习知识和技能的，这是学习的表面现象，在学习和掌握了知识和技能之后，就面临着就业的问题。说到底学生学习知识和技能的目的是为了就业，这就要求学校引导学生注意处理好学习与就业的关系，学习之前和之中，仍有对专业（工种）选择的问题，这种选择的目的也是为了更好地就业。

（2）处理好政府对职业院校的统领关系

政府作为主管部门，对职业院校的性质、规模、专业设置、招生数字、财力投入、人员安排等都有着统领的作用，职业院校在创建特色和科学发展中，要处理好被统领的关系。

第一，主动争取主管部门对职业院校的领导。在我国，公办职业院校的上级领导有政治领导和业务领导之分。政治领导指对学校干部的配备和使用的部门；业务领导指对学校的教学、科研、就业等业务方面实施领导的部门。要处理好不同上级对学校的领导，为创建特色而创造好的"领导"条件。

第二，处理好政策运用的关系。政策对职业教育发展有促进作用也有约束作用。要处理好对政策的运用，减少政策上的不利因素，扩大政策促进作用。

（3）处理好职业院校与环境的关系

职业院校分为实地环境和理论环境，职业院校对这两种环境都要有充分的了解，都要处理好与它们之间的关系，以使环境对职业院校的发展更为有利。

第一，处理好实地（属地）的环境关系。职业院校必须有自己的校园，校园的实地环境很重要，关系到职业院校安全发展的问题，关系到创建特色的安全问题。要与属地处理好关系，创建良好的属地环境。

第二，处理好理论上的环境关系。理论上的环境指与学校相关的技能鉴定单位、科研团体、各类行业协会等，以求得到他们的支持，实现职业院校特色的创建。

第七章

职业教育的管理必须科学化

职业教育的管理指政府以及对职业教育担有领导责任的部门和职业院校的领导。职业教育的管理必须规范化、制度化和科学化。职业教育管理的科学化指职业教育的所有领导，必须用科学发展观为指导，用科学的方法引领职业教育走上科学发展的道路。发展职业教育，我国一直还处在探索阶段。温家宝同志在职业教育工作会上讲："要把基础教育、职业教育和高等教育放在同等重要位置，统筹兼顾，协调推进。这三个方面相辅相成，共同构成我国的现代国民教育体系。过去，我们比较重视基础教育和高等教育，这是必要的，今后仍应这样做。近些年来，我们越来越清楚地认识到，必须同样重视发展职业教育。"[1] 过去不注意职业教育，就说明对职业教育的管理没有达到科学化，没有把职业教育摆到相应的位置，没有把发展职业教育作为一项重大战略任务来完成。

一、政府对职业教育的管理要科学化

科学地发展职业教育，"是本世纪头 20 年我国经济社会发展的战略任务"。[2] "职业教育是现代国民教育体系的重要组成部分，在实施科教兴国战略和人才强国战略中具有特殊的重要地位。党中央、国务院高度重视发展职业教育，改革开放以来特别是近几年来，积极推进职业教育发展，支持各级各类职业教育办出特点、办出水平，各地区和许多企业进行了积极探索，也积累了不少经验。但从总体上看，职业教育的发展仍然是薄弱环节，不适应经济社会发展的需要。大力发展职业教育，既是当务之急，又是长远大计。现在，我国就业和经济发展正面临着两个大的变化，社会劳动力就业需要加强技能培训，产业结构优化升级需要培养更多的高级技工。我们要从国家现代化建设大局出发，深刻认识加强职业教育的重要性和紧迫性。"[3] 只看到重要性和紧迫性还不行，还必须用科学发展观作指导，落实对职业教

---

[1]　温家宝：《大力发展中国特色的职业教育》，《中国教育报》2005 年 11 月 14 日。

[2]　同上注。

[3]　同上注。

育的科学管理。职业教育管理有独特的内涵。

1. 职业教育预测与决策的科学化

对职业教育管理的预测和决策，是职业教育管理非常重要的环节和管理的重要手段，是职业教育管理科学化的保证，是职业教育科学发展的保证。对职业教育的宏观管理，必须要有科学预测和科学决策，对职业教育的内部管理，也必须保持科学的预测和科学的决策。

（1）职业教育的科学预测分析

职业教育的科学预测指政府相关部门对职业教育未来发展的预料、估计、分析、判断和推测。预测充分体现了政府对职业教育的能动性，表现了政府对职业教育发展的科学预见，预测是有规律的，不是算卦。人们在大量的社会实践中，发现客观事物的运动是有规律的，只要掌握了各种事物的运动规律，就能对其未来发展变化作出科学的判断，就可以通过过去、现在而推测出未来。所以说，预测总是表现为人们自觉地揭示客观规律和利用客观规律的活动。[1] 职业教育的预测，不是幻想和任意猜测，职业教育科学预测是在正确的职业教育理论指导下，根据对经济社会发展的趋势，尤其是企业对技能人才的需求和社会上初中、高中以及各种需要培训人员的情况作出的科学预见。政府的预测，为职业教育的科学发展制定了切实可靠的规划，为发展指明了方向。《国务院关于大力发展职业教育的决定》中对我国职业教育管理体系作了总体预测："'十一五'期间，继续完善，'政府主导、依靠企业、充分发挥行业作用、社会力量积极参与，公办民办共同发展'的多元办学格局和'在国务院领导下，分级管理、地方为主、政府统筹、社会参与'的管理体制。"

第一，科学预测职业教育发展的步骤和要解决的问题。对于现代管理来说，科学预测是提高政府管理应变能力的需要。职业教育的发展和变化是非常迅速的，要对职业教育进行科学预测，以求对职教发展做好准备，"不打无把握之仗，不打无准备之仗。"对职业教育的预测，一般按照管理的要求以解决职业教育的基本问题。一是在某一时期内职业教育特别是职业院校发展达到什么水平，预定的任务完成到什么程度，这是预测要解决的首要问题，如果政府对职业教育发展达到什么程度都不作预测，那么，职业教育就不可能科学发展。《国务院关于大力发展职业教育的决定》是这样对职业教育预测的："到2010年，中等职业教育招生规模达到800万人，与普通高中招生规模大体相当；高等职业教育招生规模占高等教育招生规模的一半以上。'十一五'期间，为社会输送2500多万名中等职业学校毕业生，1100多

---

① 姜杰等主编：《管理学》，第166页，山东人民出版社2005年版。

万名高等职业院校毕业生。各种形式的职业培训进一步发展，每年培训城乡劳动者上亿人次。""在重点专业领域建成 2000 个专业门类齐全、装备水平较高、优质资源共享的职业教育实训基地。""国家重点扶持建设 1000 个县级职教中心。""重点建设高水平的培养高素质技能型人才的 1000 所示范性中等职业学校和 100 所示范性高等职业院校。"① 对职业教育，国务院已明确预测了目标。职业院校应该根据这些预测的总目标，确定自己的发展目标，实际上发展目标就是对职业院校本身发展的预测。职业院校为实现自己确定的预测目标，还要对完成这些目标的资源保证加以预测。职业教育预测解决的第二个问题就是职业教育要获得多少资源来支持实现目标方案，即人、财、物资源和技术、信息、时间的资源可利用度。这种资源预测，是为了确保预测发展目标实现的预测。在对资源的预测上，国务院指出："各级人民政府要加大对职业教育的支持力度，逐步增加公共财政对职业教育的投入。""省级政府应当制定本地区职业院校学生人数平均经费标准。""从 2006 年起，城市教育费附加安排用于职业教育的比例，一般地区不低于 20%，已经普及九年义务教育的地区不低于 30%。农村科学技术开发、技术推广的经费可适当用于农村职业培训。职业院校和培训机构开展的下岗失业人员再就业培训可按规定享受再就业培训补贴。""建立职业教育贫困家庭学生助学制度。""加强师资队伍建设。""支持职业院校面向社会聘用工程技术人员、高技能人才担任专业课教师或实习指导教师。"② 为了实现职业教育的目标，国务院已对人、财、物等作了预测，以确保职业教育预测目标的实现。三是职业教育的大环境在未来时间内会有哪些变化，这些变化对职业教育会产生哪些影响，这些影响能够达到什么程度等等都需要预测。我们知道职业教育发展预测的结果不是纯客观的东西，只是对客观未来动态的反映和认识。这种预测，可能正确地反映对象，也可能带有主观随意性。因此，我们必须用科学的方法，按照职业教育发展规律和市场经济的发展规律进行科学判断。政府对职业教育的预测有一定的较为科学的程序，职业院校自身的科学发展预测也必须按照较为科学的程序进行。管理科学认为，预测包括了几个步骤和程序：确定职业教育的预测目标、搜索和整理信息、研究和归纳出规律、选择对职业教育的预测方法、实施预测、对预测进行评价、修正预测结果。职业教育是教育重要的组成部分，关系到民众就业和人们对技能的掌握，关系到经济社会的科学发展。因此，政府对职业教育的预测要尽可能科学，在实践过程中发现预测结果有误必须及时调整，以便为领导调整决策做好准备。职业教育的预测是政府对职业教育发展决策的前提；职业教育科学预测是政府对职业教育正确决案的依据；职业教育的预测是政府对职业教育管理过程的先导。

---

① 《国务院关于大力发展职业教育的决定》，《光明日报》2005 年 11 月 10 日。
② 同上注。

我们知道，预测再科学，也会受到未被预料到的客观条件的限制，这些客观的可变性和难以预测性，限制了政府对职业教育发展预测的科学把握，客观条件的改变，使原有预测前提发生了变化，这就需要政府相关部门对预测及时加以修正。职业教育科学发展的预测是一项科学的工作，我们必须保证过程和结果的科学性。

第二，科学预测职业教育发展的类型。职业教育的预测，主要是由政府职能部门完成的，在科学预测过程中，职业院校可以为政府提供依据、信息，提供一些有关职业教育科学发展的建议，为政府对职业教育的发展预测提供参考。政府对未来的预测有许多种，预测在现代社会的发展过程中已成为一门具有广泛应用价值的科学。我们根据预测的内容、时间、性质不同，可分为不同的预测类型。根据预测的对象和范围不同，可分为微观预测和宏观预测。职业教育的预测有几种类型。一是对职业教育生源以及毕业生的预测。根据人口的变化以及其他教育形式的把握，对未来一定时间内职业教育的生源以及毕业生进行科学预测。二是对经济发展过程中企业对技能人才需求的预测。企业发展变化很大，要根据企业对技能人才的需求变化，科学预测需求人才的数字和质量要求。三是对职业院校培养人才能力的预测。从全国或者各级政府对自己辖区内职业院校的情况进行预测，以逐步支持职业院校的发展。四是政府对自己支持职业教育发展的财力等资源的预测。职业院校多是由地方政府出资开办的，政府要对自己一定时期内能够提供多少资金等资源用于发展职业教育有一个科学的预测。五是政府对职业教育科学发展的周期进行预测，以便及时培养急需人才，淘汰没有前景的专业（工种）。政府对职业教育的预测既有宏观的东西，也有微观的东西；既有内容、时间方面的预测，也有对职业教育尤其是职业院校性质的预测。政府相关的职能人员，要把握职业教育发展预测的不同类型，以较为科学的预测结果，为相关政府领导科学决策提供保证。我们知道，所有的预测都不能是单纯某一方面的预测，因为任何一种预测的目标都具有综合性，任何预测都应该属于"综合"预测。

第三，科学预测职业教育发展的方法。科学预测职业教育发展的方法分为多种类型，据管理学家调查结果证实，自20世纪60年代以来，预测技术的发展较为迅速，各种预测方法不断发展，推动着预测科学性的提高。现在，预测的方法已达150多种，经常使用的预测方法也达几十种之多。我们只从对职业教育科学发展的预测层面选取几种加以分析，以供预测职业教育时参考。

一是时间顺序法。时间顺序法指用一种根据时间序列顺序外推的方法，把观察到的和记录到的相关的职业教育数据按时间顺序排列起来，分析它们的变化趋势和变化程度，找出规律性的因素，以求对职业教育的下一时期或以后若干时期可能达到的水平作出推测。在实践中，对职业教育运用时间序列法进行预测，一般包括简易平均法、移动平均法、阶段指数法。所谓简易平均法指在时间序列数据中求得变量的平均数，并以此为基础确定预测值。所谓移动平均法，是在简易平均法的基础上发展起来的。所谓阶段指数法也被称为加权移动平均法，这种方法是在移动平均值的基础上求得离预测期远近不同的阶段指数，然后再以最后一个移动平均值、趋势增长值和阶段指数为依据，对预测对象未来的发展趋势作出预测。

二是回归法。回归法是一种从职业教育变化的因果关系出发来进行预测的方法。回归法着重研究引起职业教育未来状态变化的各种客观因素的作用情况，找出其间的相关关系。与时间序列法比较而言，时间序列法多是停留在数据形式上，回归法多注意事物的因果关系，力求找到隐藏于职业教育背后的根源。回归法运用数理统计的基本原理，对数据进行分析，求得相关系数。相关系数大，因果关系也就密切，利用这种因果关系分析可以推断职业教育的未来。"回归"一词所指的就是分析现象之间的非确定性函数关系，以寻求影响某一变量的主要与次要因素，建立起描述变量之间变化规律的方程式，去预测事物发展的趋势。回归关系可以用一组变量来描述，表现为自变量和因变量的关系。自变量是指影响预测对象变化的各种因素的量的变化，因变量是指在各种影响因素的量的变化作用下，预测对象的量的变化。根据自变量是一个还是多个的情况，可以把回归模型分为一元模型、二元模型和多元模型。① 把管理学回归法用在对职业教育的管理上，可以分为三个步骤。首先是对职业教育以及职业教育相关的统计资料进行研究分析，从影响某一变量的许多变量中，判断出主要的和次要的。其次是建立变量之间的关系式即回归模型。再次是带入职业教育自变量的数值进行计算，确定预测值。在现实生活中，职业教育及其变化发展往往是多种因素共同起作用的结果，被人们称作一果多因。职业教育的预测对自变量因素考虑得越多，就越符合实际，但又因计算的复杂，人们大都用简化的方式反映事物的复杂关系，舍去了被预测者认为是次要的因素。我们还是认为尽可能地考虑到职业教育自变量的因素，以求结果更切合实际。

三是相关关系法。相关关系法是一种研究职业教育随机变量之间相互关系规律性的统计法。这种方法是在决策树的方向上加上矩阵理论发展起来的一种预测方法。相关关系法与回归方法一样，都是研究变量之间相互关系的。研究职业教育相关关系分析的推进方式有三种。一种是研究职业教育变量之间的相互关系，通常是把具有相关关系的资料用散列图、散列表的形式排列出来，以考察它们的相互关系。另一种是计算相关系数。相关系数是反映变量之间线性相关关系的综合指标，它反映出变量之间相关关系的密切程度。还有一种是利用已知的相关关系和相关系数，建立数学模型，并对模型的可靠性进行反复的测试，如果可以证明模型的可靠性，就代入一定的数值。通过模拟计算，得出预测的结果。这几种方式是一种渐进的方式，要注意其先后的程序。②

① 姜杰等主编：《管理学》，第173页，山东人民出版社2005年版。
② 同上注，第174页。

四是德尔菲法。德尔菲是一座希腊古城的名字，是传说中阿波罗神殿的所在地。传说众神每年都要来德尔菲聚会，以预测未来。德尔菲法因此而得名。德尔菲法是美国兰德公司在20世纪40年代末推出的。这种方法的操作程序是针对所要调查的问题，首先挑选出一批专家，然后向他们提供调查表和一些背景资料，反复征询专家们的预测意见，经几轮调查后，专家们的意见趋向一致时，就汇总调查情况，得出预测结果。德尔菲法的调查方式是反复给专家寄调查表和背景资料，请专家对表中的问题，利用背景资料，提出看法。① 德尔菲法用在职业教育预测上应按其自身的程序进行。其一是在不同的教育领域和社会企业中挑选人员组成一个专家小组。其二是使专家对职业教育相关的资料和现实中就发现的问题或者他们认为将发生的情况以及认为何时发生问题作出相关的预测。其三是把专家对职业教育回答的内容汇聚起来，把综合结果反馈给专家小组的成员。其四是用反馈回来的手头资料对职业教育相关问题的未来再作估计。这种过程可以反复多次。其五是在专家们对职业教育相关问题开始形成一致的认识时，其结果便可以成为被政府接受的预测结果。②

五是经验判断法。经验判断法是指在对有关资料分析的基础上，由政府相关人员凭借经验，运用主观决断力进行预测的方法。经验判断法是政府常用的办法，这种办法已被政府相关部门认定为较为成功和较为理想的办法。经验判断法运用在职业教育上是指政府相关部门针对职业教育管理和发展的经验对职业教育的科学发展进行预测。这种方法的运转程序很简便，它先从高层管理者根据管理的需要，向职业院校或者职业相关部门的人员提出预测项目和预测的方案期限，这些相关人员根据上级的要求，根据自己的实际经验提出自己的预测方案。最后再将最高层管理者的预测方案、其他管理人员和专业人员的预测方案，进行综合分析判断，定出对职业教育的预测值。这种预测方案，既调动了管理人员和职业教育工作者的预测积极性，又能上下结合制定出自己既了解又能身体力行的预测方案。

在对职业教育方案预测的过程中，我们应该也必须学习和借用现有的管理预测办法，使职业教育的预测更为科学。但是管理学者认为，现代预测方法的多样性说明了一个问题，就是至今还没有一个完美无缺的方法，因为所有的预测方法都有局限性。作为政府对职业教育进行测试时，至少应该注意几点。一是注意预测的期限问题。二是注意数据的散布形式。所指散布形式是指根据研究收集到的观察数据的散布选择方法，当存在明显的季节性或周期性波动时，所选择的预测方法或模型应当包括季节性和周期性变化因素。三是注意模型的适用范围。③ 我们在对预测方法

---

① 姜杰等主编：《管理学》，第175页，山东人民出版社2005年版。
② 同上注。
③ 同上注，第177页。

进行使用时，既要注意到预测方法的局限性，又要考虑到预测人员运用这些方法的预测能力，同时还要考虑到预测的经济性、可行性。就是说对职业教育要科学预测，预测的方法、手段和过程也必须科学。

（2）职业教育的科学决策分析

通过对教育的预测之后，我们便对职业教育有了一个较为全面的了解。充分了解了职业教育之后，我们面对的是如何决策的问题。

第一，我们必须把握职业教育的决策含义和决策的特征。所谓职业教育的决策指在教育管理过程中为了达到职业教育预定的管理目标，在几个有关职业教育发展的行动方案中选择一个合理方案并付诸实施的过程。它包括了职业教育决策前提出问题、搜集资料、预测未来、拟订方案、优选和决策实施中的跟踪、反馈的完整过程。[①] 所谓决策特征指职业教育决策自身具有的属性。职业教育的决策具有预见性。所谓预见指对职业教育的将来的预料。职业教育决策是一项立足现实却又面向未来的活动，虽然政府已有了职业教育的发展概况，但是，职业教育的未来对政府的决策者来讲是一个未知领域，因此，对职业教育发展的预见，一定要注意依据现实和过去职业教育发展的规律科学地进行。不搞"拍脑袋"的决策，也不搞"拍屁股"的决策。决策者文化知识少水平不高不要紧，要尽量多听取预测的意见，以求决策的科学性。职业教育的决策具有选择性。所谓选择指职业教育的决策方案具有可以挑选的余地。供职业教育管理者挑选的职业教育发展的方案以及其他方案有多种，政府首脑或职能部门的负责人，必须对职业教育科学发展的方案有所选择，以使决策更具科学性，对有关职业教育科学发展的方案也应该科学地选择。职业教育的决策具有主观性。所谓职业教育决策的主观性是指决策职业教育决策者主观意志的作用。所有的决策都是人作出的，职业教育的决策是由职业教育的主管部门和职业教育院校相关领导作出的，因此，决策的主观性就非常明显。职业教育的决策是由政府相关人员凭自己的主观意志对客观存在的多种可能性进行选择，是以人的意志为转移的一项活动。因此，决策更多体现出主观性特征。[②] 管理学者认为，选择是决策的灵魂。从某种意义上讲，决策的过程就是选择的过程。在职业教育过程中，无论是职业教育目标的确定还是职业教育行动方案的确定，都要运用选择。管理学者把职业教育决策的内容简化为两方面的选择。其一，职业教育目标的选择。目标选择包含两层含义。一个是职业教育的目标，即与职业教育发展相关的目标；另一个是职业教育中某一个需要决策的目标。职业决策的目标就是政府相关人员对未来一段时间内所取得结果的判断。职业教育的目标要具体，目标的确定要恰当，目标要具有可检验性。其二，职业教育科学发展方案的选择。职业教育科学发展的目标一

---

① 姜杰等主编：《管理学》，第176页，山东人民出版社2005年版。
② 同上注，第178页。

且确定之后，就必须为实现职业教育科学发展寻求有效的途径。寻求有效途径，就是为职业教育发展提出各种备选的行动方案。

第二，必须注意职业教育的决策分类。决策分类指把有关职业教育发展决策分为不同的类别。其一，从决策的总分层面来分析，职业教育决策首先分为职业教育的战略决策和战术决策。战略决策是指职业教育全面发展的决策，而战术决策是指有关实现职业教育战略目标采取的方式、途径、措施等。其二，从程序层面分析，职业教育的决策又分为程序化决策与非程序化决策。所谓程序化决策是指在职业教育科学发展的过程中，政府部门通过限制或排除的行动方案，按照书面的或不成文的政策、程序或规则进行的决策。职业教育发展的决策，大都是程序化的决策类型。程序化的决策在某种程序上限制了"职业教育决策者的自由"。所谓非程序化决策是指职业教育的决策者处理职业教育科学发展中的不常发生或例外的非结构化问题。如果职业教育的发展过程中某个问题不常发生而没有被引起注意或者因该问题非常重要复杂而值得给予特别注意时，就需要政府相关人员把该问题作为非程序化决策进行处理。作为职业教育的主管部门，一定要设法提高自身的非程序化决策能力，并在领导职业教育发展中尽量使非程序化决策向程序化决策方向转化，以求职业教育的决策更规范更科学。西蒙把组织的全部事务分为两类：一类为例行问题，即常规的、常见的；另一类为例外问题，即偶发的、例行之外的问题。实际上，例行、例外就是决策中程序化和非程序化的另一种概念的表达形式。其三，从职业教育决策要解决的问题性质层面来分析，职业教育的决策可分为原始决策和追踪决策。所谓职业教育的原始决策指政府相关人员根据职业教育决策目标对职业教育行动方案进行初始选择的决策。追踪决策指职业教育行动方案进行中发现了有严重威胁职业教育目标实现的问题时，政府人员对原始职业教育决策目标和执行方案进行修正决策，这样的决策被称为追踪决策。其四，从职业教育决策目标的数目来分析，职业教育的决策可分为单目标决策和多目标决策。职业教育科学发展的决策，是一种多目标的综合式的决策，而针对职业教育某项需求而进行的决策是单目标的决策。一般情况下，职业教育的多目标决策比职业教育的单目标决策要复杂，但有时单项决策在某一具体职业教育实体中却有决定性的作用。因此，多目标或单目标的职业教育的决策，都要实事求是，注意区别对待，力求决策更科学。其五，从职业教育个体和群体层面分析，职业教育的决策又可以分为个人决策和群体决策。所谓个人决策指职业教育的决策权集中于个人的决策形式，也常被人们称为"首长意志"。个人决策受到许多的条件限制，受职业教育决策主体的个人知识、经验、心理、能力、价值观、教育观、经济发展观等个人因素影响较大，决策过程带有强烈的个性色彩，"拍脑袋"工程、"拍屁股"工程都出自这种决策的类型。所谓群体决策指职业教育主管部门集体共同掌握的决策，这种决策受群体结构的影响较大。群体决策有时能够达到优势互补，有时却会出现弱势叠加。职业教育决策，可以参考管理学的决策形态，尽量使决策更完美、完善。除了我们上面分析的几种形态之外，根据决策影响的时间长短，职业教育的决策可以分为长期决策、中期决策和短期决策；根据层级不同，职业教育的决策可分为高、中、基层决策；根据思维方法不同，职业教育决策可以分为直觉决策、经验决策和推理决策；根据决策的阶段性特征，职业教育的决策还可以分为初始决策和反馈决策等等。

第三，我们必须注意职业教育决策的不同内涵。从职业教育总体情况看，横、纵的不同层面有着不同的内涵，这些内涵都是概括的、总体的。根据决策理论分析，职业教育的决策内涵可分为几种。一种是职业教育的决策内容是为了解决某一问题，达到某一确定的目标而进行的；另一种是职业教育主管者从决策多种方案中作出的选择；再一种是职业教育是为了未来科学发展内涵的决策。决策的具体内涵因职业教育的不同问题而定，有的是关系到路线、方针、政策，有的是职业教育某一方面需要解决的现实问题，有的是职业教育未来的科学发展问题。职业教育决策的内涵要科学，要经得起历史的、现实的检验，得到绝大部分相关人员的拥护。

第四，必须注意运用职业教育决策的基本原则。决策的基本原则指职业教育决策者从预测、选择到决策进行等过程中必须坚持的原则。这些原则有些是在决策前运用的，有些是在决策实施过程中运用的，有些是在决策实施之后运用的。

一是预测原则。职业教育的决策同管理决策一样，是对职业教育未来状态所作的某种设想，带有极强的预测性。职业教育的预测，是对未来的某种测定、推测，既是为了对未来有预先的把握，又是为了防止职业教育的失误。其实，再好的预测也是"跛足"的，就是说再好的预测都有局限性，要注意科学分析和科学运用。古人讲：预则立，不预则废。讲的就是决策中预测的重要性。预测，一定要对职业教育有一个全面的调查和了解，在此基础上进行预测，而绝不能"'闭塞眼睛捉麻雀'，'瞎子摸鱼'，粗枝大叶，夸夸其谈，满足于一知半解"① 而去作决策，决策要高瞻远瞩、科学预测、谨慎定夺、防患于未然。

二是信息原则。信息化时代的到来，决定了职业教育信息性的增强。信息是职业教育决策的基础。职业教育的信息是指与职业教育相关的各种消息。职业教育决策的过程，从某种意义上讲就是有关职业教育信息的收集和加工的过程。我们要注意收集信息、加工信息、运用信息，让信息为职业教育的科学发展服务。

三是系统原则。从理论上讲，职业教育的决策是有关职业教育系统和其他系统的系统工程，当然，决策本身也自成系统。而系统相关性是职业教育现实问题所具有的典型特征，职业教育的决策者，要树立系统的观念，从个体把握整体，从局部

---

① 《毛泽东选集》，第 3 卷，第 796—797 页，人民出版社 1991 年版。

把握全局，从内部把握外部，从主观走向客观，全系统地科学把握职业教育的决策。另外，也要运用决策本身的系统性，参照决策的不同方法、途径，使职业教育决策更为系统。

四是客观原则。职业教育的客观决策原则，指职业教育决策必须实事求是，尊重客观规律。客观原则指在决策者意识之外而决策者又必须遵守的现实存在的某些规律。"人们要想得到工作的胜利即得到预想的结果，一定要使自己的思想合于客观外界的规律性，如果不合，就会在实践中失败。"① 为减少职业教育决策的盲目性，必须注意职业教育的客观实际情况，多角度、多层面、多种方法地研究职业教育的现实，全面地了解职业教育科学发展的有利因素和不利因素，努力使职业教育在时间、空间、人力、物力、财力、组织机构等客观现实与决策者的主观愿望相符，与客观实际相符，以使职业教育的决策符合教育规律和市场经济规律，使决策更为科学。

五是效益原则。所谓效益指职业教育决策的效益结果。任何决策都应该具有效益性，这是决策者必须注意追求的。没有效益的职业教育决策是不科学的，也是站不住脚的。职业教育的效益有社会效益和经济效益，从职业院校来讲，追求的应该是以社会效益为主，而培养出的学生在企业工作，企业应该以经济效益为主，但不能忽视社会效益。职业教育的本身是公益事业，由于"市场化"的影响，职业教育的公益性本来并不十分彰显。职业教育的决策，一定要从两种效益出发，以社会效益为主，追求决策的科学性，追求职业教育效益的最大化。

六是优化原则。职业教育决策的优化指运用选择和改进的方法推进职业教育决策的优良性。从决策选择的层面分析，决策是在不同方案中优选而决定的，这样的优选会使职业教育的决策更优良。从决策改变或者调整的层面分析，要不断地对职业教育的决策进行必要的调整，以使原决策方案更优良。

七是调整原则。世界上一切事物都在变化，职业教育决策也是随着职业教育的发展而变化的。正因为变化，职业教育的决策调整就是必须的了，否则，决策就不科学，就会对职业教育的发展造成非正常约束。例如：2005 年 11 月，《国务院关于大力发展职业教育的决定》中指出："到 2010 年，中等职业教育招生规模达到 800万人，与普通高中招生规模大体相当。"② 仅用了一年半，到 2007 年 9 月，"全国中职学校首次招进 800 万人，在校生规模达到 2100 万人，与普通高中规模基本持平。"③ 本来是 5 年的决策结果，却在 1 年多之后实现了，职业教育的决策必须加以调整，以跟上发展的步伐，推动职业教育的科学发展。

---

① 《毛泽东选集》，第 1 卷，第 284 页，人民出版社 1991 年版。
② 《国务院关于大力发展职业教育的决定》，《光明日报》2005 年 11 月 10 日。
③ 周大平：《中职教育不能重蹈大学盲目扩招的前车之覆》，《中国青年报》2008 年 4 月 29 日。

2. 职业教育组织与控制的科学化

组织与控制都是管理学中的具体内容，政府对职业教育的组织与控制，是政府目前应该具备的职能之一。对职业教育的组织与控制，主要是对职业院校的组织与控制。

（1）职业教育组织的科学分析

职业教育的决策实现是通过不同组织进行的。一旦政府有了决策之后，所有的决策都必须由一定的组织去实施。职业教育的组织建设一般被国人称为职业教育体制，这里体制的含义与组织含义相近。因为体制是由组织构成的。一个体制就是一个组织系统。在推进职业教育科学发展中，中央已把有关组织以体制的方式加以表述。"发展职业教育，要面向市场，发挥政府主导作用，同时要充分发挥企业、行业和社会力量举办职业教育的积极性。"[①] 实行"'在国务院领导下，分级管理、地方为主、政府统筹、社会参与'的管理体制。"[②] 对完成职业教育发展的组织形式被描述为"要积极办好公办职业院校，大力发展民办职业教育"，"要鼓励有条件的企业、企业集团或行业组织发展职业教育。""鼓励和扶持中外合作办学"。[③] 这些都是职业教育的组织形式，也是目前我国举办职业教育的主要组织。

职业教育的主要组织已基本明确，但这些组织的设计是有一定的模式和要求的。政府必须对职业教育进行组织设计。组织设计是政府相关部门为实现职业教育组织的目标而对职业教育组织活动和组织结构进行设计的活动。管理学认为，组织设计是在特定的环境中，把组织的人物与组织的职能、部门、职权和规范进行有效的结构性配合的过程。[④] 从职业教育发展的过程来看，职业教育的任何院校，单靠某一个领导来管理是非常困难的，即使这个人有很宽的知识面和很强的管理能力。现代社会对职业院校组织提出了更高的要求，必须通过群体的智慧和力量才能有效地控制组织并有效地运行。作为政府，必须对职业院校进行合理的组织设计，通过选择合适的组织形式、组织结构形态，建立不同层次的部门，规定不同岗位的权责，配备部门的主要管理人员，实现职业院校组织的分工与协作，发挥整体的优势，[⑤] 推动职业院校的科学发展，推动职业教育的科学发展。

第一，职业教育组织设计的内容。在职业教育的职能设计上，我国已把职业教育分为高等职业教育和中等职业教育两类。高等职业教育，基本是按高等教育的管

---

① 温家宝：《大力发展中国特色的职业教育》，《中国教育报》2005 年 11 月 14 日。

② 同上注。

③ 同上注。

④ 姜杰等主编：《管理学》，第 89 页，山东人民出版社 2005 年版。

⑤ 同上注。

职业教育科学发展论
Zhiye Jiaoyu Kexue Fazhan Lun

理方式管理，由教育行政部门主管；中等职业教育，是中技、中专管理的方式，分别由教育、劳动或行业等不同的主管部门管理。中等职业教育这种不同的主管部门（业务与行政隶属）给组织设计带来了很大的困难，我们认为这种管理方式不科学。因为劳动部门对教育的业务不熟悉，影响了中等职业院校的规范化发展。因此，职业院校的组织设计一定要科学，要有利于职业院校的科学发展。

组织设计的具体内容，摆在首位的是职能设计问题。所谓职能设计是以职业院校职能分析工作为核心，研究和确定职业院校的职能结构，为职业院校层次、部门、职务和岗位分工协作提供客观依据的工作。我们在这里所讲的职能是指职业院校的具体活动，而职能结构是指职业院校内部以及职业院校与上级主管部门的有机联系。职业教育组织设计的任务有几点。要根据不同职业院校的性质和目标战略，确定学校的总体任务和学校职能特性；要进行职业院校组织的职能分解；要确定职业院校的主要职能与辅助职能；要明确职业院校各职能间的关系。

职业教育组织设计的第二个问题是部门设计。所谓职业院校的部门设计是在分析和确定职业院校的职能分类和职能关系以后，从横向角度把职业院校具体任务和职责配置以特定的单位，并且使职业院校职能落实到具体运行单位中去的过程。公办的职业院校现已经政府化，有了不同的行政级别，严重地阻碍了职业教育技能特长的发挥，使职业院校"官场化"，因此，腐败和官僚也随之而来。职业教育的部门设计是根据职业院校的不同性质进行的。比如，根据职业院校"职能"设计职业院校的部门性质，像幼儿教育系列，便设置以幼教系列为主的职业院校；比如，根据区域设计职业院校；按照行业和产品设计组织的方式设置职业院校；根据服务对象设计职业院校；根据职业院校的重要性设计职业院校；根据经济发展等方面的需求而设置职业院校等等。设计出的职业院校，必须为经济社会服务，这是设计的根本目的，政府主管部门和有关领导不能闭门造车，设计的职业院校必须科学。到2006年止，我国的中等职业学校已达 14693 所，[①] 有些学校在结构、质量、特色、效益的设计上已存在不少的硬伤，政府主管部门和相关领导一定要对职业教育有所了解，了解了之后再进行科学的组织设计。据调查，深圳 10 年时间，中职招生分数线下降了 300 分，中职学校从 33 所减少到 16 所。[②] 这种现象，不排除学校自身的原因，但组织设计一定有很大的责任。

职业教育组织设计的第三个问题是管理幅度和管理层次的设计。[③] 职业院校的管理幅度指学校内部一位主管人员所能直接有效地管辖的下级人数，也就是职业院校的教职队伍的规模。职业院校的管理层次是指职业院校最高一级管理组织到最低

---

① 周大平：《中职教育不能重蹈大学盲目扩招的前车之覆》，《中国青年报》2008 年 4 月 28 日。

② 刘芳：《一所重点中职学校的办学困惑》，《中国青年报》2008 年 4 月 28 日。

③ 姜杰等主编：《管理学》，第 92 页，山东人民出版社 2005 年版。

一级管理组织的各个组织等级。我们已经分析过，我国职业院校官员等级化非常明显。

职业教育组织设计的第四个问题是学校职权的设计。其实，在当初政府部门设置职业院校时，已经把职业院校的职权确定了。职业院校的职权是指职业院校的各个部门、各种职务在职责范围内决定和影响其他个人行为或集体行为的"支配力"。从科学分层的角度分析，职业院校的不同管理层次担负着不同的职能，有着不同的职责。必须各司其职，不能上级干了下级的"活"或者下级干了上级的"活"，还必须让不同的管理层次在履行各自职能时让所必需的职权形成纵向结构，这便于满足中国特色的职业院校副职的纵向管理问题，这种形式，会形成不同的权力纵向，有时会干扰学校整体工作的开展。

职业教育组织设计的第五个问题是学校内部横向联系的设计问题。职业院校横向联系设计是为了解决学校管理专业化分工与协作之间的关系。从职业院校的管理现实来看，有分工必然会有矛盾，为了解决这些矛盾，必须有横向协调的设计要求。按组织管理学的设计，为避免组织设计中职业院校因条块分割出现失控现象，可以按三种协调方式设计。一是非结构性方式。非结构即不改变原有的组织结构方式，只是改变和完善组织运行规则与形式。比如制定管理工作规范，建立例会制度、会签、联合办公、现场调度等形式，这也是完善职业院校运行规则协调的、民主的方式。二是结构性方式。结构性方式指职业院校调整有时是改变原有组织结构以达到横向调度设计的目的。① 比如设置联络员、建立不同的工作小组或者委员会、设立专门协调部门等等。三是人际关系方式。所谓人际关系方式指不牵扯到职业院校责权等关系的调整，利用建立联谊组织方式或者联谊活动的方式，以改善关系，加强凝聚力和向心力，加强合作。

第二，职业院校组织设计需要考虑几种因素。影响职业院校组织设计的因素很多，从职业院校的发展实际情况来看，主要表现为几点。一是学校的环境。学校环境包括了学校所处的区域、学校外部和内部环境等等。职业院校的组织设计与特定环境因素有关，作为职业院校，要服从属地的市、县（区）等不同部门的领导，要为地方经济发展服务，另外，地区有着不同的文化环境，对职业院校的组织设计都有一定的要求。职业院校环境中特定因素对职业院校的组织设计同样有着重要的影响。诸如地方的经济政治体制、经济发展水平、企业技术状况、人口多少以及素质情况等等，都对职业院校有着要求。在诸因素中，政府的"政治"影响有时占主要影响的位置。同时，职业院校环境对组织设计的影响与环境的特性有关。所谓特性指变动性和复杂性。学校内部构成特别是学校领导层的构成不是学校教职工能当得

---

① 姜杰等主编：《管理学》，第95页，山东人民出版社2005年版。

了家的（民办院校除外）。学校的领导层一般都是由职业院校上级组织者任命的，这便使学校内部环境和外部环境交织交错，使组织设计的环境更为复杂。二是学校的组织战略。所谓学校的组织战略是指实现学校任务目标的各种行动方案、方针、方向和途径的综合方案。学校的战略具有多样性、导向性、动态性、目标性等不同特点，不同学校的目标和学校内部不同的目标都可以选择不同的战略方式，即使选择了某种战略目标，一样可以在实施中不断调整。三是学校管理中技术的运用。所谓技术是指学校把相关资源转化为服务的能力。这里的技术，包括了政府主导（主管）部门的技术水平，即包括了影响和掌握职业院校命运的政府组织部门的管理能力和方式。对职业院校实施管理和职业院校自身自我管理中不同的技术水平和相应的技术设备，对学校运转活动内容的划分、部门的设计、职能的设计、职务的设置、权力的配置、组织制度规范的内容和实施方式等都有不同的要求，这些不同的要求，不仅影响学校的组织设计水平，还影响着职业院校的"长治久安"和战略目标的实现。

第三，职业院校组织设计的程序。职业院校组织设计有一定的程序，包括设计的归类以及步骤、实施设计的顺序等等。职业院校的主要任务是为经济社会培养所需的技能人才，组织设计的程序有几个部分。一是根据学校任务划分、归类，为每一类任务确定关键管理岗位。二是根据院校的内部结构的任务不同，确立不同层次的部门。大学和职业院校一般都采用直线职能结构，从而分出不同的层次。技师学院可以分为经济系、建筑、数控系、机电系等层面，在系中再没有不同的专业。三是根据学校的实际需要，规定岗位权责。例如某一层面的管理者任务的性质，具体的工作范围、内容、责任，具有的管理权、决策权；任职条件，工作绩效标准，奖惩办法以及与上下级（即同政府相关部门）、与横向管理部门之间的关系等等，责权必须明确。四是为院校配备主要的管理人员。由于我国管理体制的原因，公办学校的领导基本是由政府职能部门任命的，而不是选举等方式产生的。职业院校组织设计的程序，一定要实事求是，科学、合理，以最大的可能保证组织设计程序的和谐。

第四，职业院校组织结构的划分。职业院校的组织结构类型是根据职业院校目标的需要和职业院校组织环境的特点而决定的。组织管理学认为，组织结构的形式主要有七种：直线形结构、委员会型结构、职能型结构、直线职能型结构、事业部结构、矩阵型结构、团队结构等。① 而职业院校的结构多采用的是直线职能型结构。直线职能型结构指在各级直线指挥人员或行政领导人之下，按专业分工设置相应的职能机构，这种职能机构一般不能直接向下级部门下达命令，只能进行业务指导，职能部门拟订的计划方案，统一由直线指挥人员批准下达。如图7－1所示。

---

① 姜杰等主编：《管理学》，第101页，山东人民出版社2005年版。

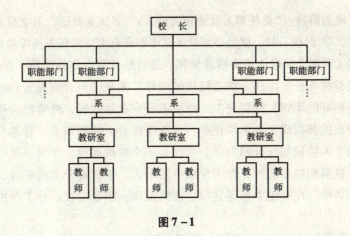

图 7 - 1

直线职能型结构既保持着直线形结构统一集中指挥的优点，又吸收了职能结构的专业分工管理的长处，从而提高了管理效率，这种结构的本身具有稳定性，容易发挥集团效率。[①] 它的缺点是横向部门之间缺少交流，校长的协调力度大，由于分工较细，结构的反应迟钝。

由于管理科学中其他管理方式与职业院校管理方式不同，我们不再叙述。职业院校在现有管理模式的基础上，应注意发挥自身的优势，发挥自身的主观能动性。

第五，职业院校组织设计的原则。职业院校组织设计的原则指在进行职业院校组织设计时必须遵循的原则。当然，职业院校的组织设计原则是因校而异的，即使有共同的组织设计原则，但由于院校和院校所在的区域不同，设计的组织原则也有很大的区别。诸如广州的不少职业院校实行的是董事会制，校长是由董事会任命的，所以，学校组织的设计原则也有了较大的变化。我们应该根据自己学校的实际情况，科学地运用不同的组织设计原则。组织管理学研究表明，一般的组织原则分为传统原则和动态原则。

职业教育组织设计的传统原则。所谓传统原则指在比较稳定的环境中，从事重复、稳定、例行工作的组织原则。职业教育组织设计的传统原则首先表现为管理跨度合理的原则。职业院校管理层面必须要有一个适当的管理跨度，这个跨度是指上级指挥下级的数目。所谓学生管不过来，就是管理跨度不合理。其次是统一指挥的原则。所谓统一指挥指全校一盘棋，统一安排、统一计划、统一行动，并且每一个下级只能接受一个上级的指挥，并对这个上级负责。统一指挥，排除了学校中更高级别的主要人员或其他部门的主管越级指挥或越权发布命令的现象，有利于学校任务的落实。再次是责权利一致的原则。对于职业院校来讲，权、利都不大，但责任

---

①　姜杰等主编：《管理学》，第 104 页，山东人民出版社 2005 年版。

不小。小平同志讲过："责任到人就要权力到人。""只交责任，不交权力，责任制非落空不可。"① 责权一致，就是必须赋予某个职务自主完成任务所需的权力，有责无权，有权无责都会使职业教育事业受损。最后是分工合作的原则。在管理学中，分工合作又被称作分工协作。职业院校的领导层面分工与合作是常用的原则，而且是应该运用好的原则。所谓分工，指按不同专业和性质，将学校的任务和目标分为不同层次的部门或个人单项任务。合作指在分工的基础上，各部门之间以及接受分工的个人协调与配合的方法。学校是一个组织系统，作为子系统的各部门不可能相互脱离而独立运行；作为组织中的个人，担负着分工的任务，也必须在部门内合作共事，在系统中各司其职、协同工作。职业院校，分工与协作是相辅相成的。

职业教育组织设计的动态原则。所谓动态指组织设计是处在一个变化状态中。应该说组织设计一般是追求稳定的，而事物变化是绝对的，组织设计的"动态"是必然的。在组织环境不稳定时，要求职业院校的组织设计必须具有一定的变性和弹性。职业院校组织设计的动态性首先表现在弹性结构的原则上。职业教育的弹性结构的原则，是指组织的部门结构、人员的职位和职责是能够随着实际需要而变动的，② 这些变动是正常的和必须的。对职业院校来讲，自身要不断用教育的实践来检验，同时还必须接受上级的检验，对已有的部门结构进行动能审核，检查部门机构以及个人职位是否正常发挥了作用，是否符合组织设计的要求。职业院校和上级的主管部门，要建立一套对组织机构进行改组、撤销或重新设立的方案，以保证需求中的变化，保持机构变化的弹性。职业院校要注意不能因人设岗，应因任务而设岗。在机构设置、人员设岗上，也应该保持弹性，保持变化的余地。其次，职业院校组织设计的动态性表现在集权与分权的平衡上。用矛盾观点来看，集权和分权是一对矛盾，集权和分权又是组织设计包括组织管理常用的手法。集权和分权的不断变化，使得职业教育的组织设计处在了动态之中。职业教育尤其是职业院校，在重大问题和决策上，在干部使用上，是绝对集权的；在课程建设上、专业设置上、学生管理上又多是分权的。集权管理有指挥灵活、决策迅速等优点；分权具有调动不同层面积极性和主动性的优点。当学校规模较小时，集权是必须的；而当学校规模相当时，分权又是必须的，因为分权可以把责任同时分掉，减少有关部门的压力和"无用功"。职业院校使用集权与分权相平衡的原则，是职业教育现实发展的需要。要根据职业院校自身实际的需要，决定集权和分权的方案和程度，但必须注意，集权和分权要保持学校的平衡，保持职业院校发展的科学。

---

① 《邓小平文选》，第 2 卷，第 151 页，人民出版社 1994 年版。
② 姜杰等主编：《管理学》，第 114 页，山东人民出版社 2005 年版。

（2）职业教育科学控制的分析

什么是控制，管理科学家法约尔说："控制就是核实所发生的每一件事是否符合所规定的计划，已发布的指示及所制定的原则，其目的是要指出计划实施过程中所出现的缺点和错误，以便改正和避免再犯。对一切的事、人和工作活动都要控制。"任何一个职业院校，无论信息多么充分，无论条件多么优越，无论计划多么周密，无论组织结构多么合理，无论领导多么能干，无论民主、协调多么有力，无论决策多么正确，都不可能保证学校按照计划实现目标。因为计划总会受到主观和客观因素的影响，因此，必须建立职业院校以及主管部门对职业院校的控制系统，从而强化职业教育的控制职能。从实践来看，控制是学校管理中不可缺少的部分，是学校一项重要管理活动，是一个检验计划执行成败和计划正确性的过程，学校的控制要遵循一套科学的程序要具有明确的目标。[①] 控制的目标就是要保障学校计划目标的实现。

第一，职业院校实施控制的目的。所谓控制目的，是指职业院校为了更好地实现自己的计划。管理学认为，学校控制的目的有两个：一个是为了维持现计划，即在变化的环境以及条件中，尽量保持学校预定目标的实现，如果发现学校目标实施有偏差，即及时纠正，保持实现学校目标。另一个是为了改变原有的计划。在新的历史条件下，学校原来预定的目标和经济社会的需求不适应了，经济社会对职业院校提出了新的目标和要求，因此，必须对原有的目标加以调整。调整的目标应该比原来的目标更先进、更合理、更科学。在实现学校目标的过程中，控制工作是必需的、经常的和科学的。学校的一切活动和一切工作都需要加以控制，有些是通过学校内部管理机制加以控制，有些是政府职能部门对学校的工作加以控制。研究表明，学校的控制是学校管理职能不可分割的部分，同时，学校控制也是一种对学校管理创新和管理学校创新不可忽视的重要力量。

第二，职业院校实施控制的特征。职业院校的目标是培养技能人才为经济社会建设服务。紧紧扣住经济社会的主题，是实施院校控制的首要特征。职业院校实施控制具有服务性。所谓服务，一方面职业院校必须为经济社会建设服务，控制要使职业院校紧紧围绕这个主题，切实为经济社会建设培养高素质、高技能人才。另一方面，职业院校还要为师生服务，为师生创造工作和学习的条件。职业院校为师生服务是内部的，也是最难做好和最难控制的。职业院校实施控制具有整体性。所谓整体，一方面指学校的管理控制是全体师生的职责，完成学校的计划是全体师生的共同责任，因而谓之整体。另一方面指学校管理控制的对象是学校的各个层面，这些层面共同构成了学校的整体，因此，也具有整体性。职业院校的控制具有"人为

---

① 姜杰等主编：《管理学》，第266页，山东人民出版社2005年版。

性"。这里的人为指学校控制是人执行的控制并且又是对人实行的控制。职业院校的控制具有动态性。实现目标处在动态运动过程中，控制目标，同样也处在一种动态的控制和控制的动态情形中，因为控制者和被控制者都处在动态中。职业院校的控制具有提升性。所谓提升指对下级进行监督、指导和帮助，对他们是一种提升，同时，对目标的控制，也是某种意义上的提升。

第三，职业院校实施控制的前提。职业院校实施控制必须有一定的基础和前提，这些前提是实施职业院校控制的基本条件，同样，职业院校实施控制，控制的对象也是控制的前提。首先，职业院校要有明确而完整的计划，这个计划就是控制的计划。其次，要有明确的控制组织结构。说到底控制工作是"发现偏差和纠正偏差"，从而保证学校目标的实现。作为职业院校，应该有院校领导专门负责或者分管控制工作，学校应建立专职负责控制职能的组织机构，要有专人控制学校的组织控制工作。再次，要有对控制工作的反馈。控制是对学校计划检查和纠正的手段，控制的程序、控制的结果如何，作为学校负责人，要及时掌握，要把握控制工作的全过程。最后，要及时传递各种信息。有了信息才能正确地组织反馈，才能对控制及时调整，才能实现学校控制的目的。

第四，职业院校实施控制的功能表现。职业院校实施控制的主要功能就是为了保证学校活动与学校计划的一致，以实现学校确定的目标。控制为学校领导层提供了适应环境变化、限制偏差累积、处理学校内部复杂局面、降低学校成本、减小损失①的途径。现实的职业院校中不少职业院校领导不喜欢控制，因为某些领导"天马行空"惯了，别说控制，连逆耳之言都不想听，何况对学校某些目标的控制呢！这些领导所在的学校发展一定不会和谐，有些领导可能会在实施控制中摔跟头。首先，控制具有保障性功能。控制是使学校不断地适应环境的过程。职业院校是在适应环境中建立的，又要不断地适应发展和变化中的环境。学校的控制活动，就是让学校的管理者通过控制活动了解环境变化的情况、变化的程度、变化的原因，从而有目的地进行调整。控制是为学校管理者提供及时发现环境变化并及时对管理者计划进行调整的过程。学校管理者必须有目的地构建有效的控制系统，利用这一系统，帮助学校管理者预测和确定环境的变化，并对环境变化作出较为迅速的反应。其次，控制具有限制性。所谓限制是指学校管理者管理过程中通过控制限制偏差的积累。学校的建设和发展涉及方方面面，不会是百分之百的正确，不可避免地会出现某些失误，控制是防止这些失误和纠正这些失误的主要手段。控制的过程，就是一个发现问题的过程，就是一个解决问题的过程，因此，限制学校管理工作的偏差是控制的重要任务。管理学研究中，有世界上著名

---

① 姜杰等主编：《管理学》，第270页，山东人民出版社2005年版。

的"蝴蝶效应"的说法，即一只蝴蝶在巴西扇动翅膀，有可能会使美国的得克萨斯州引起一场龙卷风。蝴蝶效应认为在"混沌运动"中，初始条件的十分微小的变化经过不断放大，对其未来状态会造成极其巨大的差别。① 如果学校管理工作没有控制，小的偏差不断积累，便会不断放大，最终变得不可收拾。因此，我们必须运用控制手段，对学校管理予以控制，以便及时地纠偏。再次，控制具有责任性，所谓责任是指控制会通过控制的手段和控制的结果，强化学校不同层面管理人员的责任心，从而减少工作中的偏差，减少组织资源的损失。学校的控制一般可以分为上级主管部门对学校的控制和学校管理者对学校不同层面的控制。通过学校的控制，可以对学校不同层面进行评估，给不同层面的管理者以不断的激励和不断的压力，使全校师生员工树立工作责任心，较好地完成自己的管理任务，以实现学校的管理目标。

第五，职业院校实施控制的过程。我们分析过，有些职业院校的领导不喜欢控制，更不喜欢人们对学校管理的监督，认为有了控制，便是对管理者不信任，这种认识是错误的。对任何组织的监督和控制都是必需的，都是不能缺少和不可以缺少的。职业院校的控制工作始终贯穿于学校管理的整个过程。控制工作好坏，事关学校各个层面管理工作效能的发挥。学校管理工作控制程序一般分为几点。管理学研究认为，职业院校控制工作的程序一般有明显的阶段特点。一是要明确地确定学校管理工作的控制标准。控制标准一般来源于学校管理工作的计划，但在根本上又不同于计划。学校管理工作的控制标准一般分为定性和定量两大类。学校管理工作控制标准应该尽量使定性化与定量化相结合，要按照控制标准建立的要求建立。标准要做到：简明、适用、可行、便于操作。二是要了解学校和学校管理不同层面的工作绩效。了解学校工作绩效就是通过采集学校管理工作的数据与信息，了解和掌握实际情况。三是把学校管理实际工作绩效与学校管理控制标准进行比较并分析其中的偏差。通过比较，找出偏差，当然，也有不存在偏差的可能性，但那是极少的。四是上级管理部门和学校管理层面根据控制的要求，采取管理行动而科学地纠正偏差。在学校管理工作中，纠正管理的偏差方法一般表现在两个方面：一种是改进学校管理层面的工作绩效，一种是修订控制的标准。在控制实施过程中，学校管理上的偏差一般是工作绩效没有跟上，管理人员"不卖力气"，这也说明了有些职业院校管理方面的不科学，控制方面更不科学。

第六，职业院校实施控制的基本类型。管理学研究表明，管理的控制按不同层面分析有不同的控制类型。比如，按组织控制体系划分可分为分散控制、集中控制；按组织控制活动的来源划分可以分为正式组织控制、群体控制、自我控制；按

① 姜杰等主编：《管理学》，第271页，山东人民出版社2005年版。

控制手段划分可以分为直接控制、间接控制；按控制的逻辑发展划分可以分为随机控制、经验控制、推理控制、最优控制等等。① 我们在这里只按职业院校的"时间段"简单分析学校管理控制的类型，以供学校管理和管理学校者在控制实施中参考。所谓时间段控制类型指根据学校管理过程的时间段点不同而分析控制类型的方法。一是事后反馈控制型。所谓事后反馈控制型指在管理工作结束后的控制。这种控制的类型是把控制的注意力集中在学校管理体制工作的结果之上，这是一种最主要和最传统的控制类型，也是其他行业在管理中喜欢采取的控制类型，"总以成果论英雄"。二是学校管理工作同期同步控制型。这种控制方式也被称为现场控制式，是一种在学校管理工作过程中的同步现场控制的方式。优点是，发现问题，及时纠正。这种控制的方法多为基层管理人员所运用。三是学校管理工作的事前预先控制型。这是指在学校某项管理工作没有开始之前而进行的控制类型。事前预先控制型的运用，需要极强的预测性以及预测的科学性。虽然控制者认为已想得很周全了，但仍会有某些疏漏。四是目标管理控制型。有的管理学者认为，目标管理控制型是事前控制、同期同步控制和事后反馈控制结合的类型。目标管理控制是把学校整体的管理目标转换为单位和成员的目标，通过层层落实和控制，使目标得以高效实现。

第七，注意职业院校实施控制中的阻力。我们已分析过，"控制"并不是人人欢迎的，有的职业院校的领导自己不懂学校管理，还十分惧怕控制，并美名曰："我们只要用政治手腕控制好干部层面，这就是管理。"那种所谓政治手腕不过是"封官许愿"而已。职业院校实施控制的阻力是有一定原因的。一是有人对控制的误解。不少人对控制有一种抵触情绪，认为控制是对其行为自由的约束。② 在学校管理控制中，也有个别人反对管理上的控制，但多数人对有意义的控制还是持欢迎态度的。二是学校管理中，控制有时过度。控制过度是管理者常犯的一种错误。我们必须注意职业院校的控制度，包括政府部门对职业院校的控制，也必须注意控制度。政府对职业院校控制过度，同样会导致职业院校士气低落和责任心低下，造成对政府主管部门的不信任，从而影响职业教育的科学发展。三是在学校管理中，控制的侧重点不恰当。所谓侧重点不恰当指控制选择中主次侧重点的颠倒或者偏差。在职业院校的管理和控制中，如果侧重点选择不当则会顾此失彼，特别是难以实现管理目标。四是在学校管理中，激励出现偏差。所谓学校激励出现偏差指学校的实施控制中鼓励低效率。所谓鼓励低效率是指控制中对高效率的管理行为进行了不应有的"惩罚"。五是在学校管理中，被控者责任过重。所谓责任过重指被控者受到的标准检查责任过大，上面千条线，下面一根针，受控者无暇顾及学校的控制，因

---

① 姜杰等主编：《管理学》，第288页，山东人民出版社2005年版。
② 同上注。

此，容易出现某种应付的局面，采取某些不负责任的态度对待控制，这很不科学。

第八，注意职业院校实施控制的办法。再好的控制政策，必须靠人去执行，在职业院校实施控制要根据职业院校的实际情况，因事而异、因人而异地运用技巧和方法。有人说同样一件事，会讲的讲得人笑，不会讲的讲得人跳，说明了控制方法有时非常重要。一是要注意在职业院校较为封闭的环境中运用有效的控制艺术，注意控制过程中的领导艺术、语言艺术、批评艺术等等，让控制的要求得以顺利落实。二是要注意客观公正的控制态度和做法。公正是让人心服的做法，在控制实施过程中，学校管理者一定要注意公正，特别是在纠偏过程中，要做到对事不对人，实事求是，一碗水端平。要尽量使人们感到公正、公平，减少管理中的失公后遗症。三是要注意在控制中善于利用人际关系。在职业院校中同专业、同爱好、同学等关系复杂，有时候会形成某种非正式团体，当某些领导在使用干部不公时，就会促使那些失落的干部形成某种非正式团体。要增加学校组织的影响力，完成控制的任务。四是注意以人为本。职业院校的老师都是有知识、有能力的人，要注意在控制中用人性化、人情化的方式，推动工作的进步。注意千万不能把老师当做"臣民"对待，从而失去民心，控制更是谈不上了。五是注意让师生代表参与学校管理目标的制定。"拍脑袋"制定发展目标和控制目标应该是没有文化的人所为，但现在也有一些职业院校出现了"拍脑袋"制定目标和制定控制目标的现象，这是一种无能的表现。开明的、有文化内涵的职业院校领导，一定会在制定目标时让师生参与，倾听师生的意见。师生参与目标的制定对师生接受目标和标准以及执行标准等都大有益处。师生参与目标的制定，对目标就有了认同感，便会在工作时努力去实现自己认同的目标。六是注意运用事实控制。所谓事实控制指在控制过程中实事求是，让事实讲话。制定计划目标和控制目标都必须运用事实说话的方法，从事实出发，以求解决问题。七是注意控制的基本要求。其实，我们前面分析的六点，都是控制必须注意的要求，但它是从方法和艺术角度进行分析的，这里的基本要求，是实现有效控制的基本要求。这几个要求是：适时控制、适度控制、弹性控制、客观控制和监督控制。

3. 职业教育管理计划的科学化

管理学认为，计划是管理的基本职能之一，就管理的整个过程而言，计划是管理职能之首。[①] 职业院校管理的计划同样是职业教育管理过程的首要任务。没有计划的职业教育管理是没有的，没有计划的职业院校管理也是没有的。我们有时在分析职业教育管理中运用职业院校，因为职业院校在职业教育的管理中更具有代表

---

① 姜杰等主编：《管理学》，第 51 页，山东人民出版社 2005 年版。

性。职业教育与职业院校是两个不同概念，但在运用计划、组织、管理、控制等管理学的方式方法上又是完全一致的。计划指职业教育的管理者在收集大量基础资料的前提下，对职业教育的未来环境和发展趋势作出尽可能准确的预测，并根据预测的结果和职业院校所拥有的可利用资源确立职业院校的发展目标，然后制定出各种实施目标的方案、措施、方式和具体步骤，为职业院校目标的实现作出较为先进的谋划。职业院校的计划制订必须紧紧围绕两个问题，一个是职业院校打算实现哪些目标；二是如何实现所确定的目标。① 计划是职业院校实施管理体制的首要步骤，它关系到职业院校的生存和科学发展。

（1）职业院校计划设置的特点与地位

职业院校计划设置与管理学所描述的计划设置是相通的。管理学研究表明，在职业院校管理中，职业院校制订完整的计划，要做好六个方面的工作。要明确做什么，给出符合职业院校组织目的和宗旨的学校不同层面的目标；要明确为什么做，给出实施院校计划的原因；要明确职业院校中（包括政府职能部门）谁来实施计划；要明确在职业院校何处实施计划；要明确实施计划的时间表；要明确职业院校计划实施的具体方法和手段。② 这六个方面的工作，实质上已表述了计划总的特点。但对于具体的职业院校来讲，不同的院校又应该有不同的计划。有时，虽然不同院校在某一层面是相同的，例如迎接某个"技能节"，但如何落实计划，却又是因校而异的。

第一，职业院校计划的特点分析。职业院校的计划和学校管理工作的基本职能，具有独到的特点，这些特点对所有职业院校来讲，具有普遍性，对于具体的某个职业院校来讲，又具有独特性。我们要对职业院校的独特性加以鼓励，同时又要求职业院校必须符合国家计划的总要求，符合科学发展的总要求。从职业院校总体计划来看，计划具有首位性，即计划是学校其他管理职能的基础或者前提条件。也就是管理学所讲的，管理在前，行动在后。职业院校的计划具有普遍性。所谓普遍性指职业院校的计划涉及职业院校中的每一位教职工，在学校总的计划确定之后，每个系部都必须制定相应的目标和分计划。职业院校的计划具有目的性。所谓目的指职业院校的计划是有明显目的的。计划如果没有目的，那就不叫计划。职业院校的计划具有实践性。所谓实践性指学校的计划是以实践为依据制定的又用来控制实践的。职业院校的计划具有人文性。人文性指职业院校所独有的人性和教养。职业院校的根本任务是培养技能人才的，是使人成为人的工作，计划必须具有人文的特性。当然，职业院校的人文性还包括了通常所讲的文化现象，包括计划的制订和实施都必须以人为本，让人在实现学校计划中得到全面发展，让人在计划制订和实施

---

① 姜杰等主编：《管理学》，第 51 页，山东人民出版社 2005 年版。
② 同上注，第 52 页。

中个个出力。职业院校计划的人文性是不同类别计划中独有的特性，是职业院校计划的本质所在。职业院校的计划具有明确性。所谓明确指职业院校的计划明了和直接。职业院校的计划包括实施的指令、规则、程序和方法等直接指引师生的行动。计划明确表达了院校中不同机构、不同层面的教职工、不同系别的学生的不同任务，明确表达了完成这些任务采取行动的程序、方法，明确表达了在完成学校计划中各级管理人员的权利、义务。职业院校的计划具有学术性。所谓学术性指计划的本身必须科学，要经得起实践和科学的检验，同时也要求在操作计划中必须科学，以学术的方法和观点操作职业院校的计划。职业院校的计划具有效率性。所谓效率性指计划的实施结果和实施过程必须要讲效率。计划的效率性是计划的本质要求，没有效率的计划是一堆空语、废话。

第二，职业院校计划的地位分析。我们知道，一切管理活动都是有计划的，学校的一切管理活动和业务等活动都必须有计划。目前，我国正处在经济发展的转型期，经济由粗放型向科学发展型转变，这种转变使职业院校计划的地位愈显重要，因为职业院校是为经济社会培养技能人才的。职业院校的计划重要性体现了计划是学校管理活动的重要依据，是科学地配置资源、减少浪费、提高效率的保证，是学校管理者控制标准的依据，是引导和规范职业教育科学发展的方向。

（2）职业院校计划的类型分析

职业院校的计划有与管理学计划相同和相通的地方，也有自身的特殊之处。对于学校来讲，计划主要是以功能为主，战略和战术为辅，另外，职业院校的计划在时间上还有长短之分。

第一，职业院校功能计划的类型。管理学认为，一般组织的计划，多是按照计划的不同功能而进行分类的。分类之后的计划，又都是为了完成学校目标而实施的。就职业院校而言，学校计划中有"发展规划"，这种规划必须依据经济社会的实际和学校自身的条件制定。学校计划中还有学年计划、学期计划，都是为了指导学校某时期内工作而制订的。就学校不同部门功能而言，学校的功能计划还可以分为招生计划、师资培训计划、实训设备采购计划、图书购置计划、教学计划、实训计划、课题计划、模块教学计划、实习计划、校舍维修计划、基建计划、毕业生就业指导计划、校企合作计划等等。这些功能计划都是必需的。

第二，职业院校战略与战术计划的类型。所谓战略型计划是指职业院校长远发展方向和基本目标的计划。学校战略计划规划了学校总的发展方向、基本策略和具有指导性的政策方针。学校战略计划时间跨度大，涉及的范围广，内容抽象、概括，计划的前提条件大多是不确定的，计划的执行结果也具有很大的不确定性。所谓战术性计划指一般由学校或学校职能部门制订的关于某些工作如何运作的计划。学校战术计划的主要特点是时间跨度小、范围较小，内容具体、明确，计划的前提是确定的，目标是具体的。战略计划和战术计划是职业院校常用的两种计划方式。

第三，职业院校以时间划分的计划类型。管理学认为，按时间划分的计划一般可以分为三种，即长期计划、中期计划、短期计划。职业院校按时间划分的计划也具有这三种类型。学校长期计划与战略计划相近，规划的是学校较长时期内的发展方向和方针，这种计划的内容一般相对笼统，是要点式或框架式的。学校的中期计划内容比较具体，是学校在中短期内某些活动的目标、行动方案、实施措施等。学校的短期计划比较具体，时间短、任务明，人、财、物的使用情况都一目了然。在职业院校中，短期计划是经常用到的。

(3) 职业院校计划的内容分析

职业院校计划的内容是多样的，有什么样的管理任务，就有什么样的管理计划。对具体的教师职工来讲，有自己的教书育人和管理育人计划；对学生来讲有自己的学习计划、获证书计划、技能培训计划等。学校内的计划表现形式是多样的，内容也因不同的主体而不同。管理学把计划从抽象到具体分成九点，供职业院校考虑，这九点是：目的或使命、目标、战略、政策、策略、程序、规则、规划、预算。① 这九点是较为概括的，真正的职业院校的计划应该更为具体。为了便于分析，我们把相近的计划分类合并分析。

第一，职业院校计划的目的和目标内容。职业院校计划的目的指为什么要制订某种计划。计划的根本目的，是为了让职业教育科学发展，这些计划，也明确了职业教育的任务，成为区别于其他组织形式的标志。职业院校的计划具有明确的目标。职业院校的目标是为经济社会培养技能人才，是党的教育方针所规定的，培养"社会主义事业的建设者和接班人"。任何计划都有目标，职业院校在培养人的总目标下，根据当地企业发展情况，培养适销对路的技能人才，以满足社会对人才的需求，满足家长以及学生对就业技能知识的需求。职业院校确定自己的目标，是计划工作的起点，目标中的具体数量内容是计划的终点。职业院校目标的数量内容也是学校领导工作、教育教学工作、学生教育工作、培训工作、人财物配备工作、就业工作等包括控制工作所要达到的效果。

第二，职业院校计划的战略和策略内容。我们在分析计划的类型中列出过战略和策略的计划类型。战略和策略是职业院校计划的重要内容。战略是职业院校实现自身目标所确定的有关发展方向、行动方针、行为原则、资源分析等的总体谋划，在职业教育计划内容中，"总体谋划"是必需的。策略是职业院校实现自身目标的具体谋略。学校的策略属于目标的实现系统，是为了实现学校重大目标采取的行为过程和资源的分配方案。学校计划的策略内容必须注意灵活性、突发性、调整性以及可操作性。

---

① 姜杰等主编：《管理学》，第 59 页，山东人民出版社 2005 年版。

第三，职业院校计划的政策和规则内容。职业院校计划政策的内容指学校在运用计划或解决问题时用来指导或沟通思想与行动方针的某种规范。计划中的政策性，可以规范执行计划的行为，减少事件处理成本，可以让师生员工在工作中按政策办事，从而提高工作效率。职业院校计划规则的内容指让师生员工按一定的规则去执行计划。有人讲规则是一种最简单的计划，但职业院校计划的规则内容是指人们在某些具体场合和具体情况下，按照计划的要求做允许做的工作，不做不允许做的工作，并且按要求完成工作的计划任务。职业院校计划中有规则，而规则的执行中同样有计划。规则是为保证计划实现而显现或者不显现的"规范"，如人们常说的"潜规则"，是人们形成的不显现的规则。

第四，职业院校计划的程序和规划内容。程序和规划都是职业院校计划的内容。程序原是指完成未来某项活动的方法和步骤，实际上是把学校的计划按照学校发展规律和教育规律的某种顺序进行排列。计划的程序化和学校发展的程序化都是必需的。诸如职业院校的招生程序、教学程序、就业程序等，都是学校计划中应该具有的实际内容。说实了，设计工作程序也是一种工作的计划。职业院校的规划是较为长远的计划，是学校计划中应该显现的必定内容。规划是实施学校既定方针所必需的目标、程序、政策、规则、任务、经济分配、资源使用、学生就业等较为长远的综合性的计划。规划的特点一般是粗线条的、纲要性的、概括性的、长远性的。按规划的规则来讲，规划应该派生出许多小的规划，小的规划的实现又靠具体的工作计划。计划的内容中有规划的长远性，而规划又靠具体的计划来完成。

第五，职业院校计划的预算和调控的内容。职业院校的计划是具体的，必须要有"资源"做保证，没有物质保证的计划是空洞的，是无法完成的，因此，计划的实现必须有预算。具体说来，预算是用数字表示预期结果的一种报告书。被管理学家称为数字化的规划。[①] 学校的一切计划都具有预算的内容，而预算又是完成计划的"计划"。计划的调控指计划的本身应该实事求是，应该具有可调控性。计划是在事实基础上制订的，又是靠实践来完成的，计划与实践有联系但有很大的区别。计划的内容必须具有可调控的内容，而可调控的本身，也是一种计划。

（4）职业院校计划活动的基本原则

就职业院校自身而言，计划的原则可以分为三个方面，即计划的目标性质方面的原则，计划结构方面的原则和计划活动的基本原则。计划活动的基本原则是计划目标、性质原则和计划结构原则的继续，是保证前两原则实现的原则。因为前两原则我们已有过简单的分析，因此，我们只对计划活动的原则作简单分析。职业院校计划活动原则包括了导向变化原则、限制因素原则、任务饱和原则和调控原则等。

---

① 　姜杰等主编：《管理学》，第63页，山东人民出版社2005年版。

第一，职业院校计划导向变化原则。职业院校计划的原则在很长时间内是追随"高考"的应试教育导向的。改革开放以来，职业院校的任务越来越凸显与经济社会结合的特点，为此，职业院校的计划导向发生了根本的变化。《国务院关于大力发展职业教育的决定》中明确指出："推进职业教育办学思想的转变。坚持'以服务为宗旨，以就业为导向'的职业教育办学方针。""从传统的升学导向向就业导向转变。"[①] 职业院校导向的变化，迫使职业院校的计划必须改变。计划导向的变化是根本性的变化，必须加以重视。

第二，职业院校计划限制因素的原则。所谓限制因素指妨碍学校目标实现的因素。从职业院校发展的现实来看，影响和妨碍学校目标实现的因素很多，要学会区别和选择。在计划制订和执行计划的过程中，要注意选择妨碍因素少的方案，在执行中，要注意减少或者化解一些妨碍因素。妨碍学校目标实现有外部、内部的因素区分，有政策和物质的因素区分，关键是职业院校如何选择计划方案和变不利因素为有利因素。

第三，职业院校计划任务饱和的原则。任务饱和指某特定时期无法按计划完成任务而必须采取延长期限原则的现象。在学校里，延长计划完成期限必然会影响教学或教学实训任务的完成，影响职业院校整体计划的完成，这是应该禁止的，但如果任务遇到了不可逾越的困难或障碍时，必须调整计划的期限，保证学校整体计划的科学完成。

第四，职业院校计划的调控性原则。职业院校在完成计划的活动中会遇到各种各样的新情况新变化，尤其是国家对经济的调控政策等等，对职业院校的计划落实产生了巨大的影响，在一定的条件下，必须对计划和落实计划的活动加以调控。调控原则的运用还要求学校在制订计划时留有余地，在出现意外时便于及时调整从而减少损失和减少调控的代价。我们可以肯定地说，任何一个有责任心的学校领导在拟订计划时一定会对各种情况进行预测，以减少计划的调整性，但学校的未来情况有时又很难预料到，人们常说"计划赶不上变化"，客观条件变化了，有时会对计划实施带来巨大的影响，因此，必须使计划的调整跟上变化。

二、职业院校建设必须科学化

1. 职业院校领导班子建设必须科学化

职业院校领导班子建设看似简单，其实是一个非常复杂的问题。公办职业院校的领导班子是由它的上级任命的，是它的上级决定着学校班子的结构、能力、协调

---

① 《国务院关于大力发展职业教育的决定》，《光明日报》2005 年 11 月 10 日。

和发展的水平，决定着学校班子的未来。说职业院校班子建设的复杂，是因为职业院校领导班子配备实际上是不同力量在博弈。这种博弈有时可能是某一方力量胜利了，有时可能是几方力量的妥协，有时会生出职业院校班子的"怪胎"。如何使职业院校班子建设科学化，真正成为胡锦涛同志要求的那样落实"科学发展观"，的确值得研究。

(1)　高校领导体制演变的回顾

我们回顾高校领导班子体制的演变是为了了解高校班子体制演变的过程和结果，以便给职业院校班子建设作参考，防止职业院校班子建设出现不科学的现象，以推进职业院校班子建设的科学、规范、合理、合法和高效率。

第一，校长负责制（1950—1956年）。1950年4月，教育部规定："高等学校一律实行校长负责制。"当时学校中党组织和学校行政没有领导和指导关系。

第二，党委领导下的校务委员会负责制（1956—1961年）。1958年9月中共中央、国务院公布的关于教育工作的指示指出，"一长制容易脱离党的领导，所以是不妥当的"，"在一切高等学校中，应当实行校党委领导下的校务委员会负责制。"

第三，党委领导下的以校长为首的校务委员会负责制（1961—1966年）。1961年9月，《教育部直属高等学校暂行工作条例（草案）》规定，高校"实行党委领导下的以校长为首的校务委员会负责制"，党委"对学校工作实行统一领导"，校长"是国家任命的学校行政负责人，对外代表学校，对内主持校务委员会和学校的经常工作"。

第四，党的"一元化"领导（1966—1976年）。文革初期，受极"左"思潮影响，踢开党委闹革命。1971年4月，中央批转的《全国教育工作会议纪要》规定"学校实行党的一元化领导，在党委的统一领导下，充分发挥工宣队的政治作用。革命委员会是权力机构"。

第五，党委领导下的校长分工负责制（1978—1985年）。1978年10月，教育部修订的《全国重点高等学校暂行工作条例》（试行草案）规定，"高等学校的领导体制，是党委领导下的校长分工负责制"，党委"对学校工作实行统一领导"，校长"是国家任命的学校行政负责人，对外代表学校。对内主持学校的日常工作"。

第六，试行校长负责制（1985—1989年）。1985年5月，《中共中央关于教育体制改革的决定》规定"学校逐步实行校长负责制"，学校中的党组织"保证和监督党的各项方针、政策的落实和国家教育计划的实现"。

第七，党委领导下的校长负责制（1989至今）。1989年8月，《中共中央关于加强党的建设的通知》规定："高等院校实行党委领导下的校长负责制。"1998年8月全国人大常委会通过的《高等教育法》进一步从法律上明确"国家举办的高等学校实行中国共产党高等学校基层委员会领导下的校长负责制"。

（2）中等职业院校班子建设的要求

职业学校要明确自己的权利和义务，使学校真正成为面向企业、面向社会自主办学的法人实体。据此，企业办的职业学校，招生、专业设置、教学、收费标准、教职工的任务和待遇都由企业自主决定，毕业生由企业负责安排。面向社会的职业院校，实行政府宏观调控，学校享有充分的依法办学的权力。学校要以劳动市场为取向，实行一校多能，一校多用和一校多制。在完成政府主管部门既定专业、工种的教育任务外，根据劳动力市场的需求，开展待业人员和企业富余人员的培训，还要为乡镇企业培养所需要的专业技术人才。在扩权的基础上，学校要进行内部管理体制的改革。主要是实行校长负责制、员工聘用制和结构工资制。①

中国教育改革和发展纲要第 17 条中明确规定："中等及中等以下各类学校实行校长负责制。校长要全面贯彻国家的教育方针和政策，依靠教职员工办好学校。"②

原社会和劳动保障部对国家重点技工学校班子的建设标准是："校领导班子与学校规模相适应，结构合理、分工明确、团结协作、勤政廉洁、作风民主，具有较高的思想政治素质、较强管理能力和改革创新精神。校长、教务副校长具有高级专业技术职务或高级技师职业资格，热爱并熟悉技工教育工作。"③

2005 年之后，出现了一种新的学校名称：技师学院。技师学院介于中技和高校之间，这种学校实行什么样的管理体制似乎没有明确。说是高校，它的业务主管部门却不是教育部门；说不是高校，原国家劳动和社会保障部又明确为高等职业教育的组成部分。2006 年 8 月 14 日，原国家劳动和社会保障部劳社部发［2006］31 号文规定："统筹规划技师学校发展。技师学院是高等职业教育的组成部分，是以培养技师和高级技工为主要目标的高技能人才培养基地，同时，承担各类职业教育培训机构师资培训和进修任务。"④ 技师学院领导班子是实行"党委领导下的校长负责制"还是"校长负责制"，有关部门并没有明确，这给技师学院领导班子建设造成了困难。

（3）实行党委领导下校长负责制的职业院校班子建设

实行党委领导下的校长负责制的职业院校，必须按照有关文件要求进行班子建设。《中国共产党普通高等学校基层组织工作条例》第 3 条指出："高等学校实行党委领导下的校长负责制，校党委统一领导学校工作，支持校长按照中华人民共和国

---

① 张启迪主编：《最新技工学校建设标准与教学实习培训计划实施及就业工作指导手册》（上），第 46 页，中国劳动出版社 2007 年版。

② 同上注，第 55 页。

③ 同上注，第 16 页。

④ 同上注，第 31 页。

教育法的规定积极主动、独立负责地开展工作，保证教学、科研、行政管理等各项任务的完成。"①《中华人民共和国高等教育法》第 39 条规定："国家举办的高等学校实行中国共产党高等学校基层委员会领导下的校长负责制。中国共产党高等学校基层委员会按照中国共产党章程和有关规定，统一领导学校工作，支持校长独立负责地行使职权，其领导职责主要是：执行中国共产党的路线、方针、政策，坚持社会主义办学方向，领导学校的思想政治工作和德育工作，讨论决定学校内部组织机构的设置和内部组织机构负责人的人选，讨论决定学校的改革、发展和基本管理制度等重大事项，保证以培养人才为中心的各项任务的完成"。②《中华人民共和国高等教育法》第 41 条规定："高等学校的校长全面负责本学校的教学、科学研究和其他行政管理工作，行使下列职权：（一）拟订发展规划，制定具体规章制度和年度工作计划并组织实施；（二）组织教学活动、科学研究和思想品德教育；（三）拟订内部组织机构的设置方案，推荐副校长人选，任免内部组织机构的负责人；（四）聘任与解聘教师以及其他工作人员，对学生进行学籍管理并实施奖励或者处分；（五）拟订和执行年度经费预算方案，保证和管理校产，维护学校的合法权益；（六）章程规定的其他职权。"③ 第 30 条规定："高等学校自批准设立之日起取得法人资格。高等学校的校长为高等学校的法定代表人。"④ 从学习法律与条例的层面，我们觉得高等学校班子建设要处理好几个关系。

第一，要处理好党委与党委书记的关系。党委书记是学校党委的第一责任人，全面主持党委工作。党委领导下的校长负责制确立的是高校党委在高校的领导地位，而不是党委书记个人领导，党委必须严格执行党的组织纪律、国家法律，"实行集体领导，避免党委书记一个人说了算，更不允许独断专行。党委书记要严格要求自己，自觉把自己置于党委集体领导之中，在党委集体中，书记负有重要责任但没有任何特权，只是召集人角色，在党委表决中，同任何委员一样，只有一票，如果党委书记的意见得不到多数委员的支持，只能少数服从多数。"⑤

第二，要处理好党委书记和校长的关系。学校党委书记全面主持党委工作，校长是学校行政主要负责人，全面负责行政工作。书记、校长都应坚持原则、把握全局、团结同志、加强修养、以身作则，依法各司其职，共同管理好学校。在学校重大问题上，党委书记、校长之间要及时、经常交流思想，沟通情况，形成共识，步调一致。高校党委书记和校长，要努力成为社会主义政治家、教育家，要坚持原

① 《中国共产党普通高等学校基层组织工作条例》，www. sxtcm. com。

② 《中华人民共和国高等教育法》，《中华人民共和国常用法律大全》上卷，第 1061—1062 页，法律出版社 1996 年版。

③ 同上注，第 1061、1062 页。

④ 同上注。

⑤ 唐贵伍：《中心组学习和贯彻 73 号文件宣讲材料》，桂电在线：news. gliet. edu. cn。

则、把握大局、团结同志、加强修养，在学校领导班子中起表率作用。书记与校长在处理双方的关系时，要注意做到团结合作、及时交流、充分协商、加强表率、民主集中、顾全大局、清正廉洁。

第三，要处理好党委领导与校长负责的关系。我们必须看到在具有中国特色的高校领导体制中，党委领导下的校长负责制的体制，表现为党委与校长之间是组织与校长和行政一班人的关系，不是党委书记和校长的私人关系，党委书记不是校长的上级。当然，党委领导是对校长负责制的领导。校长及行政一班人必须在党委集体领导下独立开展工作，工作要对法律法规负责、对师生负责、对学校的党委会负责。

第四，要处理好党委会与校长办公会之间的关系。党委会与校长办公会都是学校的集体决策性会议，两种会议的内容不同，决策层次也不平行。党委会是研究决定学校重大问题和重要事项的会议，校长办公会是研究处理行政日常工作的会议，党委会是学校的最高决策机构。[1]

第五，要处理好班子成员之间的关系。班子成员要严格按照《党章》及有关法律、法规和校内分工的规定，在各自分工负责的范围内积极主动地开展工作，要严格按照组织原则和组织程序办事。首先要做到互相尊重。正职之间、副职之间、正副职之间工作分工不同，职责不同，但在政治上是平等的，人格上是平等的，工作应该互相支持，特别是要使沟通到位，尊重到位。要让班子成员明白，你尊重了别人，别人也会尊重你，你不尊重别人，别人也不会尊重你。其次要做到权责对应。权责要明确，工作要沟通，正职和副职都不能越位，也不能不到位。[2]

处理好高校领导之间的关系，除了我们分析的五点，还要看领导者个人的人品。人品好，一定会在工作中互相尊重，互相配合，人品不好，班子一定不会团结协作，一定会矛盾重重，危机四伏。首先，主要领导人的人品要正。人品正，即谋事不谋人，不谋权、不谋利，在班子中不谋自己所得。一个主要负责人，如果把自己的私利，自己的权位放在第一位，即使可以一时得势，最终还是会被事实所淘汰。主要负责人要有宽容之心、大度之气，要学会"弹钢琴"，充分调动其他同志的积极性。高校领导班子建设，尊重他人应该放在第一位。其次，副职要各司其职，重大问题及时汇报，争取支持，千万不能独断专行，我行我素，要尊重正职，尊重同事，尊重他人。再次，其他层面的负责人，要遵守学校领导班子的集体决定，服从领导，不传话，不煽事，不越权，多劝解。要支持上级领导的团结，支持上级领导的工作。

---

① 唐贵伍：《中心组学习和贯彻73号文件宣讲材料》，桂电在线：news. gliet. edu. cn。
② 同上注。

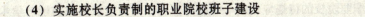

（4）实施校长负责制的职业院校班子建设

校长负责制不是校长一人领导，不是校长一人负责，而是学校一班人对学校工作负责，对学校师生员工负责，对法律、法规和有关决定负责。

第一，要处理好校长负责同学校党组织之间的关系。在实行校长负责制的职业院校中，党的工作是思想上政治上的领导，是监督和保证的作用。在党组织中，校长是组织的一员，校长要对党组织负责。在政治路线、方针、政策上，接受党组织的监督、检查、批评。党组织要支持校长以及一班人独立开展工作。在有些院校，党组织负责人就是校长，工作应该更为顺利，但监督就可能不能很好到位。

第二，要处理好校长与学校党组织负责人之间的关系。校长负责，校长全面主持学校的工作，党组织负责人主持党的全面工作，党组织负责人应该全力支持校长的工作。校长遇到重大事情，仍要向党组织汇报，争取组织上的理解和支持。校长个人的重大事情，也要及时向组织汇报，党组织负责人要围绕学校的中心工作开展党的工作，支持校长工作，并做好监督的工作，及时给校长以提醒。校长要尊重党组织负责人，重大事情要征求党组织负责人的意见，并认真听取、科学分析，好的、对的及时采纳，不正确的或暂时不能接受的，也要解释清楚。校长负责，不是校长独权。

第三，要处理好校长与校务委员会的关系。校长是校务委员会的第一责任人，全面主持学校的工作，校长负责制，不是校长个人领导，而是校务委员会的集体领导。校务委员会必须严格执行法律、法规，严格按照办学宗旨办事。校长负责制，不是校长一个人说了算，更不允许独断专行，校长要严格要求自己，在校务委员会中，校长负责，但校长不应有任何特权，校长所作的决策、决定，必须认真听取校务委员会成员的意见，听取全校老师的意见，以民主的方式，科学的方式处理问题。

第四，要处理好班子成员之间的关系。班子成员和校务委员会成员要按照自己的分工，积极主动地开展工作，要按照组织原则和学校的章程办事。要做到职权对应，责任到人，权力也要到人。作为学校要科学地界定正职和副职各自的权力与责任，界定校务委员会成员的责任，哪些由个人负责，哪些要请示正职，哪些由副职间协调，哪些由集体研究，哪些要互相通气等，保证到位不越位，真正做到在其位谋其政，在其位施其权，在其位负其责。① 要做到互相尊重，正副职之间，副职之间都要互相尊重，做到平等处事，平等共事，共谋发展。

（5）学校中层干部队伍建设必须专业化

职业院校的中层干部应该是职业教育的内行，是有技术、懂技能、会管理、能

---

① 唐贵伍：《中心组学习和贯彻73号文件宣讲材料》，桂电在线：news. gliet. edu. cn。

服务的中坚力量。职业院校的待遇应该向一线教师倾斜，学校应该形成技能、学术氛围，用技能学术的氛围引领大家奔学术、奔技能、奔职称，而不是奔做官，这应该是职业院校提倡的方向，做官去做公务员，进学校就应该是一名称职的老师，应该去做学问，做技能。

第一，确立技能、学术第一的精神。中层干部应该是从老师队伍中挑选出来的既是技术能手，又是能与老师打成一片的人。要在中层干部中提倡技能第一、学问第一、学术第一，把中层干部的教学业务推向前进。尤其在经济高速发展技能进步较快的今天，更应该把技能、学术、学问放在第一位，而不是把做官放在第一位。中层干部应该是某一方面技能上或学术上的专家，即先是专家、学者，然后才是中层干部。

第二，中层干部应该懂管理、会服务。前面我们分析了中层干部应该首先是专家学者，是基于学校特殊情况而言的，因为职业院校不再是以"升学"为导向，而是以就业为导向，职业院校的学生至少要熟练掌握一种技能，才能在毕业后实现就业。所以，在技术技能上，中层干部应该懂。除此之外，中层干部还要懂管理、会服务。学校的校长等领导不是做官的，而是为师生服务的，中层干部更应该确立服务的思想，要懂教育学、管理学、心理学，做为大家服务的内行。职业院校的管理也是一门学问，必须认真学好，真正掌握，才能更好地为大家服务。

第三，中层干部应该是爱校敬业的表率。学校是教职工安身立命的地方，教师职业是教职工的"饭碗"，全校教职工都应该爱校敬业，而学校中层干部应该做爱校敬业的表率。在学校，中层干部与教职工贴得最近，最了解教师的心理，中层干部的举动，往往成为教职工的关注点，因此，中层干部也应该自觉成为教职工的表率。爱校，就是爱自己所从事的职业。爱学校、爱同事、爱学生，用一股热情为师生服务。敬业，就是爱自己所从事的教学专业，爱自己的管理岗位。做到精通专业，善于管理。爱岗敬业，就是要把自己的工作当成自己的事情做。

2. 科学组建专业（工种）和职业教育学科

职业教育的专业（工种）和职业教育学科建设是职业教育科学发展内涵的要求。没有科学设定的专业（工种），便没有培养的内容，职业教育也无从谈起。一所职业院校，设置什么样的专业（工种），要根据学校的实际情况而定，根据地方经济建设的需要而定。没有职业教育的学科建设，便没有职业教育发展研究的后劲，也没有学科建设的顶端。专业是职业教育发展的基础，带有普遍性；职业教育学科是职业教育研究和学科发展的塔尖，为职业教育建设引领道路。

（1）职业教育专业（工种）基本结构和分类特征分析

职业是随着人类社会进步和劳动分工而产生发展起来的，职业教育是在基础教育的基础上，以职业素质作为努力结果，以提升学生职业素质和技能为特征的教育形式。职业教育包括了学校职业教育、企业职业技能培训教育、行业和社会职业技能教育等内容。职业教育的专业（工种）是以社会分工为基础，为培养学生专门职业技能而设立的技能教育体系。职业教育的专业（工种）设置，要从我国的实际出发，从经济建设的需求出发，体现了我国职业现状与发展趋势。不同的院校可以设置不同的专业，也可以设置相同的专业，这要根据经济社会建设的需求而定。《中华人民共和国劳动法》规定："国家确定职业分类，对规定的职业制定职业技能标准，实行职业资格证书制度。"① 学校要根据专业（工种）设置的需求，根据社会对技能人才的需求，科学、规范、合理地确定自己的专业（工种）。

第一，职业教育专业（工种）基本结构。按照《中华人民共和国职业分类大典》的要求，国家把职业分类（学校的专业分类）结构确定为四个层次，即大类、中类、小类和细类。其中细类是最基本的类别，也即我们所讲的职业。我国职业一般分为 8 个大类、66 个中类、413 个小类，1838 个细类（职业），如表 7 - 1 所示。②

表 7 - 1

大　类	中　类	小　类	（细类）职业
第一大类 国家机关、党群组织、企业、事业单位负责人	5	16	25
第二大类 专业技术人员	14	115	379
第三大类 办事人员和有关人员	4	12	45
第四大类 商业、服务业人员	8	43	147
第五大类 农、林、牧、渔、水利业生产人员	6	30	121
第六大类 生产、运输设备操作人员及有关人员	27	195	1119
第七大类 军人	1	1	1
第八大类 不便分类的其他从业人员	1	1	1

---

① 《中华人民共和国劳动法》，《中华人民共和国常用法律大全》下卷，第 2214 页，法律出版社 1996 年版。

② 《中华人民共和国职业分类大典》，第 10 页，中国劳动社会保障出版社 1999 年版。

第二，职业教育专业（工种）分类的要求。专业（工种）分类一般为四层，其中大类是最高层次，大类的划分和归类是根据工作性质的同一性进行的，并根据我国政治制度、管理体制、科技水平、产业结构、经济发展的现实需求和未来需求而确定的。其中中类是第二层次，是对大类的分解。中类的划分是根据职业活动所涉及的知识领域、使用的工具和设备、采用的技术和方法以及产品的服务种类等同一性进行的。其中小类是第三层次，是对中类的分解。小类的划分是根据从业人员的工作环境、工作条件和技术性质等同一性进行的。通常划分小类的原则是：第一大类的小类，是以职责范围工作业务为准则划分的；第二大类的小类，是以工作或研究领域、专业为准则划分的；第三大类和第四大类的小类，是以所办理事务为准则划分的；第五大类和第六大类的小类，是以工作程序、工艺技术、操作对象和生产产品为准则划分的。其中细类是分类最基本的类别，是第四层次，也是人们的职业类别。细类的划分和归类是根据工作对象、工艺技术、操作方法等同一性划分的。通常情况下，第一大类的职业是按照工作业务领域和所承担的职责划分和归类；第二大类的职业是按照从事工作的专业性和专门性划分的；第三类和第四类职业是按工作任务、内容或所提供服务的类别、服务对象来划分的；第五类和第六类的职业是按工艺技术、使用工具设备、使用主要原材料、产品用途和服务来划分的。①

第三，学校专业与国家规定工种的比较分析。职业教育的专业设置与普通教育（高校）设置有很大区别。区别在于职业院校的专业设置就是某一工种的设置，或者把几个工种合设为一个专业。例如近几年由于用工的变化，为了让学生宽基础，不少院校把相关专业合并，组成某种专业混合体，培养学生的一专多能，形成了复合型的专业。如机械类等类别的学生所学的专业已由单一型向复合型转变，把过去的电子、钳工、车工、计算机、家电等专业（工种）合成了电工电子、车钳、钳电、电算会计等复合型专业，培养了经济社会需要的人才。而高等院校的专业设置是较为笼统的，不完全是以职业来划分专业的。

第四，职业教育专业（工种）分类的特征分析。职业教育专业（工种）分类具有实用性。这种实用性完全是由就业导向"逼"出来的，不实用，学生就不了业，学校培养的技能人才就形成了浪费，也影响了学校的信誉。专业（工种）的实用性尤其表现在对新专业（工种）的创办和旧专业（工种）的改造淘汰上。职业教育专业（工种）必须实用，才能有生命力和创造力。职业教育专业（工种）分类具有目的性。专业（工种）的设置目的非常明确，是为了培养学生某一种或多种知识技能而设置的，知识和技能又是为企业服务的，为企业服务又是为了学生的就

---

① 《中华人民共和国职业分类大典》，第11页，中国劳动社会保障出版社1999年版。

业。这种目的性催发了就业的竞争和就业的压力。职业教育专业（工种）分类具有社会性。任何工种都是与社会紧密相连的，专业（工种）培养出来的学生为社会服务，而学生又来自于社会。学生就业之后在特定的社会生活环境中从事着一种与其他社会成员相互关联的、相互服务的社会活动，社会性极为明显。职业教育专业（工种）分类具有规范性。专业（工种）设置必须符合国家法规要求，按照一定的标准予以设置。职业教育专业的设置具有排他性。所谓排他性指某些专业设置中注意不能设置性质重复的专业。排他是相对的，有许多专业是相互联系和互为基础的，但是，要注意防止重复设置。有些院校，虽在同一城市，因为某一专业就业形势好，不同的系抢着设某一相同的专业，结果使专业（工种）重复，浪费了学校的资源。职业教育专业的设置具有群体性。学校设置的专业（工种），不可能只对某一个个体而设置，某一专业一定聚集着许多求学的学子，在就业之后，因为属同一工种的工作人员，仍为某种群体。职业教育专业的设置具有相对的稳定性。学校设置的专业（工种）都是经过市场调查、可行性论证、专家考评、报有关部门批准或备案才完成的。因此，专业的设置是在一定的历史时期形成，又必然具有一定的生命力。职业教育专业（工种）的设置具有一定的科学性。设置什么专业（工种），专业（工种）的生命力怎么样，都具有科学的内涵。某一专业（工种）在社会上受欢迎，说明该专业（工种）科学性强。职业教育专业（工种）的设置具有一定的开放性。所谓开放性指专业（工种）不仅仅在国内企业中有设置，而且国际上也有设置。另外，从专业（工种）的本身来看，要向其他专业学习，借鉴其他专业（工种）设置的经验，这本身也具有开放性。职业教育专业（工种）的设置具有主观与客观的结合性。设置某种专业（工种）可能先来自于企业、社会对学校的客观需求，有了客观需求，需要学校相关部门和相关人员的主观努力，才能完成专业（工种）设置的任务。即使客观条件再好，如果学校主观上不努力，专业也不会成功设置。

（2）职业教育学科建设分析

职业教育学科建设是我们不得不说的话题，尽管它与中等职业教育关系还不紧密，但发展的趋势表明，职业教育学科建设的作用对所有的职业教育产生着越来越大的影响。职业教育学科是职业教育研究的塔尖，是职业教育建设研究的主要方面。职业教育学科是在独特领域、项目和平台上对研究对象、研究范式、研究体系和研究学派的建构。[1] 广义职业教育学科是指职业教育学科群，包括职业教育下位的各分支学科的集合；狭义职业教育学科是指职业教育学科这一单数学科。[2] 我国职业教育学科确立从 1983 年"职业技术教育学"被国务院学位办公室列入专业目

①　周明星、唐林伟：《职业教育学科论初探》，第 66—69 页，《教育研究》2006 年第 9 期。
②　周明星、刘晓：《我国职业教育学科建设》，《高等教育研究》2008 年第 3 期。

录开始，标志着我国职业教育学科正式独立。

第一，职业教育的学科体系。目前，我国已形成了学士—硕士—博士的纵向学科体系。全国已有29所高校开展了中职教师在职攻读硕士学位教育，成为研究生教育的补充。我国现有职业技术教育学博士点10个，硕士点48个。

第二，构建职业教育学科的结构体系。学科体系，即表达学科理论的体系与框架结构。① 理论研究学者根据职业教育理论内核，与外界关系以及纵面发展，构建出职业教育学科结构体系图② （7－2）。

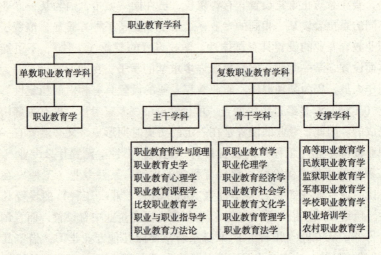

图 7 － 2

第三，科学地推进职业教育的学科建设。搞好职业教育的学科建设，不仅仅是研究部门的事，而且应该是全体职业教育工作者的事。首先，要注意强化职业教育学科理论。强化学科理论，就要加强学科理论研究，学科理论的研究重点要放在应用研究上。其次，要注意彰显职业教育学科功能。职业教育学科的功能是为职业教育以及职业教育学科建设培养人才，这是提升职业教育内涵的关键点。再次，要注意构建职业教育学科的精品。职业教育学科研究，不是泛泛而谈，人云亦云，应该有侧重，有方向，打造职业教育学科的精品，以引领和带动职业教育整体的科学发展。最后，要注意建设职业教育学科文化。③ 建设职业教育学科文化，关系到学科的传承和长久发展的问题。建设学科文化，首先是学者（研究者）构建自身的伦理规范、价值标准、研究方法，创造和提升学科知识，它是学者身份、学科知识、学

① 周明星：《我国职业教育学科建设：使命与方略》，《高等教育研究》2008年第3期。
② 周明星：《职业教育对象、体系与范式的反思》，《人大复印资料·职业技术教育》2007年第3期。
③ 周明星、刘晓：《我国职业教育学科建设：使命与方略》，《高等教育研究》2008年第3期。

术范式的集合体。[①]

3. 职业院校的管理和师资队伍、品牌建设要科学化

职业院校建设科学化，除了我们前面分析的两点，职业院校的班子建设，组建职业院校的学科建设和建设较为科学的专业之外，就是职业院校管理、师资队伍、品牌的科学建设。职业院校内涵建设涵盖了职业院校内部建设的全部。

（1）职业院校的管理要科学化

管理是一门科学，我们已在前面把政府对职业院校的管理作了简单的分析，这里，我们只从职业院校内部管理科学化方面作简单的分析。

第一，要民主。学校民主的内涵是多层面的，民主建设也应该是多层面的，学校的民主要落实在学校建设工作中，要落实在行动上，要落实在学校校级领导班子的建设中。从校级领导来讲，无论实行党委领导下的校长负责制，还是实行校长负责制，都应该讲民主，学校领导应该是全心全意为教职工服务的，而不是来学校"做官"的。班子建设可以由上级党委任命，也可以把行政负责人——校长拿出来由学校教职工"直选"，真正走向民主。从中层干部队伍的建设来讲，要采用群众票决和党委票决的方式，要倾听老师的意见，把业务强、热心为大家服务的老师推到领导岗位。从师资队伍建设来讲，要用民主的正确的方式，引导大家开展教学研究。开展某些课题研究，在职称评聘上，要向一线教师、向业务过硬的教师倾斜。学校要组建不同的委员会，一方面为学校各方面建设出谋划策，一方面从不同的层面对学校的各项工作实行监督。民主是全方位的，要使教学民主、科研民主、专业建设民主、学校特色建设民主、学校管理民主，一句话，让教职工成为学校的主人，绝对不能搞专断，不能搞一言堂。

第二，要科学。科学也是全方位的，科学用在职业院校至少包括了两个方面的含义：一是学校业务建设上要讲科学精神，要有一股创新创造的实力和勇气；另一个是学校办一切事都要"科学"，而不是瞎子摸鱼。从科学精神来讲，职业院校也要学术治校、专家治校，要形成一种尊重科学、讲科学、讲学问、讲研究的精神。无论使用模块教学还是课题教学，都要实事求是，以学到本领为目的，推进专业建设和学校的课程建设。从办事科学来讲，就是要求学校的一切工作都要用"科学发展观"的精神作指导，要以人为本，全面、协调、可持续地推进各项工作，不搞急功近利、劳民伤财的蠢事。凡事要考虑我们做这件事科学还是不科学。

第三，要自由。主要是在专业建设、课程建设、科学研究上要自由，要让学校一切创造和创新的源泉充分涌流，要让不同的教学方法、教学模式充分展现，要让

---

① 周明星、刘晓：《我国职业教育学科建设：使命与方略》，《高等教育研究》2008 年第 3 期。

人们全力去想教学、想科研、想创新。在学术上、在科研上、在不同教学模式的研究上，鼓励教职工敢说、敢做、敢于试验。"在那里，每个人的自由发展是一切人的自由发展的条件。"① 职业院校应该成为这样一个学术自由的联合体。当然，自由不是无组织无纪律，而是在学校组织领导下提倡学术的自由精神。

第四，要创造。创造是指在职业教育中想出新方法、建立新理论、做出新东西。近几年来，理论界多讲创新，创新是指抛开旧的，创造新的。严格讲，创造已包括了创新的含义。创造是一个民族进步的灵魂，同样也是学校进步的灵魂。职业院校要建立鼓励和支持创造的机制，让创造在职业院校的不同层面不断涌现，要用一种执著的精神，推动和支持创造。

第五，要进取。所谓进取指师生都要树立有所作为的精神并努力向前。对学生来讲，学习的本身就是一种进取，被动学习，不符合进取的精神。主动学习，在实训中有所创造，在实训中掌握不同的技术，实现一专多能，这才是进取。对于职业院校老师来讲，要不安于现状，不断掌握新知识、新技能，用自己的博学和技术技能上的"拔尖"，推动学生学习上的进取，形成学校进取的学风。在科研上、在技能比赛上，老师要做好表率，在学术上敢于标新立异，推动学术进步。

（2）职业院校师资队伍建设要科学化

师资队伍建设科学化，是学校教学科研建设科学化的根本。就现在职业院校师资队伍建设情况来看，主要存在着几种不平衡的现象，必须加以注意。

第一，师资队伍建设不平衡。在职业院校里教师明显不足，尤其是懂技术、能操作的教师来源不足，因此，在教师引进上出现了有人才就引进或就聘用的现象，结果形成了师资队伍建设上的硬伤，应该认真解决：

一是师德建设缺乏。师德建设是师资队伍建设的灵魂，一个老师没有师德，再强的业务以及能力都会走向职业教育的反面，都会对职业教育带来伤害。

二是教育理念缺失。教育理念指职业教育的理念，不少教师对职业教育的职业不十分理解，有的认为职业教育同普通教育一样，有的认为职业教育是技能教育，既没有把握培养人这个根本，也没有实现以技能教育为主的职业教育理念。

三是理论多于实践。理论多于实践的原因有两个方面：一个是由于实训指导老师的缺乏，不少职业院校实训指导老师多是外聘的；另一个原因是实训设备和场地不够，出现了实践不够理论凑的现象。

四是动手操作能力差。实训指导老师技能操作应该是拔尖的，而在职业教师的队伍中，个别老师实践操作技能一般，尤其是对企业所需求的新工艺、新技能了解甚少。不少实训老师自己没有相关的资格证书，却去教学生获得资格证书，真个是

---

① 《马克思恩格斯选集》，第 1 卷，第 294 页，人民出版社 1995 年版。

以其昏昏，使人昭昭。

五是不能因材施教。老师叫不出学生的名字，老师对学生不了解，这在职业院校已是一种普遍现象。近两年的扩招，使这种现象越来越明显。职业院校的学生多是形象思维类别的，有着动手能力强的特点，可我们没有注意发现学生的特点而因材施教。

六是教师结构失衡。教师结构失衡主要体现在两方面。一方面是外聘教师太多，使得教学主体结构不合理，虽然国务院"支持职业院校面向社会聘用工程技术人员、高技能人才担任专业课教师或实习指导教师。"① 但不能过偏，不能使外聘教师多于自己应有的教师。另一方面是理论教师偏多而实践指导教师不足。

七是教不致用。所谓教不致用指学生在学校或课堂学习的东西到社会上用不上，因而影响了就业。教不致用有三种现象：一种是技术老化或已经淘汰，学完了在社会上用不上；另一种是学习某方面技术的人太多，形成了竞争；第三种是学习的理论太多，而市场实践太少，知识学习太多，能力培养太弱。教不致用造成了学生学不致用。

第二，要科学地解决师资队伍建设问题。师资队伍是学校建设的主体部分，没有好的师资，职业教育也无从谈起，教师队伍建设要从几方面着手：

一是解决"姓职"的职业理念。职业教育是教育的组成部分，本身有自身的特点和内容。职业教育顾名思义是为了培养学生的职业本领而进行的教育。教师要树立职业理念和职业意识，加强职业教育的学科研究，要让全体师生员工"讲职、树职、培职"。

二是建设多能型教师团队。国务院强调要"加强'双师型'教师队伍建设，职业院校中实践性较强的专业教师，可按照相应专业技术职务试行条例的规定，申请评定第二个专业技术资格，也可以根据有关规定申请取得相应的职业资格证书。"② 所谓"双师型"教师是指一个教师同时具备高等学校教师职务任职资格和工程技术人员职务任职资格，诸如是讲师又是工程师，是教授又是高级工程师。要加快双师型教师队伍的培养，实现双师、双证。除此之外，还要尽量培养教师的多能，让老师从理论到实践，从知识到技能，从教学到动手，从专门人才到全才等方面全面发展，并使老师团队成为多能型团队。

三是提倡老师做生命型教师。就教育而言，职业教育侧重动手和实践教育。无论什么样的教育，在教学上没有一种普遍适用的技术，只有教师在不同的情景下，针对不同学生、不同内容而进行的生命创造。现代教育关注点已转换，从关注知识到关注人，从传授知识到润泽生命；现代知识观已转换，从机械的、冷冰冰的客观

---

① 《国务院关于大力发展职业教育的决定》，《光明日报》2005 年 11 月 10 日。

② 同上注。

知识到开放、生成、建构的知识等，使教学不再是有固定程序的技术，而成为教师生命灵性的创造。这便意味着教师的职业不是一个技术型的职业，而是一种人文性的职业。教师的专业成长，也必须从技术型成长转换为生命型成长。[1] 职业教育不论是理论老师还是技能老师，必须向生命型教师转换，虽然我们有些老师没有意识到。所有优秀的职业教育老师，必然都是生命型的教师。

四是加强兼职教师队伍的建设。职业教育兼职教师队伍建设，是职业院校独有的特色。一般公立学校，教师专职是必然的，由于职业教育中实训实习的需求，工程技术人员、高技能人才兼任学校教师已经非常普遍。从实践中分析，有些工程技术人员或高技能人才不适合担任教师。有的兼职教师人品不合格，在讲学中或实训中宣传不健康的思想；有的兼职教师讲不出"东西"来，也演示不好；有的兼职教师自由散漫，不遵守学校的作息时间；有的兼职教师本就不是一名合格的工人，到学校做兼职教师，是误人子弟。职业院校要有专门聘任教师的机构，对兼职老师要进行筛选，要对兼职老师进行培训，使之具备教师的资格。

五是保障教师应有的利益。邓小平同志讲："每个人都应该有他一定的物质利益。"[2] 作为职业院校的教师，也都有他们应该有的利益。教师的利益很简单，被简称为工资、福利、职称、荣誉。要使教师职称评聘科学化。要根据职业教育的实际，把教学中创新创造的"模块"、"课题"等教学模式以自编教材等科研成果，加以推广并给予奖励。职业教育应该把动手与操作和制作产品等技能作为成果，保证职业院校教师的职称评审有自身的特点，即突出"技能"的特色，使职称评审更为科学。要使教师经济分配科学化。职业院校要使分配向一线教师倾斜，要鼓励教师在培养技能人才中获得更多的经济收入，分配的政策要科学化，分配的结果应该能够充分调动教职工的积极性，真正达到奖勤罚懒。让学校正气树立，让师生人心思进，让学校的学术氛围与企业和经济的发展紧密相连，从而形成良好的学风、教风和校风，真正达到增强师生的凝聚力。

（3）品牌特色建设要科学化

我们曾用一章专门研究了职业院校特色建设，特色建设可以取不同层面和不同内涵，诸如专业特色、课程特色、管理特色、实训特色、校企合作特色、自主创业特色、师资建设特色以及师生个人工作、科研、学习特色等。从职业院校长远发展来看，专业（工种）特色不仅与地方经济结合紧密，而且符合国务院就业导向的要求，也是学校生存与发展的基点。特色建设，必须实事求是，必须具有自己院校的特点，必须科学化。

第一，必须使市场需求和专业建设的结合体现职业院校的特色。专业（工种）

---

① 冯建军：《做生命型教师》，《中国教育报》2008 年 5 月 10 日。
② 《邓小平文选》，第 2 卷，第 337 页，人民出版社 1994 年版。

建设是学校的生命线，是学校科学发展的根本。专业（工种）建设又必须与企业紧密结合，否则，再好的专业（工种）也不会有生命力。就专业设置要面向市场的要求而言，专业（工种）设置显现出动态性、变化性和应时性等特征，而专业（工种）设置又不是"一蹴而就"的，专业（工种）的建设需要一定的积淀和时间上的周期。因此，选择以品牌专业建设推动专业群或专业链发展，一方面可以避免专业发展"滞后"的缺陷，另一方面又可以摒弃"市场化短期行为"弊端。专业（工种）的设置，必须适应劳动市场和产业结构带来的变化，一方面开设一些"短线"和"应时"专业，另一方面又可以花大力气建设"长线"的品牌专业，凝练专业方向和专业特色。① 这就使专业（工种）设置既要有特色，又要有生命力，又使生命力放在首位。当然，品牌专业可能就有生命力，有生命力的专业也能够创出特色。

第二，必须创自己的特色。职业院校的特色是职业院校的品牌，是形象、是名誉，也是职业院校的生命力。无论是什么层面的职业院校，都必须创出自己的特色，这是市场发展、企业发展、劳动力市场发展和产业结构变化的需要，尤其是地方经济发展的需要。职业院校特色的创建，必须实事求是，必须与自己的院校特点相结合，必须与地域经济发展相结合。

三、职业导向必须科学化

职业院校是培养"职业"的场所，是以服务为宗旨、以就业为导向的，是面向社会、面向市场办学的学校。学校选取什么样的职业导向，与市场有关，也与职业院校自身内涵有关。应该说，职业导向从学生入学就已经开始了，这也是职业教育和普通教育的区别点，所以，职业院校的职业导向必须科学化，实际上招生就必须科学化。

1. 职业院校招生必须科学

职业院校招生科学指招生的专业（工种）方向，课程安排必须与就业相通，必须与企业挂钩，这样才能保证企业与学校的对接，才能实现校企合作，才能实现就业的科学。招生如果不与企业对接，招来的学生培养之后找不到工作，就不科学。

（1）职业院校招生存在危机

由于国家资助和国家政策的推动，到了 2007 年，职业教育已经连续三年完成了扩招任务，全国中职学校首次招进 800 万人，在校生规模已达到 2100 万人，与普

---

① 马庆发：《职业教育发展战略目标的三大思考》，论文网：www. lwwang. net。

通高中规模持平。高职在校生已达 861 万人。此前，中等职业教育红火发展是在 20 世纪 90 年代，当时，与普高教育在校生规模相比一度为 6∶4。可是，1999 年以后大学的连年扩招，使中职教育和普高教育的规模一路从 5∶5 跌至 4∶6。北京和上海的中职学校也分别从 400 多所锐减到 170 多所和 130 多所。① 应该说，中职的退步除了普通高等教育扩招的原因之外，还有一个重要的原因是中职整体培养能力不断地减弱，这种减弱的根本原因是十多年前那次大学的全面调整，许多久负盛名的优质中专学校升格为高等职业技术学院，有的被并入普通高校，致使中职教育大伤元气。而近几年的发展，使中职教育生源奇好，已出现了不顾自身条件的盲目扩招现象，如同大学前几年的扩招类似，从大规模扩招，到生均教育资源占有量降低，再到教育质量下滑，最终表现为越来越贬值的毕业生就业难。② 我们不希望这种现象重现。

第一，职业教育投入不足。就中职院校的投入而言，各地政府没有统一标准。按照国际惯例中职教育所需的经费投入是普通高等教育的 3 倍，然而我国的中职教育预算内生均公用经费却不与这个惯例接轨。我国对中职教育投入不足，使中职教育生均经费仅为普高教育的 60%。③

第二，职业教育仍不被家长和学生公认。轰轰烈烈的职业招生现象的背后，是学生家长对孩子教育的无奈。有的家长说，孩子学习不好，读不了大学，只好进职业院校，这是没有办法的办法。《海峡都市报》与福州博智汇市场研究有限公司最近对福州市区 250 名初三学生进行随机调查，在填报中考志愿时，20.1% 的毕业生认为可以选职校，而近 80% 的毕业生不愿意选职校。④ 原因是，家长、学生对职校不认可，认为学历低，不好找工作或找不着好工作。

第三，职业教育已经成为一种"成人"的教育。所谓成人指把职业学生培养成一个有用的人。现在的中职教育没有门槛，从理论上说，中考零分也可以进入中职院校学习，把这一部分人教育成高素质的技能人才，的确十分困难。这些学生入学时，似乎已"看破红尘"，中考落榜后的自卑，致使不少学生没有了进取心，形成了对一切都无所谓的散漫的心态。把这样的学生招进学校，教他们做人已成为职业院校的首要任务。

第四，职业教育在社会上仍被低瞧。在目前的社会中，仍然流行着"老板＋大官"的价值取向，⑤ 社会机构以及社会人对高学历和高学位非常认可，对职业教育

---

① 周大平：《中职教育不能重蹈大学盲目扩招的前车之覆》，《中国青年报》2008 年 4 月 28 日。
② 同上注。
③ 同上注。
④ 陈强：《近八成初三学生第一志愿不选职校》，《中国青年报》2008 年 4 月 28 日。
⑤ 同注①。

仍在另眼相看，这种认学历而不认能力的导向似乎仍有加重的趋势，尤其是公务员队伍的考试，规定必须"本科"学历及以上，这对职业院校尤其是中职教育形成了学生"做不了官"的失望。

（2）职业教育招生与就业关系分析

招生与就业关系就是人们通俗讲的"出口"与"进口"的关系。"招生"招进学生，经过培养掌握了技能，增强了素质，然后到社会上就业。应该说招生好，就业应该也好，但在职业教育院校中，招生好，就业不一定好。这与国家就业政策有关，与社会特别是用人单位的标准和需求专业有关，与学生选择专业的人数有关。从目前的职业形势看，职业院校的学生就业压力在不断加大，职业院校学生毕业就失业也已经有所彰显。职业院校以及政府主管部门，要看到这种"进口"容易"出口"难的现实，以求切实解决职业院校毕业生就业的问题。从职业院校招生情况来看，主要有几种类型。

第一，品牌型。所谓品牌，指职业院校根据企业的需要，长期形成的专业（工种）的特色品牌，这些专业（工种）在当地企业中很有市场，培养的毕业生受到当地企业的欢迎和好评。这种专业往往生源好，就业好。从实际情况看，现在的品牌质量，已有下降的趋势。因为不少院校打着品牌，不断扩招，影响了培养的质量，引起了就业的竞争，使品牌信誉打了折扣。

第二，历史依赖型。这种类型是以学校历史形成的专业（工种）为主，没有过多的拓展，只在培养的技能方向有所提升。

第三，市场导向型。这种类型是职业院校根据市场特别是企业的需求开办的专业（工种）。有的职业院校打出"你需要什么样的人才，我就培养什么样的人才"，有时不顾学校的师资条件、实训条件，没有相应的可行性论证，新专业办得快，有时消失得也快。这种完全依赖市场的办法不科学，应该注意。职业院校办学需要市场的引导，但不能不顾条件地追逐市场。

第四，分散就业压力型。所谓分散就业压力型指职业院校为了减少某些专业生源过多而影响就业的现实情况，把专业（工种）设置化整为零，以减少师资、实训场地和就业上的压力，既保证某种专业品牌，又使生源得到了专业（工种）上的"安置"，并保证了招生的数量。

第五，捞取生源型。现在，不少职业院校生源不是很好，为了保证生源数量，采用了与中学挂钩，扩大宣传，生源奖励等方式去捞取生源。为了能捞取较多的生源，有的职业院校不断地设置新专业，运用遍地开花的战术，用专业（工种）做"原料"而结网捕鱼，网越来越大，网眼越来越小、越来越密，越来越急功近利。

职业院校招生与就业是紧密相连的，招生连着就业，就业也影响新一届的招生。职业院校招生一定要科学，要把好入口关，把好专业（工种）设置关，以保证较好的就业态势，解决学生的实际问题。

2. 职业导向培养必须把握技能人才素质培养的不同层次

职业导向是职业院校办学的导向，没有职业导向办学在职业院校中是不可能的。职业导向式的培养，要注意培养人才的不同层次，注意有意识地培养学生的不同素质。

(1) 技能人才素质培养的四个层面

技能人才的素质是因人而异的。同一学校同一专业（工种）同一班级同一实训小组培养出来的人的素质不会完全相同。职业教育培养人的素质真正的千人一面是不太可能的，但千人同证是存在的。我们要区别对待不同层面的素质人才，也要注意"千人一面"培养方式的弊端。

第一，培养学生的职业技能素质。职业导向培养技能人才首先要注意培养学生的职业技能素质。学生的职业技能素质是学生经过学习之后应该具备的最基本的素质。它包括掌握了某一专业（工种）或多专业（工种）基本的职业技能操作方法和操作规范，并且必须达到上岗所要求的熟练程度。这种熟练程度在无法直接验证时以学生所获得的资格证书为准。职业导向的培养结果，还要求技能人才树立基本的职业意识，形成与职业或岗位相对应的较完备、较合理的专业知识结构等等。学生的职业意识和专业结构的衡量标准为国家相关的职业标准。学生具备了这一层面的素质，就能使自己胜任某一项具体的技能工作，并能在相应的岗位上顺利就业。

第二，培养学生的职场应变素质。所谓职场应变素质是指技能人才在就业之后所具备灵活、适时应对职场需求变化的能力。职场是在不断变化的，它既有客观条件变化而要求的变化，也有主观因素导引而引起某种职场的变化。职场应变素质要求技能人才具有及时把握特定职业在职场中的发展趋势和最新动态的能力；具有掌握最先进的相关职业理念和操作方法的能力；具有不断扩大知识面，形成全面的具有延伸性知识结构的能力。[①] 培养出学生这种素质，可以使技能人才在变化的职场中成功就业，在职场转场时再就业，在职场中不断进步，在职场中得以升迁。职场应变能力多是来自技能人才的职场实践，靠职场中技能人才的"悟"性和应变的素质，但职场应变的理论知识主要源于学校的传授。

第三，培养学生专业创新素质。所谓专业创新素质指学校在传授知识和技能的过程中，培养学生的创新精神以及在某些专业上的知识创新以及能力创新的培养。技能人才的创新主要包括使技能人才在现有的学习与工作条件下具有不断发现现存事物的缺陷和不断找出新问题的能力；能够在已有的条件下有创造性地解决实训或工作中的技能问题、程序问题或者管理问题的能力；能够根据工作需要或者某些主

---

① 朱斌：《试论高技能人才素质培养的三个层次》，国家示范性高等职业院校建设专题网站：sqzy. edu. cn。

管部门的要求提出创造性的设想，并能够根据这些设想具体实践、操作和开发。具有进一步扩大知识面，以适应创新的各种要求的能力；① 具有在实际工作中解决不同技能问题包括理论问题的能力。这些能力可能是单方面的，也可能是多层面的，具有这种创新素质，可以根据自身的创业机会或者在现有工作中使自己的能力得以提升，取得较好的工作实绩。

第四，培养学生的职业道德素质。职业道德素质指学生就业过程中必须具备的爱岗敬业的要求，包括不断提升自己的社会公德、职业道德、家庭美德、个人品德的内涵。职业道德是一个人职业的生命线，没有职业道德，职业能力再强，背离企业要求就越远。

（2）培养技能人才四种素质的策略

培养技能人才四种素质有学校的责任，也有工作岗位培养的责任，但主要培养责任还在职业院校。职业院校应该根据四种素质在职业教育的定位及其不同特点来确定相关策略，并根据社会实际情况及时调整培养策略，注意学生在学习生活中素质的养成。

第一，对职业技能素质培养的策略。职业技能素质的培养是基本素质的培养，是职业院校的主要任务。职业技能素养的培养，主要是从教学和实训的教育环节获得。要根据学校自身的特长，结合企业对学生的要求，尽量用企业一线的方式，按照企业创立品牌时所关注的"质量、市场、技术、人才、文化"五大要素，培养技能素质。职业院校要在教材教法、实训技术和场地、校企合作、品牌专业、名师、校园环境等方面做好保证，以确保学生职业技能素质的提高。

第二，对职场应变素质的培养策略。职场应变素质的培养是在掌握了基本职业技能之后，在有了一定的职业技能基础上培养技能人才的职场应变素质。培养学生职场应变素质应注意三点：一是教会学生及时捕捉相关的市场信息，掌握和分析判断市场信息对职场影响的原因、条件和可能形成的结果。二是注意不断拓宽学生的知识面，使学生自身形成跨专业、综合性强的知识和技能结构。要推进学生职业技能知识的前沿化，使学生所掌握的技能知识跟上企业的需要。三是培养学生的自学能力。

第三，对专业创新素质的培养。要在平时教育中和课程、课题教学中始终贯穿创新能力的内涵和形式。在学生中普及相关知识、技巧，经常举办形式多样的创新活动。

第四，对职业道德素质的培养。职业道德是所有职业人的行为准则，要逐步培养人们不同职业的职业道德。所谓职业道德，是指与人们的职业活动紧密联系的符

① 朱斌：《试论高技能人才素质培养的三个层次》，国家示范性高等职业院校建设专题网站：sqzy. edu. cn。

合职业特点所要求的道德准则、道德情操与道德品质的总和。培养学生的职业道德，带有未来性，因为学生学习的是职业技能，还没有获得职业，因此在培养中要从几方面入手。一是培养学生某种职业的职业规范，要用学习、文本规范、参观体验等方式进行培养。二是注意平时在理想观念、个人习惯、信念上进行有目的的培养。三是注意培养学生的自律意识，让学生通过文化、交往、规范等感受到某些道德行为标准，用职业道德规范约束自己。四是注意培养学生的爱心，让学生爱职业、爱岗位、爱身边的职工，以推动职业道德的形成，学校要用不同的规范，以鼓励和张扬道德优秀者，让人们对道德以及遵守道德有敬畏心，从而树立自己的职业道德。

3. 必须完善就业工作的运行机制

职业院校好坏的标准在就业实践上，就业好，长盛不衰，就说明职业院校的培养工作做得好。否则，如果培养的学生就不了业，浪费了资源不说，学校的生存还会存在危机。因此，职业院校必须科学地建立运行机制。

(1)"新"字当头，招生就业有源泉

所谓"新"字当头，指学校就业思路、专业理念、就业目标、培养人才定位以及落实培养目标的措施等诸方面"标新立异"，善于按规律去办事。

第一，就业思路新。必须建立新的就业思路，要跟上企业对技能人才需求的变化，不断出新招，强化对就业的指导和安排。思路新要根据自己学校的情况，理出一条符合自己特色的就业之路。

第二，办学理念新。要培养与地方经济建设相适应的人才，一切为了培养合格的人才，一切为了学生的就业而教学。真正做到一切为了学生，为了一切学生，为了学生的一切，以人为本，重德强技，为就业打好基础。

第三，培养目标新。培养目标指让学生成才，成为一专多能的人才，成为受社会欢迎和用得上的人才。

第四，学校定位新。学校培养人才要定位。学校培养什么类型的人才，设置什么样的专业，为什么样的企业和部门服务，以什么样的职业作为学校的培养导向，都要注意新。

第五，办学的措施新。学校以就业为导向必须有就业理念和为了就业而进行的学生教育和培养，必须有保证落实导向的措施。措施新可以从五个治校上走出新路：依上靠下，民主治校；科学管理，从严治校；建章立制，制度治校；开源节流，勤俭治校；与时俱进，创新治校。

(2)"实"字支持，就业导向发展有后劲

实，就是实事求是，就是在办学上的实实在在，就是走办学"适者生存"之路。在创品牌、创特色中，打造职业院校的"后劲"之路。并以"后劲"推动职业院校的科学发展。

第一，打造科学的办学模式。办学模式是职业院校苦苦追求的外在形态，这种外在形态决定了职业院校的兴旺发达，生死存亡。首先，是联合式办学模式。联合有纵向，也有横向的；有与学校的联合，也有与企业或农村某些机构的联合办学。由于社会人侧重追求学历，不少职业院校与本科院校联办，以使自己的学生获得更高层面的学历；有的院校与企业联办，以求学生的实际动手能力和广开就业门路；有的院校与农村机构联办，以扩大招生范围，以求为农业生产服务；有的院校与同类学校联合办学，以求补充专业的不足。其次，订单式办学模式。学校向企业找订单，根据订单，调整自己的教学计划、实训安排，使招生与毕业"同步"，教学与企业生产"同步"，实习与就业连体的一条龙服务，体现学校与企业的优势互补、互惠互利、共同发展的原则。再次，工学结合的办学模式。工学结合是把工作与学习结合起来，把教学与生产结合起来，体现了学以致用，用以促学的目的。

第二，坚定几个基础。一是打好职业道德基础。让学生在学习和实训中培养自身高尚的道德情操和良好的行为习惯，注意心理健康和身体健康的统一，注意科技素养与人文素养的提升，形成良好的人生观、价值观、世界观。二是打好文化课基础。按教学大纲要求，下工夫使学生学有所用。三是打好专业理论课基础。学好专业理论，掌握精髓，并把理论学透，用心指导实训。四是打好专业课基础。选聘业务强的老师，配好现代化实训设备，把握专业课技能性特点，使学生随时可以适应就业岗位，并树立竞争的意识。

第三，建设几个基地。① 首先要建设生源基地，学校发展的第一条标准是学生的生源。要有目的地建设生源基地，了解市场需求，及时把握生源情况。其次建设实训基地。实训是巩固理论知识，提高学生动手能力和运用科学方法，培养技能人才的根本保障。要指导学生把所学的知识及时转化为生产技能。再次是建设就业基地。检验职业院校成功与否的根本标准，是学生的就业。要注意建立不同的就业基地，真正使学生就业有保障，发展有后劲，创业有本领。

(3)"严"字管理，培养学生多成才

职业院校不同于高中，应试第一；也不同于大学，有着学历的目标。职业院校是"应试"教育中的另类，必须"严"字当头，严格管理、严格训练。职业院校必须处理好"管理、质量、就业、生源、发展"五者间的关系，真正形成职业院校的良好的循环机制：以管理促质量，以质量促就业，以就业促招生，以招生促发展。"严"字管理，就是要使学校的各项管理工作到位。

第一，封闭式管理要到位。职业院校的学生尤其是中职学生从某种意义上讲他

---

① 曲靖工商职业技术学校：《开拓创新硕果累累》，user.99114.com。

们是国家应试教育的"牺牲品",那一种自卑、散漫、逆反的心态和习惯是大学里少见的。这些学生文化基础差,学习的自觉能力差,综合素质较低,适合用封闭式管理的管理模式。封闭过程中要加强内部管理,用好学习之余的时间,安排不同的学习、娱乐、健康的活动,以实现自觉、自律、自理、自信、自强的育人效果。

第二,目标式教学管理要到位。学校要注意全面推进就业教育,实现全面育人、全员育人的要求,以实现学校的教育目标。一是围绕一个目标,即学校的培养目标:品德高尚、身心健康、习惯良好、作风过硬、产学结合、一专多能。二是突出两个体系,即教学质量体系和教学质量督导体系。三是坚持三个考核,即教师教学质量考核,学生学习质量(动手能力)考核,班主任工作考核。四是实行四个制度,即实行任课教师"双师型"制度;实行学生多证书制度;实行班主任"双责任"制度(负责学习、负责学生的财产生命安全);实行"双向评价"制度,即师生互评,校领导与中层干部互评,教师与中层干部互评等等。①

第三,专业设置管理要到位。国务院要求职业教育"以服务为宗旨、以就业为导向",② 学校的专业设置就要以市场、以就业为导向。从理论上讲应该是市场需要什么专业,学校就开设什么专业,但专业设置不是一蹴而就的,必须以战略的手段,保证专业设置的生命力,根据企业尤其是地方经济建设的需求,调整专业、优化专业,形成专业品牌,打造名牌专业。

第四,招生管理工作要到位。招生的生源广是学校发展的基本要求,要根据学校的情况、地方经济发展的情况、生源分布的情况,做到不断调整招生思路、开辟生源新路、拓宽生源道路、拓展招生门路,从而实现招得进、留得住、管得严、学得好、成了才、就了业。

第五,毕业生就业推荐管理要到位。就业是社会尤其是学生和家长关注的焦点,是学校工作的重点,是学校一切工作的出发点和落脚点。③ 学校的各级领导包括老师在学生就业方面要做到四千:千言万语、千辛万苦、千方百计、千难万险促就业。

① 曲靖工商职业技术学校:《开拓创新硕果累累》,user. 99114. com。
② 《国务院关于大力发展职业教育的决定》,《光明日报》2005 年 11 月 10 日。
③ 同注①。

第八章

职业教育科学发展与区域经济

对于绝大多数的职业院校来说，区域经济与自己的发展关系最为紧密，职业院校直接为地方经济建设服务，地方经济的发展又是职业院校发展的导向，地方经济是职业教育发展的基础，职业教育培养的人才又为经济发展服务，从某种程度上讲，地方经济与职业院校是相互依存、相互促进、共同发展的关系。经济是保障，职业院校有时又有引领地方经济发展的任务，也有着某种专业（工种）的导向作用。

一、区域经济发展水平确定了职业院校的地位

职业院校尤其是中职院校与高等院校不同，它受到地方经济、政治、文化、社会的制约十分明显。这种制约尤其表现在经济方面。高等院校分为部、省、地方不同的主管部门，在生源、管理、教学任务、毕业生走向上都有统一的制度，经济保障也来自主管部门，而职业院校几乎所有的内涵建设都受到地方政府主管部门的制约，区域经济发展水平确定了职业院校的地位。

1. 职业院校要找准自己所在经济区域的位置

找准自己所在经济区域的位置，把握地方经济发展总的趋势、特色以及经济水平，是职业院校的首要任务。职业院校为地方经济建设培养技能人才，这是地方经济发展的需要，也是地方政府赋予职业院校的根本任务。根本任务和地理位置是统一的，在什么经济区域位置，就有什么经济区域的任务，两者是一致的。

（1）区域经济带出一批区域职业院校

由于职业院校的区域性，决定了职业院校与区域经济的紧密联系。不同地方的经济发展水平和发展能力，催生了相应水平和发展能力的职业院校。地方经济发展的产业结构、资源能力和政府官员的思想观念，决定了地方经济发展的能力，同样也成为构建相关职业院校和谐发展的关键，具有决定性作用。

第一，地方经济发展水平决定了职业院校就业能力。从我国不同的经济发展区

域来看，地方经济的发展水平，为就业造就了不同的平台。地方经济水平高，需求的技能人才就多，学校招生的生源就好；地方经济水平较低，企业少，效益不好，需求的技能人才就少，学校招生的生源就不会多，因为就业是职业院校办学的导向。《国务院关于大力发展职业教育的决定》中指出："各地区、各部门要根据区域经济和行业发展需要，制定地方和行业技能型人才培养规划。"① 温家宝同志也讲："发展职业教育的责任主要在地方。地方各级政府都要真正重视和加强职业教育，切实解决职业教育发展和改革中的困难和问题。"② 这便从行政层面，诠释了地方经济发展水平决定了职业院校的就业能力。

第二，地方经济的发达程度决定了职业院校的培养条件。对职业院校来讲，经济是学校发展的基础，没有经济做保障，学校便无法办学。从职业院校发展的横向来看，经济发达地区职业院校的办学条件好，就业能力也好；经济欠发达地区的职业院校办学条件较差，就业能力也较差，中央或省级行业所属院校除外。这种条件尤其表现在师资的流动上，"孔雀东南飞"，有名望和有能力的教师都自然会向条件较好的职业院校流动；这种条件还表现在实训条件上，经济条件较好的职业院校实训的条件也好。

第三，地方经济发展观念影响着职业院校的办学观念。影响职业院校办学观念有两个层面。首先是地方经济发展思想较为解放并且用科学发展观作指导的地区，职业院校办学指导思想也较为解放，并且也能用科学的发展观指导职业院校的发展，对学生的培养，也是以掌握技能技术为标准，让学生应知、应会。其次是经济发展观念影响着不同家庭孩子学习的走向。经济条件较好的家庭，总希望自己的孩子能够获得稍高一些的学历，受到稍好一些条件的教育，选择职业院校也是"下下策"，经济条件较差的家庭，除非自己的孩子学习特别优秀，否则会帮助孩子选择较为省钱而且易于找到工作的学校，这在职业院校生源调查中表现得较为明显。当然，不同家庭的经济条件与地方经济发展不一定成正比，经济发展较落后的地区一样有富有的家庭，但经济发达地区人们的经济收入一定高于经济欠发达地区人们收入的平均水平。另外，地方的创业理念同样影响着职业院校对学生创业理念的培养。像浙商"白天当老板，晚上睡地板"的创业理念，同样影响了浙江职业院校学生和老师的创业理念，用一种不怕辛苦的追求的精神，创造了浙商的"神话"。

（2）区域经济特点催生职业院校专业的特色

区域经济发展得越好越快，对技能人才的需求就越多，区域经济特点，催生了职业院校不同的专业特色，从理论上讲，企业需要什么样的技能人才，职业院校就

---

① 《国务院关于大力发展职业教育的决定》，《光明日报》2005 年 11 月 10 日。
② 温家宝：《大力发展中国特色的职业教育》，《中国教育报》2005 年 11 月 14 日。

培养什么样的人才，这样才能既保证企业经济发展的需要，又保证职业院校学生的就业，这正是职业院校所追求的目的。

第一，企业产业链特色催生了职业院校与产业链相关的专业。职业院校为企业培养人才绝对不是在口头上，而是在自己的培养计划之中，虽然有些专业的设立和发展需要周期，职业院校绝对会全力以赴创造条件而设立企业所需要的专业（工种）。在一定的发展周期之后，地方企业的产业链一定会使职业院校为产业链培养不同专业（工种）的技能人才。首先产业链的相关性决定了职业院校专业（工种）设置的相关性。这些相关性与地方环境、资源条件、与相关（技术厚重）企业的紧密联系程度等都影响职业院校专业（工种）的设置。其次，产业链的连接性决定了职业院校专业（工种）设置的连接性。这种连接性在大型企业表现更为突出。例如，徐州重型机械集团下属的职业院校的专业（工种），都与它的产品产业链相联系，以保证技能人才企业能够用得上。产品的上下游的"链条"，决定了产品专业（工种）的上下游的连接。

第二，地方主导产业的特点决定了职业院校专业（工种）的特点。每个地市级的城市一般都有自己的主导产业，并且有自己的拳头产品，这些主导产品和某几种拳头产品形成的地方产业群，拉动了地方经济的发展，对技能人才有着不同的需求，形成了就业的不同岗位和不同的就业机会，推动着职业院校构建与地方企业相吻合的专业（工种），并在形成的专业（工种）中构成了学校独有的专业（工种）特色。对于职业院校来讲，一定要区分好专业的特色和品牌与常规专业的差别，要根据企业的需要，有目的地建设好特色和品牌专业，使之成为学校科学发展的支柱；同时，职业院校还要注意发展好常规专业（工种），以满足面上的要求，并注意在专业（工种）建设中抓住专业（工种）建设的核心。一是把握好专业建设的思想理念。主要是对企业进行职业分析，了解市场需求，研究和确立设置的专业，做好专业设置的思想准备，处理好职业信息。二是把握好专业建设的基础。专业建设的基础又被称作外显标识，这种基础是在确定设置专业之后的专业环境、设施、设备以及专业建设的人、财、物的基本保障。三是抓好专业的基本内涵建设。专业建设的基本内涵又被称为教学核心，即课程以及实训的设计，内容的科学确立，运用不同教学模式的能力，以及对教学艺术的把握。内涵建设还包括了教师的育人能力、职业能力、技术能力、操作和表达能力等等。四是做好专业建设的课堂延伸。这种延伸包含了专业文化、校园文化、校企合作的程度、生产实习等等，这些活动虽在课堂之外（包括实训课堂），但它是对课堂教学的补充，是课堂教学的向外延伸，是专业建设的必须。五是专业（工种）建设的评价。评价是一种总结，也是一种反思，是一种自我的归纳和自我不足的寻找，评价有利于更加科学地发展。评价是一种体系，是一种专业建设的业务考核。

第三，地方经济的特色培养了地方特色的职业院校。不少区域经济带有地方性，诸如电子产品、机械产品、纺织产品、日用品等等，往往在地方经济中会形成特有的产业群和明显的地方经济特色。由于校企合作、产学结合的推进，地方经济通过与院校结合和就业导向，引领职业院校出特色、出品牌，地方经济的特色，往往就是这个区域中职业院校的特色。

(3) 区域经济科学发展的程度同样引导职业院校发展的相应程度

胡锦涛同志在十七大报告中指出："经济实力显著增强，同时生产力水平总体上还不高，自主创新能力还不强，长期形成的结构性矛盾和粗放型增长方式尚未根本改变。"① 经济的结构性矛盾和粗放型的增长方式等经济运转形式仍在使用与之相关的技能人才，仍在引导职业院校培养这方面的人才。

第一，区域经济科技进步的程度反映了当地职业教育科学发展的程度。企业需求什么样的技能人才，引导着学校培养什么方面的人才，这是就业导向决定的。因此，地方经济科技含量和科技进步的程度与措施，也在要求和制约着地方职业院校专业（工种）科学的设置程度和在技术技能上的进步程度。

第二，区域经济产品的技术含量反映了职业教育培养人才的技术含量。区域经济的新技术、新工艺、新设备、新产品的技术要求，对职业院校培养人才具有不同的要求。我们实行校企合作，如果学校的学生不懂新知识、新技术、新工艺、新设备的使用方法，便不会有新产品的操作技术。在职业院校培养技能人才的过程中，已把学生对知识技能的运用融入到了职业活动、生产现场、生产过程之中，他们的技术能力和水平尤其是新技术等能力水平是企业生产的需要。

第三，区域经济产业群集结力度往往决定了职业院校不同专业（工种）的集结力度。所谓集结力度指区域经济中某种或多种产业集结的程度。不同类的产业集结或相类似的产业集结，一方面说明了产业结构的集结科学性，另一方面说明了某种产业、产业链的完整程度。某一区域产业集结力越强，说明了该地区产业资源、投资环境越好，同时，产业集结也推动了职业院校相关专业（工种）在形式和内容上的集结，同样会在集结中形成自己的专业（工种）特色或专业（工种）品牌。

2. 区域中自然资源对职业教育发展有着重要的作用

区域中自然资源有时决定了区域经济的特色。经济发展过程中企业特色的建立，推动着职业院校按照企业的要求建设自己的专业（工种）特色。某种自然资源的充裕，会围绕着该种资源而兴起相关的企业。研究职业院校的特色和内涵，必须要先了解地方自然资源的特点，这是经济发展的实际所证明了的"真理"。资源是

---

① 胡锦涛：《高举中国特色社会主义伟大旗帜　为夺取全面建设小康社会新胜利而奋斗》，《十七大报告辅导读本》，第 13 页，人民出版社 2007 年版。

经济科学发展的前提，没有资源，经济科学发展是不可能的，同样，有了资源不去合理配置，经济的科学发展也是不可能的。我们所讲的资源指自然资源、人力资源以及其他资源。分析资源推动经济发展和经济对人力资源的需求主要涉及自然资源和人力资源等。

（1）自然资源的禀赋特点决定了区域经济发展的特色和类型

从科学发展观的理论角度来讲，自然资源禀赋的开发和利用，都需要用某种最佳的方式将资源要素有效地组织起来。为了科学地理解和开发利用资源我们有必要对资源作一些分析，以推动职业院校在区域经济建设中更好地发挥作用。

第一，资源的概念、类型及演化。所谓资源指资产来源，是指在一定经济技术水平下能为人类提供福利的自然物质和能量的总称，也被称作生产资料和生活资料的自然来源，它能够被人类有效地利用并带来效益，从而提高人们生活、生存的质量。在自然界中，自然资源是有系统的，并在一定的地域空间内有规律地组合。资源具有不同的类型，所谓资源类型指根据自然资源的地域、组合、分布的规律等等，可以分为可再生资源和不可再生资源。可再生资源可分为气候资源（大气圈）、水资源（水圈）、生物资源（生物圈）等。不可再生资源如土地资源、矿产资源。资源在不断演化，所谓资源的演化，指人类在地球出现之后，地球便进入了演化新时期，地球上的各类资源在人类参与下发生了系统的演化。由于人们从狩猎向农业、工业和知识发展的演化，人们对资源系统的认识也在演化，人类从最初的对资源的粗放式运用到现在的高效综合利用，是随着社会的进化而演化的。现在，人们对资源的开发利用开始从"掠夺式"和"耗竭式"转向"永续利用"和"科学发展"。人类已经大大减少了对传统自然资源的依赖和使用，而是更多地利用信息资源、人力资源、新能源、再生资源、空间资源、新材料和海洋资源等等。

第二，自然资源的禀赋决定了区域经济的特色、类型。自然资源的禀赋指一个区域的自然条件、环境、其他生产要素条件以及发展结构与水平。自然资源禀赋不同于自然资源条件，禀赋中包含着一种可利用的水平。首先，自然资源的禀赋决定了区域经济的类型。这种表现以矿产资源、水资源为突出。区域中有某种矿产，又具备了某种开发条件，便会围绕这种矿产形成某些类型相关的企业。这些企业除了要用技能人才之外，还要用一些与资源开发相关的器械、技术，从而推动了相关类型企业的建立。诸如煤资源便催发了采煤的煤矿，有煤矿采挖中的煤矿机械厂，有培养煤矿技术人员的学校，有运输煤的运输企业，有利用煤发电的煤电企业等等，这全与煤相关。其次，自然资源的禀赋决定了区域经济的特色。这里的经济特色指利用资源形成的企业特色。这些企业都因资源的特点而确立，有时也因资源的枯竭而消亡。

第三，自然资源的不同特征决定了区域经济的某些特征。一是自然资源的有限性。我们所生存的地球上的所有资源都是具有有限数量这一特点的，围绕区域自然资源开发和利用的企业，要有这种科学的预见性，同样，对这类技能人才的培养也要有预见性。二是自然资源的互依互存性。互依互存也是资源相关的表现。在自然界里，自然资源之间存在着相互影响、相互制约、相互依存的关系，某种资源的开发，必然会对周围相关资源产生影响，有可能会形成新的经济开发形式或者促成某种地理环境的改变，从而迫使经济发展方式的改变。诸如煤的开发，对煤矿中水资源的利用、瓦斯的利用、煤矿塌陷区土地资源的再利用等，都能够形成不同类别的企业。

（2）自然资源效果的运用决定了职业院校价值取向

我们知道，如果没有自然资源，任何经济发展的形式或内涵都是不可能的。但是，自然资源的运用效果，决定了职业院校的价值取向。所谓价值取向指职业院校对培养某种类型人才的取舍方向。在一些地区，虽然也有某种技能人才的需求，职业院校会对该种企业的效益、发展趋势、社会价值等进行调研和预测，从而决定自己是否开设某种专业（工种），即开设这种专业（工种）有无价值。对于一些有经济价值没有社会价值或者效用低下的专业，职业院校也会有所取舍。

第一，经济结构的失调使人们仍然看轻某些行业，从而使企业在使用人才上出现了"跛足"现象。由于人们对"官"的认可，认为"读书做官"是天经地义的，读了职校，官是当不成了，学生以及家长都会感到"矮人三分"，因此，许多人不选择读职校。这样一来，便使得有些企业或有些行业需要的技能人才或需要创新的技能人才，在职业院校里招不到毕业生，使得职业院校也不得不放弃某些专业（工种），这是"价值"和"使用价值"出现的失调。

第二，企业的利益冲动影响着社会的价值取向。近几年来，我国下大力气治理污染企业，治理污染源，但由于经济效益的刺激，不少地方官员舍不下经济效益，致使有些污染企业虽该关闭，但仍在运转，运转的企业便需要相关的技能人员，虽然有些工种有害健康，但仍有人愿意去工作，而且还有某些培训机构为此类企业培训技能工人。这种利益冲动容易使一部分人心理失衡，出现扭曲的职业价值观：逮住利益就是好猫。这也影响了职业教育的科学发展。

第三，经济的无序影响着职业教育的科学发展。经济的无序主要体现在人们对经济发展的急于求成上，这也使有些职业院校跟随着经济形势而急于求成。建国后，我们在哪里发现了油田就在哪里建一座石油城；在哪里发现了煤就在哪里建一座煤城，绝大多数企业为开发当地资源而创办，职业培训也是围绕着这些资源企业而进行，这都影响着职业教育的科学发展。

（3）自然资源的价格决定了职业稀有

所谓自然资源的价格指某种自然资源的品种在社会上的价值。价值越高，职业职位就越少，否则，则相反。这也是符合事物生存和发展规律的。

第一，资源的珍稀限制了职业的数量。从常规分析，资源越珍稀，从事有关珍稀资源的职业的数字应该越少。当然，有时也有出现"个案"的现象，那是非常规的职业。例如"文物"，文物是珍稀的，文物的不可再生性是绝对的，如果有"再生"，那便是仿制或者是假、冒、伪等物品。但是，近几年，我们周围收藏文物和倒卖文物的人越来越多，真的文物越显珍稀，从事"仿制"文物的就越多，这不是正常的职业现象，有关部门应该加以规范，并且用法律加以打击，以保证文物的安全，保证与文物相关职业的安全和稳定。

第二，资源的珍稀决定了从事相关职业的"价值"地位。某种资源的珍稀，其价格也必然珍稀。我们说的珍稀是经济学中认为的稀缺状态。"稀缺是指这样一种状态：相对于需求，物品总是有限的。"稀缺性"是相对于人类的无穷欲望而言的"。[1] 对于经济学来说，对价格问题的基本回答其实也很简单：物以稀为贵。例如：钻石比水贵，是因为钻石的供给相对于水来说极其有限，而需求却不小。[2] 资源的稀缺，同样使得从事某种稀缺资源生产的职业价值也相对较高。

第三，资源价格的合理与否决定了从事某种资源生产的职业"价值"合理与否。经济学研究表明，人们对物品的需求除了受该物品价格影响之外，还受到其他因素的影响，这些不同的因素，影响着某些资源生产者的自身价值。影响需求的因素有某种资源价格；消费者的购买力；相关资源的价格；人们对某资源相关产品的偏好；消费者的预期等。从房地产资源价格来看，影响房地产资源的价格大约有三种，一种是土地"价格"。我国的土地是不可买卖的，因为土地是国有的，但土地的使用"价格"却是存在的。这种价格，推动了房价的上扬。另一种是房产商的利润追求。不少房产商都是"暴发"型的，利用土地使用"价格"的差价，大发其财。再有一种是人们对房地产的追求。由于存款利率相对较低，现有的款项不能有太多的增值，所以不少人就把剩余的资金投入到了房地产，买几套房子不是用来住人，有的闲置，有的出租，从而拉动了房地产价格的不断上扬。这些不同的因素，决定了从事房地产职业的"职业价值"的"含金量"高于其他职业。

3. 区域中人口资源对职业教育发展有着较为关键的作用

区域中影响着职业院校发展的关键因素至少包含着几个：一个是地方经济的发展对职业教育的需求，另一个是区域中人口资源的状态，再一个是政府对职业教育的重视程度。我国是人口大国，"目前，全国城镇每年需要就业的劳动力约 2400 万左右，还有大批农村富余劳动力需要转移出来。促进社会就业，必须发展职业教

---

① 翁志勇主编：《经济学概论》，第 3 页，上海大学出版社 2006 年版。
② 同上注，第 26 页。

育，普遍提高城乡劳动力的就业、创业能力。"① 职业教育的根本任务是把人口资源变成人力资源。因为经济发展的需要，因为区域中人口资源的转移，职业教育的作用就愈显重要。如果在某一区域中虽有经济的发展，但没有人口资源的保证，职业教育也只能是企业教育的形式，而不能成为社会职业教育的形式。

我们知道，人力资源既是经济科学发展的重要资源，也是经济科学发展的主要力量，因为高素质、高科技、高技能人才是经济科学发展的关键。我们还必须认识到，人口资源不是人力资源，人口必须通过一定的教育之后才能成为资源，即从人口资源转化为人力资源。

(1) 职业教育与人力资源的关系

职业教育与人力资源的关系是一种教育和被教育的关系，是一种提升和被挖掘的关系，是一种互相促进共同发展的关系。我们把这几种关系理出来，并不作全面分析，只从职业教育与人力资源开发中的重点作用进行单项的关系分析，以求对职业教育发展有所帮助。

第一，职业教育是促进"人口"向"人力"转变的重要途径。人口素质的提高离不开教育，教育是人口变为人力资源的主要渠道。在发展中国家里，人口多，人口素质低，人口增长同经济发展之间的矛盾十分突出也十分尖锐，尤其是农村中的人口素质低，致使经济增长在粗放式的发展方式中徘徊。人作为生产力的基本要素之一，其自身素质是决定经济发展的关键性因素，而人自身素质的提高、人力资源的开发主要依赖于教育。西方经济学中，把人力资源称为人力资本，认为人的生产能力不是先天生就的，而是后天获得的。人们后天获得生产能力可以通过各种渠道，比如教育和训练，包括正规、非正规学校教育和在职训练，这些都可以提高人的技能，职业教育是获得技能的主渠道。就是说，职业教育是人口资源转化为人力资源的主要途径，这其中包括了增加人力资源的"含金量"。经济学家对教育收益率进行测算认为，一个人所受的教育年限与他所获得的收入成正比变动关系。这种关系是一种直接关系。一是职业教育对人的素质的提升关系。职业教育在做使人成为人的工作，帮助人们提高知识水平，提升人的人格和人品。二是职业教育为人提供了提高收入的基础，一般情况下，一个人受教育的程度与受教育者的收入成正比关系。三是职业教育为整个经济建设提供了技能人才的保障，为社会主义事业提供了建设者和接班人。在区域经济中，职业教育有时直接为地方企业服务。

第二，职业教育间接地推动着区域经济的发展。所谓间接，指职业院校本身并不产生经济效益，而是通过对技能人才的培养，支持地方经济的发展，从而推动区

---

① 温家宝：《大力发展中国特色的职业教育》，《中国教育报》2005年11月14日。

域经济建设。西方经济学家很早就对经济增长进行了研究，研究的结果表明：国民收入增长率大于国民资源的增长率，两者的差额叫做余值增长率。从通常的角度看应该是经济运行中的其他情况不变，产出应与投入同比例地增长，即增加百分之几的投入便增加百分之几的产量，可结果却是即使不考虑其他因素，经济增长也快于投入增长。经济学家认为，其中的原因有两个：一个是规模报酬递增规律的作用，一个是劳动者素质的提高。而劳动者的素质提高被认为是主要因素。其实，这种推动作用，社会人并不是都能感觉到，人们多关注的是形式。

　　第三，职业教育推动了人力资源的未来发展。所谓未来发展，指职业教育为区域经济的未来储备着建设的人才。对未来的经济发展和人才储备，一般是在培养人才中提升技能人才的综合素质。对于人才的未来发展，主要是发挥职业教育在技能人才开发中的作用，成功地培养技能人才便是为未来储备人才。培养储备技能人才应该注意几点。一是注意培养人才的道德水准。道德水准有时又称为道德价值观念。20世纪80年代有16个国家参加的世界道德教育会议将道德价值观念归纳为四个方面，即四个方面的价值标准。有关社会的价值标准为合作、正直、和蔼、孝敬长辈、社会正义、尊重人类尊严、人权、劳动尊严等；有关个人的价值标准为忠厚、诚实、守纪律、宽容、有条理、襟情坦荡、上进心强；有关国家和世界的价值标准为爱国主义、民族意识、和平的公民责任、国际理解、人类友爱、民族间相互依存的意识等；有关认识过程的价值标准为实事求是的科学方法、辨别真伪、追求真理、慎于判断等。① 要形成这样的价值观念，思想家认为主要靠教育，而职业教育的首要任务就是使人成为人，成为人的人必须具有这样的价值观念。思想家还认为教育、科学知识是促进人类道德进步的主要力量，是构成人的美德的重要方面。二是注意用职业教育提高人们的智力素质。智力素质是指知识技能熟练程度和智力水平等等，它取决于人们受教育的程度和经验的积累。职业教育可以培养人们的技术熟练程度，同时还可以改变劳动者的劳动能力形态。三是职业教育在培养人们技能的同时培养人们的创新意识和创新能力。人的创新能力是人的思维能力、想象力与知识智力的结合，是典型的技能"未来形态"，是社会进步的主要推动力量。人们的职业智能和职业创新思维正是通过教育获得的，当然，职业教育不会把每一个受教育者都培养成为发明家，这是因为每一个个体的思维方式的不同。

（2）职业教育与剩余劳动力转移的关系

　　职业教育为剩余劳动力的转移服务，主要表现为两方面，一是推进城市居民的再就业，另一个是推进农村剩余劳动力的转移。从表面上看，职业教育是推动着劳

---

　　① 拉塞克·雄迪努：《从现在到2000年教育内容发展的全球展望》，第161页，教育科学出版社1992年版。

动力转移，但实质上，职业教育还是在为提高劳动者的素质而服务的。"人口多、劳动力多，特别是农民多，是我们的基本国情。"① 我们必须实事求是地面对这一国情，必须发挥职业教育在区域劳动力转移中的作用，必须注意调节好培养与服务的关系，技能提升与素质提高的关系，科技发展与职业技能不断进步的关系。同样，我们分析职业教育与剩余劳动力转移的关系，主要是分析职业教育在剩余劳动力转移中的作用。我们在主观上发展职业教育，而在客观上是在促进城市和农村的劳动力就业。温家宝同志讲："促进社会就业，必须发展职业教育，普遍提高城乡劳动力的就业、创业能力。要适应经济社会发展对劳动力需求的变化，把发展各种形式的职业教育作为促进城市就业的重要措施，特别要加强新增劳动力和下岗失业人员的技能培训，提高城市就业率。解决'三农'问题，必须实行城乡统筹，一方面要引导农村富余劳动力向非农业和城镇转移就业，推进工业化和城镇化；另一方面要大力发展现代农业，推进社会主义新农村建设。"②

农村剩余劳动力的概念最早出现在 20 世纪 50 年代。在阿瑟·刘易斯的二元经济理论模型中，他把传统农业部门中那些"维持生计"、"边际生产力为零甚至为负"的劳动力称之为剩余劳动力。他认为，如果从农业部门抽出一定数量的劳动力，并不会降低农业总产出，那么，这一定数量劳动力就是剩余劳动力。20 世纪 60 年代初，费景汉和拉尼斯又创造性地把二元经济中的农村剩余劳动力转移过程划分为三个阶段，第一阶段，农村劳动的边际产品为零，为剩余劳动阶段；第二阶段，边际劳动产品大于零，但小于制度性工资，即人们所讲的隐蔽性失业阶段；第三阶段，工资等于边际产品，即被称为新古典阶段。这个三个阶段论以及刘易斯的理论模型被称为刘—费—拉尼斯模型。这个模型已成为二元经济条件下农村剩余劳动力流动与转移的基本分析框架。我国劳动力分析专家把劳动力转移分为长期性转移、季节性转移和周期性转移。③

第一，从全局层面分析，职业教育与剩余劳动力转移是培养与接受的关系。对职业院校或培训机构来讲，培养剩余劳动力的就业本领，提升人们的基本素质是他们的主要任务。由于经济社会对技能人才需求的变化，职业教育必须以就业为导向，但这不是职业教育的根本任务。对于受教育者来讲，为了掌握就业的本领，必须到职业院校学习，接受以技能为中心的素质培养。这种培养与接受培养是表面的关系，也是两者关系中的主要关系。

第二，从职业教育实质内涵层面分析，职业教育与剩余劳动力转移是传授与掌握技能知识、操作能力的关系。对职业院校和培训机构来讲，传授技能、传授知识

---

① 温家宝：《大力发展中国特色的职业教育》，《中国教育报》2005 年 11 月 14 日。
② 同上注。
③ 聂华林等编著：《发展区域经济学通论》，第 132 页，中国社会科学出版社 2006 年版。

是教育者的天职；对于受教育者来讲，掌握知识、掌握技能是他们的学习目的。这种培养与接受关系是一种表与里的不同说法，其实质是相同的。"职业院校和培训机构要为就业再就业服务，面向初高中毕业生、城镇失业人员、农村转移劳动力，开展各种形式的职业技能培训和创业培训，提高他们的就业能力、工作能力、职业转换能力以及创业能力。"① 国务院在决定中讲的"服务"与"提高"，已说明了传授与掌握的关系内涵。

第三，从创新层面分析，职业教育与剩余劳动力转移是"理念"与"行动"的关系。对于职业院校和培训机构来讲，培养人们的技能和知识的同时，既为创新准备了技能条件，也为受教育者将来创新理念的形成打下了基础。由于经济的快速发展，许多新知识、新技能、新工艺不断出现，不仅丰富了传授的内容，也使教育必须在教育中传授创新理念，有了某种创新的理念才能在未来的行动中实现自己的创新行为。对于受教育者来讲，在学习和技能掌握中思考，在未来的工作中创造，是一个具有思考能力的技能人才成长的必由之路。在受教育中创造，有不同的创造行动，有些创造是在工作中能够彰显的，有些创造只能是"实用"在岗位上，"实用"在工作中。

第四，从学习与工作的层面分析，职业教育与剩余劳动力转移是丰富本领与改变命运的关系。从理论上和教育的形式上来看，受教育者是为自己掌握技能、掌握工作本领而学习的，但从学习的结果来看，学习是在为受教育者改变命运准备条件，我们前面分析过，人们受教育的年限与他们获得的收入成正比变动关系，这已说明职业教育在为受教育者改变命运服务。

第五，从动态层面分析，职业教育与剩余劳动力转移是推与动的关系。职业院校和培训机构对人们掌握职业技能发挥着推的作用，即推动着受教育者学习知识和技能；而对于受教育者来讲，学什么，怎么学，是在老师和师傅的引领下进行的，是被推而动的，有着被动的内涵。

第六，从企业层面分析，职业教育与剩余劳动力转移是提供保障与解决需求的关系。职业院校和培训机构为企业培养技能人才，是一种保障式的服务。"职业教育要为我国走新兴工业化道路，调整经济结构和转变增长方式服务"，"职业教育要为农村劳动力转移服务"，"职业教育要为建设社会主义新农村服务"，"职业教育要为提高劳动者素质特别是职业能力服务。"② 这四种服务的终极点是为经济发展提供服务。对于企业来讲，"以就业为导向"已明确了解决企业对技能人才需求的问题，而"积极开展订单培养"则讲明了解决企业需求的培养方式。

① 《国务院关于大力发展职业教育的决定》，《光明日报》2005 年 11 月 10 日。
② 同上注。

（3）职业教育要注意区域中人力资源开发的条件

职业教育的根本任务是"以服务社会主义现代化建设为宗旨，培养数以亿计的高素质劳动者和数以千万计的高技能专门人才。"① 要完成这一根本任务，先要全面认识人力资源，只有全面认识人力资源的条件、性质，才能科学地开发人力资源。

第一，职业教育必须全面认识人力资本。人力资本与人力资源的区别在于人力资本是对"人力"的"个体"而言的，而人力资源是对"人力"的"合体"而言的。亚当·斯密 1776 年就提出了人力资本的概念。人力资本是经济增长的主要因素。所谓人力资本是指凝聚在劳动者身上的知识、技能及其表现出来的能力。舒尔茨将人力资本投资分为五部分：影响的预期寿命、体力和耐力、精力和活力的全部开支；在职培训，包括商社组织的旧式学徒制；正规的初等、中等和高等教育；非商社组织的成人教育计划，特别是农业方面的校外学习计划；个人和家庭进行迁移以适应不断的就业机会等等。人力资本具有几个明显的特征：人力资本不能与其拥有者相分离，人力资本是通过对人的投资而形成的资本；人力资本是不可见的，能够观察到的只是人力资本的效果，这种效果包括内部的与外部的两类；人力资本具有时效性；人力资本具有能动性。② 人力资本是职业教育培养的成果，是受教育者个体所追求的积淀形式。对于职业教育来讲，培养的技能人才都具有人力资本特征，只是表现多少的不同而已，职业院校应该追求自己培养的人力资本的含金量，增加人力资本的"厚度"。

第二，职业教育必须科学认识人力资源。所谓人力资源指一个区域在一定时期内所拥有的作为生产要素的劳动者能力的总和。人力资源对经济发展具有决定性的作用。人力资源的状况包括数量和质量两个方面。从数量上分析，人力资源的数量指有劳动"能力"的人口；人力资源的质量指有劳动能力的人口的身体、文化知识和技术、技能等等的总和。对于职业教育来讲，就是要使有劳动能力的人口都成为人力资源，在社会建设中发挥自己应有的作用。

人力资源对区域经济的发展具有不可替代的重要作用，而职业教育是使人口转化为人力资源的主要渠道，职业教育应该注意培养这些作用的发挥。人力资源的作用体现在几个方面。一是体现在知识性方面。人力资源是指那些掌握了知识的人口，他们是区域经济建设的主力军。二是体现在技能方面。职业教育的目的是培养高素质、高技能人才，技能是职业教育培养人才的灵魂，因为职业教育培养的人才多是能够自己动手的技能人员。"没有这样一支高技能、专业化的劳动大军，再先进的科学技术和机器设备也很难转化为现实生产力。"③ 三是体现在智力性方面。智

---

① 《国务院关于大力发展职业教育的决定》，《光明日报》2005 年 11 月 10 日。

② 聂华林等编著：《发展区域经济学通论》，第 132 页，中国社会科学出版社 2006 年版。

③ 温家宝：《大力发展中国特色的职业教育》，《中国教育报》2005 年 11 月 14 日。

力包括了人们的技术、能力以及在实践工作中的智慧。每一个人的智慧是不会相同的，在教育中应该养成智慧积累的习惯，不断提升某些方面的技术能力。四是体现在能动性方面。在生产的发展和经济的科学推进过程中，人们的思想、能力、主观支配水平占着主导和支配的地位，其他的各种资源的配置以及使用都由有能力的人去控制。人力资源在经济的发展中还具有自控性，即人力资源的个体根据自己的情况，可以随时调整自己的条件和需求，实现自身资源效用的最大化、适中或最小化。五是体现在体育性方面。体育性指在区域经济建设中个人的体力的保持和体力的支配。在经济建设和社会建设中，人力资源的体力决定了"资源"的个体能否胜任某项经济发展的工作。智力、技术、知识掌握再多，如果体力不行，人力资源就会很快消失。六是体现在创造性方面。人力资源的创造性指一个人的主观能动性与积极性结合之后，在实际工作中表现出来的创新创造能力。七是体现在人力资源的再生性方面。区域经济建设中，人力资源的再生表现在两个方面，一个是人口的再生。人口按自然规律的规则运转，不断有新生力量出现。另一个是作为生产力的要素的再生，即按"劳动力耗费→劳动力生产→劳动力再次耗费→劳动力再次生产"的方式得以循环实现。八是体现在社会性方面，人是一种依靠群体力量而生存和发展的社会动物。人力资源在区域经济发展中的社会性表现为两个方面。一个是人力资源是在社会中形成的，是通过向知识的学习和继承中形成的，是在社会实践中获得经验而成为"资源"的。另一个是人力资源是在社会分工体系中实现自己的劳动能力和创造社会价值的。人力资源在社会的环境中形成，受到社会方方面面的影响和推进；它又是在社会的环境中得以体现并实现自身价值的。九是体现在迟滞性方面。在区域经济发展中，不同的人有不同的能力和水平，对经济社会的贡献也不相同。即使有某种能力和水平，也不一定如期地发挥出来，这要看环境而确定。另外，前人所创造的知识、技能等成果一直被后人延用等都表现了人力资源的自身和人力资源创造的成果都具有迟滞性。职业院校认识人力资源的特性和作用，是为了在培养技能人才中有的放矢地研究人力资源的本质，培养合格的技能人才。

第三，科学地开发人力资源。职业教育对人力资源中人才的培养以及社会上对人力资源的运用都是人力资源开发的形式。开发人力资源，发挥人力资源个体的能力，都有科学把握的问题。开发人力资源，首先要认识到人力资源的价值。研究人力资源的价值实际就是科学分析和评价人力资源的作用。人力资源的价值体现在宏观方面和微观方面。从微观上分析，对于人力资源中的不同个体来讲，他们总在努力证明自己的价值，并且对个体的价值予以评价。在评价方式上是有区别的。一方面是人力资源个体的自我评价。个体力图证明自身价值的存在和自身价值的发展；另一方面是社会对人力资源不同个体的评价，社会会通过人力资源的作用发挥给予评价和认定，对"有价值"的人力资源会褒扬和提倡。个体自身评价和社会评价这两种评价方式有时是相悖的，即个体认为有价值的东西，在群体或公共评价中成为没有价值或价值量不尽相同的东西。个体自认为有价值的东西却得不到社会的承认，我们常常会遇到这种现象。一个个体的价值还有整体和个别价值之分。个别价值指人某一方面的特长或者创造所显示的价值是独有的。从宏观上分析，人力资源的价值是人力资源整体的价值，有时体现为某一阶层的价值，它们对区域经济社会发展是一种整体的影响，正如我们缺少高素质、高技能人才一样，高素质、高技能人才这一阶层对区域经济建设有着重要的影响，其价值的份额就比其他阶层要重要一些。宏观上的人力资源价值评价要科学，防止忽冷忽热，防止顾此失彼。"过去，我们比较重视基础教育和高等教育，这是必要的，今后仍应这样做。近些年来，我们越来越清楚地认识到，必须同样重视发展职业教育。"① 职业教育过去没有被重视，才造成高素质、高技能人才短缺的现象。

从理论上来讲，某种人力资源越稀缺、越必不可少、越不可替代、越为社会所连续需要，其价值也就越大。有的理论家还认为，要创造自身的价值，就要去创造对别人的价值。人力资源的开发就是使人实现自己对他人的价值。所谓人力资源的开发就是把人的体力、智慧、知识、经验、技能和创造作为资源而发掘的一种活动。科学地发掘人力资源主要有几种途径。一是激活创造力。人是有极大潜力的动物，在不同的工作环境中，管理者都要为每个人创造有利于创新创造的环境，使创造之源涌流，使创造潜力得到最大的发掘，以实现人力资源个体的真正价值。当每个人都实现了人力资源个体价值之后，经济社会将是一个创造性的经济社会。二是调动积极性。调动积极性多是精神方面的东西。人们的积极性来源于对事物的认可，并对事物的发展有所追求。要用各种方式，最大限度调动人们的积极性，使人们在经济社会中实现价值。三是利益相连接。发掘人力资源，推动人力资源价值的实现就要使个体利益与我们所要推进的事物相连接。人们奋斗所争取的一切，都与他的利益有关。如果在创造性的工作中使个体利益与我们所要推进的事物脱钩，任何形式的人力资源开发都会半途而废。四是人力资源的再培养。所谓人力资源的再培养一方面指对已有的人力资源的个体继续地培养。对人力资源的身体素质、文化知识、技术水平、个体智慧等方面再培养，使人力资源的个体跟上新技术、新设备、新工艺的发展步伐，同时，在培养中提高人力资源个体的综合能力。另一方面，人力资源的再培养指对"人口资源"加以培养，使之不断地成为人力资源。人力资源的开发必须以人为本，必须注意促进人的全面发展，真正科学地发掘人力资源。

---

① 温家宝：《大力发展中国特色的职业教育》，《中国教育报》2005年11月14日。

二、区域经济与职业院校的关系

职业院校主要是为区域经济发展服务，为区域经济社会建设培养人才的。中国特色的职业教育，必须服务于社会主义现代化建设，着力培养适应经济社会发展需要的高素质劳动者和技能型人才；必须满足城乡居民对职业教育的多样化需求，为他们就业、创业和成才创造条件；必须与社会主义市场经济体制相适应，实行政府主导、面向市场、多元办学的机制；必须与生产劳动和社会实践紧密结合，实行灵活多样的人才培养模式。职业教育的根本任务是培养适应现代化建设需要的高技能专门人才和高素质劳动者。主要完成对城乡需要就业人员的职业技能培训；对高技能人才的培养，重点是高级技工和技师的培养；帮助在岗人员的技术培训和继续学习。"职业教育面向就业，重要的是面向企业，培养企业需要的人才。"① 根据职业教育的任务可以明确区域经济与职业院校的关系，但从不同的层面分析，这种"任务的关系"似乎还不能使人们理解区域经济与职业院校间的全部关系。从宏观上来看，区域经济对职业院校是一种保障与被保障、服务与被服务和双赢的关系。关系的分析中包括了某些"作用关系"的体现，但作用与关系是不同的。

1. 区域经济社会保障了职业院校的发展

区域经济社会保障了职业院校的发展，表现为一种保障与被保障的关系。区域从治政、政治、经济、社会等不同方面，对职业院校的科学发展发挥着不同的作用。有些作用看似是经济的内涵，其实却是政治的、治政的内涵，职业院校应该了解不同的内涵，以求保持良好的关系，推动职业院校的科学发展。

（1）政府的主导关系

所谓政府主导指政府在职业教育发展中对职业教育的领导和引导。"各级人民政府要切实加强对职业教育工作的领导，把职业教育工作纳入目标管理。"② 中国特色社会主义各项事业中有一个关键词，叫做工作重视结果如何，"关键在领导"。政府对职业教育工作的领导是职业教育成功与否的关键，这种关键是决定性的，职业院校也应该去争取上级政府对自己工作的领导。说白了，职业教育是在各级政府领导下开展工作的，政府是主导，职业教育是被主导，是一种主导与被主导的关系。

第一，政府主导应该是科学发展式的主导。所谓科学发展式的主导是指政府

---

① 温家宝：《大力发展中国特色的职业教育》，《中国教育报》2005 年 11 月 14 日。
② 《国务院关于大力发展职业教育的决定》，《光明日报》2005 年 11 月 10 日。

用科学的发展观领导和推进职业教育的发展，要用战略的眼光、未来的眼光指导职业教育，既不能急功近利，也不能"头疼医头、脚疼医脚"。"各级人民政府要加强对职业教育发展规划、资源配置、条件保障、政策措施的统筹管理，为职业教育提供强有力的公共服务和良好的发展环境。要从严治教，规范管理，引导职业教育健康协调可持续发展。"① 政府的科学发展式主导应该抓住两点。一个是帮助职业院校制定与本地区经济社会发展协调的发展规划，规划要科学，要实事求是。二是帮助职业院校配好院级领导班子。班子成员要内行，要能为师生服务。主导科学发展还不能管得太死，主管的领导不能有"私心"，不能在职业院校发展中谋私利。一个地区的职业教育发展得如何，客观地反映了地方政府抓职业教育的能力和水平。

第二，政府主导应该是效益、效率的主导。职业教育的结果成功与否，实质上是看职业教育的效益如何。职业教育在客观上为地方经济社会的发展培养高素质、高技能人才，主观上还是在追求自己的效益，这是同一件事物的不同方面的理解形式。政府在主导职业院校的效益和效率时，应该提高政府自身的效率。职业教育发展的关键问题，并不在职业教育的本身，而在政府以及政府的职能部门。政府自身不同职能部门自己要协调，自身要讲效率，领导自身的领导方法要科学。协调管理也好，联合管理也罢，不能协而不调，联而不合，使职业院校无所适从。《国务院关于大力发展职业教育的决定》中指出的"协调"、"联席"的要求，已说明了实际工作中协而不调，联而不合的问题。"要充分发挥职业教育工作部际联席会议的作用，统筹协调全国职业教育工作，研究解决重大问题。国务院教育行政部门负责职业教育工作的统筹规划、综合协调、宏观管理，劳动保障部门和其他有关部门在各自职责范围内，负责职业教育的有关工作。县级以上地方政府也要建立职业教育工作部门联席会议制度。"② 有了教育行政部门的"统筹规划、综合协调、宏观管理"，还有其他部门的"负责职业教育的有关工作"，"规划、协调、管理"的部门还不能"负责职业教育的有关工作"，可见其中的"奥妙"。这种"联席"也只有因人而异和因事而异了，这也是独具中国特色的职业教育领导方式。政府主管职业教育的部门，应该认真研究如何提高自己对职业教育管理的科学性，提升自身对职业教育领导的效率。对于职业院校来讲，不能只关注上级的效率如何，而应该关注自身的"效益"如何。职业院校的效益来自于两个方面，一个是社会效益。这是职业院校应该追求的主要效益。所谓社会效益指职业院校为经济社会培养了多少有用的高素质、高技能人才，这是职业教育的根本目的。另一个是经济效益。学生就读职业院校要交学费，政府还有相关的经费保障，这些是职业院校的经济收入。一所

---

① 《国务院关于大力发展职业教育的决定》，《光明日报》2005 年 11 月 10 日。
② 同上注。

职业院校如果没有办学经费，连教师的工资都无法保障那怕是不行的，但职业院校不能一味追求经济效益，不能本末倒置，把经济效益放在首位，那就背离了职业教育的办学方向，这样的院校是办不好的。关于职业院校的经费，应该以政府的投入为主。中央政府说得非常明确，关键是地方政府的落实问题，地方政府不应该使职业院校为经费而发愁。"各级人民政府要加大对职业教育的支持力度，逐步增加公共财政对职业教育的投入。"①

第三，政府主导应该是政策导向式的主导。所谓政策导向指政府为职业教育提供科学发展的政策保障。这种保障不能只停留在政策上，还应该落实在职业教育科学发展的工作中。实事求是地说，在我们的职业教育工作中，如果只有政策，不去落实政策，政府不去检查职业教育政策的落实情况，那是不行的。对中央政府政策落实好的地区，职业教育发展的形势就好，对政策落实不到位的地区，职业教育发展的形势肯定差。地方政府应该像中央政府一样，支持职业教育又好又快地发展。地方政府既要落实中央政府的政策，又要根据本地区经济社会的实际，创造性地制定地方职业教育发展的政策，全力支持职业教育的发展。在落实职业教育相关政策过程中，个别地区执行中央政府的相关政策不到位，仅中央政府有关"职业教育学生助学制度"某些地方政府就没有落实到位。

(2) 政府与职业院校的保障与被保障关系

政府不仅领导职业教育，而且还必须在经济上保障职业教育的发展。我们已分析过，职业教育应该把社会效益放在首位，而经济效益应该由政府予以保障，政府与职业院校在经费上是一种保障和被保障的关系。

第一，地方政府必须提供足额的办学经费。中等职业教育不同于普通高等教育，中等职业教育的学费只有高等教育学费的一半左右。"要合理确定职业院校的学费标准，确保学费收入全额用于学校发展。"② 中央政府的要求非常明确，"学费"之外的职业教育的办学经费必须由地方政府予以保障。"各级财政安排的职业教育专项经费，重点支持技能型紧缺人才专业建设，职业教育师资培养培训，农业和地矿等艰苦行业、中西部农村地区和少数民族地区的职业教育和成人教育发展。省级政府应当制定本地区职业院校学生人数平均经费标准。""多渠道增加经费投入，建立职业教育学生资助制度。"③ 地方政府应该保证职业院校正常的经费开支。

第二，地方政府必须提供就业政策保障。职业院校学生的就业是与地方经济发展紧密相连的。一般情况下，地方经济社会发展又好又快，职业院校的学生就业就

---

① 《国务院关于大力发展职业教育的决定》，《光明日报》2005 年 11 月 10 日。
② 同上注。
③ 同上注。

比较容易，否则，就业就不会顺利。地方政府提供就业政策保障可以从两方面分析。一是地方政府应该根据地区特点，科学发展本地区的经济。我们知道，地方经济的发展不是一蹴而就的，其中有不同的因素影响发展的水平。但是，也只有地方经济发展好了，职业院校的学生就业才会顺利。现在，由于高等教育扩招之后造成的就业难，已使不少高学历的学生就业占了职业院校毕业生就业的位置，形成了一种不同"等量级"就业竞争的态势。有关人员对江西省大学生就业情况调查时发现，由于就业形势严峻，越来越多的大学生不再嫌苦、累、脏的职业，纷纷选择从基层干起，从车间干起，有的甚至和普通民工同工同酬同吃住。南昌奥克斯电器制造公司 1000 多名一线工人中，有近 200 名大专以上学历的，其中本科学历的 50 人。南昌铁路局招聘 80 名绿皮车乘务员，要求高中即可，却涌来了 100 多名大专以上学历的大学生与高中生同台竞争。江西移动公司一月份招聘一批营业员，要求大专以上学历，竟然有 100 多名全日制大学本科以上学生。南昌大学、江西财大、江西师大、江西农大等"江西名校"被一网打尽。① 大学生就业"技校化"、"民工化"，已使职业院校毕业生就业压力加大。地方政府应该有较强的就业导向，发展地方经济，保障职业院校学生就业政策的落实。二是地方政府对职业院校的招生专业（工种）予以引导。地方经济社会建设需要什么样的技能人才，职业院校就应该培养什么样的人才。职业院校必须根据地方经济发展的形势，以就业为导向，有针对性地培养技能人才，不能闭门造车。地方政府应该用经费的杠杆和企业发展的导向，引导职业院校的专业（工种）设置，保证企业发展有人可用，保证职业院校学生有岗可就。

第三，地方政府必须提供公共实训条件。职业教育的灵魂在于实训，没有实训，便没有职业技能可言，也就没有企业对就业的基本要求。现在，不少职业院校各自为战，投入大量的实训设备为学生的实训服务，这本身是应该的。但从实际情况来看，由于经济发展较快，不少实训项目可能很快被淘汰，造成了实训设备的闲置。同时，各个职业院校都投入经费建自己的实训基地，在同一城市或同一县区，造成了重复建设式的浪费。能否按照中央政府的要求，在同一城市或同一县区，不同的职业院校建设共同的实训基地，这在江苏省常州市已有成功的经验，应该加以总结和提升。中央政府要求："高度重视实践和实训环节教学，继续实施职业教育实训基地建设计划。"② 温家宝同志也要求"要加快职业院校实训基地建设"。③ 实训基地建设是否实行建设"公共实训基地"的办法，以减少某些实训设备的重复投入。

---

① 林艳兴：《大学生"民工化就业"喜少忧多》，《高管信息》2008 年第 19 期。
② 《国务院关于大力发展职业教育的决定》，《光明日报》2005 年 11 月 10 日。
③ 温家宝：《大力发展中国特色的职业教育》，《中国教育报》2005 年 11 月 14 日。

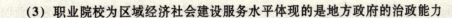

（3）职业院校为区域经济社会建设服务水平体现的是地方政府的治政能力

我们已分析过职业院校与地方政府的不同关系，目的是为了推动职业院校的建设，增强政府对职业院校的领导力度。而职业院校的建设水平体现的是地方政府的治政能力。所谓治政力指地方政府治理政务的能力。职业院校发展的水平，体现了地方经济社会科学发展的水平，体现了当地政府的治政水平和治政能力。①

第一，职业教育与区域经济两者结合的治政关系。区域经济社会的发展，需要高素质、高技能人才，职业院校是培养高素质、高技能人才的专门机构，区域经济发展与职业院校的发展两者有机地结合起来科学发展，体现了当地政府的治政力以及治政水平。如何让职业院校学生学有所用，如何使区域经济发展对职业院校学生用其所长，这是一种科学的结合。地方政府应该在发展区域经济中对人才需求有计划，对职业院校培养人才加以科学的引导。

第二，职业教育与区域经济两者科学发展的治政关系。职业教育的科学发展，就是能够根据地方经济社会的需要培养高素质、高技能人才，而不是培养那些适销不对路的学生。职业教育的科学发展，是让每一个学生成为人，每一个学生成为才，每一个学生都有就业岗位，并且使其中一部分学生具有创新精神和创新能力，在工作中有所发明，有所创造，有所前进。在客观上，使学校的学生能够很快地、科学地与地方经济社会科学发展结合起来，切实为区域经济社会发展乃至整个经济社会的发展服务。区域经济的科学发展，就是用科学发展观作指导，结合地方经济生产的实际，利用一切有利条件，"着力提高经济增长的质量和效益，努力实现速度和结构、质量、效益相统一，经济发展和人口、资源、环境相协调，不断保护和增强发展的可持续性。"② 对区域经济社会的发展来说，不可急功近利，不可竭泽而渔，不可遗患后代。要按照中央的要求，把地方小利和地方政府首脑的"私利"往后放，促进地方经济社会的建设又好又快地发展。"实现未来经济发展目标，关键要在加快转变经济发展方式、完善社会主义市场经济体制方面取得重大进展。要大力推进经济结构战略性调整，更加注重提高自主创新能力、提高节能环保水平、提高经济整体素质和国际竞争力。"③ 地方经济发展，要不折不扣地落实这个要求，只有科学发展经济了，经济才会有"长性"、有"耐性"，才会有人们所需求和欢迎的效果。只有区域经济科学发展了，才会推动职业院校培养可持续发展的高素质、高技能人才，职业教育的发展才会和谐，区域社会才会和谐。在现有社会的

---

① 请参考朱其训《和谐经济论》，第八章"经济和谐与治政和谐"，人民出版社2007年版。

② 胡锦涛：《树立和落实科学发展观》，《保持共产党员先进性教育读本》，第282—283页，党建读物出版社2005年版。

③ 胡锦涛：《高举中国特色社会主义伟大旗帜　为夺取全面建设小康社会新胜利而奋斗》，《十七大报告辅导读本》，第21页，人民出版社2007年版。

条件下，有什么样的区域经济条件，便会促生什么类型的职业院校，因为职业院校的办学宗旨已非常明确，"以服务为宗旨，以就业为导向。"职业院校是为区域经济社会培养高素质、高技能人才的，有了区域的企业，才有职业院校学生就业的可能。

治政者应该明白，"科学发展观，第一要义是发展，核心是以人为本，基本要求是全面协调可持续，根本方法是统筹兼顾。"① 区域经济的发展是全国经济发展一盘棋中的组成部分，既不能盲目发展，也不能畏难而不发展，发展是第一要务，而发展又必须赋予科学的内容。区域的治政者必须科学地把握区域经济发展的实质，"必须坚持把发展作为党执政兴国的第一要务。发展，对于全面建设小康社会、加快推进社会主义现代化，具有决定性意义。要牢牢扭住经济建设这个中心，坚持聚精会神搞建设，一心一意谋发展，不断解放和发展社会生产力。更好地实施科教兴国战略、人才强国战略、可持续发展战略，着力把握发展规律、创新发展理念、转变发展方式、破解发展难题，提高发展质量和效益，实现又好又快发展，为发展中国特色社会主义打下坚实基础。努力实现以人为本、全面协调可持续的科学发展，实现各方面事业有机统一、社会成员团结和睦的和谐发展，实现既通过维护世界和平发展自己、又通过自身发展维护世界和平的和平发展。"② 区域经济社会的科学发展，必须同中央要求相一致，必须落实科学发展的内涵，推动区域经济社会的科学发展，推动职业院校的科学发展。

我们分析地方政府在区域经济社会发展和职业教育发展中的治政力，实质上是在分析三者在发展中的关系。从理论上讲，任何政府都想又好又快地发展经济和职业教育以及其他相关事业，但在实际操作中却与理论大相径庭。作为政府，应该以自己的治政力，协调好区域经济与职业教育的关系，使两者在发展中相得益彰，共同科学地发展。

第三，区域经济与职业教育两者和谐进步的治政关系。区域经济的发展，离不开高技能人才的支撑，高技能人才必须由职业教育来培养，同时，区域经济又为职业教育提供了经济基础，两者是互为基础，共同和谐发展的关系。构建适合于区域经济发展和职业教育发展的环境，必须由治政者来完成。区域经济、职业教育必须与和谐社会同步，必须用科学发展观作指导。胡锦涛同志讲："科学发展和社会和谐是内在统一的。没有科学发展就没有社会和谐，没有社会和谐也难以实现科学发展。"③

---

① 胡锦涛：《高举中国特色社会主义伟大旗帜　为夺取全面建设小康社会新胜利而奋斗》，《十七大报告辅导读本》，第 14 页，人民出版社 2007 年版。

② 同上注，第 14—15 页。

③ 同上注，第 17 页。

区域经济与职业教育两者的和谐进步需要民主、协调的环境。"人民民主是社会主义的生命。"① 区域经济的科学发展绝对不是"长官"意志，不是领导说发展就可以发展起来的，必须有适合于区域经济发展良好的民主环境。经济的民主就是在区域经济决策上领导要听取企业和职业教育相关部门的意见；就是要为经济发展创造一种和谐的政治、经济、文化、治政的环境；就是要激发企业员工的创业创造精神；就是要真正实现经济的科学发展。对于高素质、高技能人才的需求，就是要以企业需求为导向，以创业创造为精神指导，鼓励职业院校师生立足为企业服务，在学习中树立创新创造创业的理念，在工作后运用好自己的知识和技能，为推动区域经济的和谐发展而努力奋斗。企业与院校要沟通、协调、配合；地方政府要科学引导，创造适合于创新、创业、创造的良好环境。

区域经济与职业教育两者的和谐进步需要法治环境。依法治国是社会主义治政的基本要求。治政者要为区域经济和职业教育的发展创造良好的法治环境。区域经济的发展要依法、科学，职业教育的发展也要依法、科学。要用法律规范经济的发展和职业教育的发展。推动区域经济和职业教育在法治的环境中科学发展，在两者互为基础发展中，实现"尊重和保障人权，依法保证全体社会成员平等参与、平等发展的权利"。② 依法办企业、依法办学、依法治政，保证区域经济和职业教育发展的和谐。

区域经济与职业教育两者的科学发展除了政府的强力"领导"之外，还需要政府真诚的"服务"。从我国经济和教育的发展实践来看，两者的科学发展都离不开政府的领导。随着经济全球化的加快，政府领导的内涵已悄然发生变化，这种变化在于政府已向"服务型"政府转变。胡锦涛同志讲，要"加快行政管理体制改革，建设服务型政府。""健全政府职责体系，完善公共服务体系，推行电子政务，强化社会管理和公共服务。加快推进政企分开、政资分开、政事分开、政府与市场中介组织分开，规范行政行为，加强行政执法部门建设，减少和规范行政审批，减少政府对微观经济运行的干预。""精简和规范各类议事协调机构及其办事机构，减少行政层次，降低行政成本，着力解决机构重叠、职责交叉、政出多门问题。"③ 政府的相关部门应该创造两者科学结合的条件，为两者科学发展服务，而不是过去的"关、卡"，推进区域经济和职业教育的科学发展。

2. 职业院校服务于区域经济的发展

职业院校服务于区域经济发展，是职业教育性质决定的，也是国务院给职业教

① 胡锦涛：《高举中国特色社会主义伟大旗帜 为夺取全面建设小康社会新胜利而奋斗》，《十七大报告辅导读本》，第27页，人民出版社2007年版。
② 同上注，第30页。
③ 同上注，第31页。

育下达的根本任务。国务院指出职业教育要为我国走新型工业化道路，调整经济结构和转变增长方式服务、职业教育要为农村劳动力转移服务、职业教育要为建设社会主义新农村服务、职业教育要为提高劳动者素质特别是职业能力服务。为区域经济发展服务，既说明了职业教育的任务，也表明了职业教育与区域经济的某种关系：服务。这种服务是理念性的、技能性的和创新性的。

（1）职业导向服务于经济发展的导向

职业教育以就业为导向，实质上是一种职业导向，这种职业导向正是区域经济中经济发展的导向。职业院校培养什么样的人才，完全是根据经济发展的需要进行的，学生所选择的专业（工种）就是区域经济发展最需要的技能人才的专业（工种）。这也是由于职业教育与区域经济发展互为前提的关系决定的。

第一，在区域经济发展中，职业导向具有先进性。所谓先进，指职业教育在技能、知识等方面走在区域经济的前面。企业的技能人才有企业自身培养的任务，但多数技能人才是由职业教育培养之后，再由企业进行上岗培训而进入工作岗位的，职业教育为区域经济培养了基本成型的技能人才。当然，职业教育所培养的人才主要是根据企业对技能人才的需求而培养的，职业教育在技能、知识等方面具有相当的条件。在职业导向上又是代表着企业专业（工种）的导向。

第二，在区域经济发展中，职业导向具有保障性。职业导向的保障性指对人才需求的保障和职业院校学生就业的保障。职业教育为区域经济服务乃至为整个经济社会服务的实质任务是保障经济建设需求的高素质、高技能人才。在就业导向下，职业院校又根据企业的需要，及时设置和调整专业（工种），以满足区域经济的要求，满足学生就业的需要。

第三，在区域经济发展中，职业导向具有促发性。所谓促发指对区域经济发展的推进和知识技能的创新。职业院校根据市场需求培养技能人才，在客观上推进了区域经济的发展。职业导向对职业教育的自身也具有促发作用，即对某些热门专业和某些新技能具有很大的推进作用。

（2）职业教育服务于区域经济

职业教育服务于区域经济和整个经济社会。国务院把职业教育服务于经济社会归纳为为"经济增长方式服务"、为"劳动力转移服务"、为"新农村建设服务"、为"职业能力提升"服务，这是从职业教育面上的服务进行概括的。从具体的区域经济来讲，职业教育的服务主要体现在三个方面：即理念服务、技术技能等知识型服务、技能人才服务。

第一，职业教育为区域经济确立和更新理念服务。经济的发展不会是一成不变的，企业会在生产和发展中不断更新理念，寻求改革和创新之路。职业教育一方面为企业培养技能人才，一方面把不同企业的经营理念尤其是创新理念灌输到学生头脑中去，为企业未来创新作了理念上的准备。职业院校综合不同企业的理念并结合职业教育的实际，容易形成不同的区域经济的发展理念。

第二，职业教育为区域经济的技术技能知识型服务。技术、技能、知识型服务说到底还是一种素质和职业能力的服务。"职业教育要为提高劳动者素质特别是职业能力服务。实施以提高职业技能为重点的成人继续教育和再就业培训工程，在企业中建立工学结合的职工教育和培训体系，面向在职职工开展普遍的、持续的文化教育和技术培训，加快培养高级工和技师，建设学习型企业。职业院校和培训机构要为就业再就业服务，面向初高中毕业生、城镇失业人员、农村转移劳动力，开展各种形式的职业技能培训和创业培训，提高他们的就业能力、工作能力、职业转换能力以及创业能力。"① 新知识、新技术、新工艺不断出现，职业院校既要在原有的知识、技术、技能的基础上，增强培训服务能力，又要在新知识、新技术、新工艺等培训中，加大业内普及的力度，要把两种服务有机地结合起来，使人成为人，使成为人的人成为才，从而为区域经济发展服务。

第三，职业教育为区域经济的技能人才培养服务。培养高素质、高技能人才是职业教育的根本任务，是为区域经济服务的基点。培养区域经济需要的高技能人才是转化人力资源的重要途径，是落实科教兴国战略和人才强国战略的重大举措。温家宝同志讲："我国目前在生产一线的劳动者素质偏低和技能型人才紧缺问题十分突出。"② 解决这个突出的问题，职业教育责无旁贷。职业教育要从企业实际出发、从区域经济发展走向出发、从学生就业要求出发，培养适应区域经济发展的高素质、高技能人才。

(3) 职业教育为区域经济发展储备了技能人才

职业教育的科学发展为区域经济储备了高技能人才，这是一种存贮与"支出"的关系。职业教育培养高素质高技能人才，是为了解决企业的需求而进行的，在解决了急需高技能人才的同时，还为区域经济存贮了大量的高素质、高技能人才，这是职业教育储备性的特征决定的。

第一，急用技能人才的储备。近几年"珠三角"、"长三角"技能人才的"人才荒"，已凸显了人才储备方面的不足。职业院校，既要根据区域经济发展的实际需要培养技能人才，又要为企业的未来发展储备人才。当然，在人才使用方面有人才自愿流动的问题，但是，人才的储备应该引起职业院校的关注。一是技能人才培养要有预见性。职业院校以就业为导向，不应该是一味被动地等待导向，等待就业，等待企业用人，而是应该对本地区企业对人才的需求加以科学预测，从而有针对性、有预见性地培养区域经济所需要的人才。二是对企业的需求也要加以引导。任何技能人才不是一上岗就技术熟练的，在技术上要不断培训。另外，对企业的待

---

① 《国务院关于大力发展职业教育的决定》，《光明日报》2005 年 11 月 10 日。
② 温家宝：《大力发展中国特色的职业教育》，《中国教育报》2005 年 11 月 14 日。

遇问题，地方政府和相关的职业院校都要加以引导，以保证就业的学生劳有所得，以杜绝人才的不正常流失。三是职业院校要注意培养学生的"多能"。我们提倡学生在学校学习期间实现一专多能，所谓多能是指学生的多种技能，多种技能可以使学生在同一工种不同岗位上发挥作用，以填补人才急需时的不足，也为学生就业拓宽了渠道，同样也储备了自身的技术条件。四是职业院校和企业都应该对技能人才有所储备。技能人才自身的技术就是某种技术技能的储备，而对技能人才的数量也必须拥有战略眼光，要有一定的储备，以减少人才在使用中的不足和人才缺失某些技术的现象。

第二，在知识、技能方面的储备。知识技能方面的储备主要指职业院校在技能人才培养中抓住创新创造的根本环节，不断学习新的东西，为创新或者为实施新技术服务。在创造创新的储备上，一是要学习或者创造新理论。理论创新一直在不断地进行，职业院校要有学习新理论的准备和行动。现在仍有不少教师，懒于更新，多年的讲稿一直沿用，自己不学新理论，更不去创造新理论，跟不上职业教育形势的发展。要推动教师学习新理论，运用新理论，创造新理论，只有这样才能培养出学生理论创新的能力。二是要学习新知识。当今社会，新产品不断出现，新产品的出现推动了有关新产品知识的学习和运用，新产品推出了相关新的知识需要学习，新工艺、新设备、新的管理方式等都推动了新知识的学习。因此，职业教育在某些方面就是新知识的教育。三是要学习新技术。新技术包括了新技能，技术革新。学习新技术同样会推动技能革新。企业对技术革新或者新产品的开发推动了技能人员对技术的学习，对新技能的再掌握。技术的进步是永远的，技能的更新或者提炼也是永远的。四是学习新方法。企业中某种岗位的操作方法或者新产品、新工艺的操作方法对技能人才来讲可能是全新的知识技能，方法的更新来源于技能人才的操作实践。在标准产品的生产中，方法有时具有关键作用，要重视新方法的运用，注意新产品、新工艺中操作方法的学习。五是学习新工艺。工艺原指对原材料或半成品加工成产品的工作、方法和技术等等，新工艺指加工同类产品中的新技术和新方法，这些方法包括减少或缩短工艺流程，在工艺流程中创新等。六是运用和掌握新设备。新设备是企业升级的重要手段。职业教育应该培养学生学习和掌握新设备的能力，从而提高新设备的运用能力和运用水平。

3. 区域经济与职业院校共同发展是一种双赢关系

我们分析过区域经济与职业院校是一种互为基础的关系，这种关系决定了两者科学发展是一种共赢的关系。区域经济需要的技能人才越多，职业院校的效益就越好；职业院校培养的技能人才越多，越能满足区域经济的需要，推动区域经济的科学发展。这种双赢还体现在职业院校内涵的提升上，体现在区域经济发展的科学含量上，我们应该发展这种双赢的关系，以求共同发展。

（1）区域经济发展推动职业教育的发展使区域经济的主体地位更突出

我们不得不承认，在区域经济和职业教育的发展中，区域经济占有主导地位。区域经济中，企业的需要就是职业教育的追求，职业教育必须围绕企业培养高技能人才。这种主导地位体现为几个方面。

第一，经济的主导地位表现在职业的导向上。所谓职业导向就是职业院校围绕企业需求而办学。"要深化职业教育的教学内容、教学方法改革，培养目标、专业设置、课程教材、学制安排等，都要适应企业和社会需求，着眼于提高学生的就业能力和创业能力。""以就业为导向，努力提高职业院校办学水平和质量。""职业教育面向就业，重要的是面向企业，培养企业需要的人才。"① 职业教育为企业服务，在经济建设中，经济毫无疑问是主题，职业教育必须为经济发展培养人才。职业的导向，也使职业教育必须尊重经济的主题地位，为经济的发展调整自己的专业（工种）设置。

第二，经济的主导地位体现在政府的主导上。经济作为工作中心，这是改革开放之后就确定了的，政府把经济发展作为中心，是从全球发展的形势和我国发展需求确立的。早在1979年，邓小平同志就讲："经济工作是当前最大的政治，经济问题是压倒一切的政治问题。"② 随后邓小平同志又讲："但是说到最后，还是要把经济建设当作中心。""其他一切任务都要服从这个中心，围绕这个中心，决不能干扰它，冲击它。"③ 胡锦涛同志在十七大报告中指出："中国特色社会主义道路，就是在中国共产党领导下，立足基本国情，以经济建设为中心，坚持四项基本原则，坚持改革开放，解放和发展社会生产力。"④ 经济的中心地位对于为经济服务的职业教育来说经济就是主导，这种主导地位是国家建设的需要，是政府确立的，职业教育不仅要认识到这一点，而且还要运用好经济主导在职业教育科学发展中的作用，推动职业教育的科学发展。

第三，经济的主导地位拉动了对技能人才的需求。经济的快速发展，拉动了对不同技能人才的需求，在经济建设中，我们需要数以千万计的高技能人才和数以亿计的高素质劳动者，可在经济发展的现实中，高素质、高技能人才越来越缺，在现有的技能人才中，结构也不太合理。据统计，我国现有技术工人只占全部工人的1/3左右，而且多数是初级工，技师和高级技师仅占4%。从制造业比较发达的沿海地区看，技术工人短缺，这成为制约产业升级的突出因素。我国已是制造业大国，

---

① 温家宝：《大力发展中国特色的职业教育》，《中国教育报》2005年11月14日。

② 《邓小平文选》，第2卷，第194页，人民出版社1994年版。

③ 同上注，第250页。

④ 胡锦涛：《高举中国特色社会主义伟大旗帜　为夺取全面建设小康社会新胜利而奋斗》，《十七大报告辅导读本》，第11页，人民出版社2007年版。

工业增加值居世界第四位，但还不是制造业强国，我国的制造业技术和管理水平与发达国家还有不小的差距。主要问题是产业结构不合理，技术创新能力不强，产品以低端为主、附加值低，资源消耗大，而且安全生产事故也多，这些都与从业人员素质偏低、高技能人才匮乏有很大关系。科学发展区域经济，必须科学发展职业教育，以保证经济发展得又好又快。

（2）区域经济科学发展推动职业教育的发展

职业教育为区域经济发展服务，而区域经济的又好又快发展又从不同方面刺激和推动职业教育按区域经济的需求而发展。这种刺激是推动，也可能是提升。

第一，区域经济的科学发展刺激着职业教育对专业（工种）的选择和调整。职业院校的专业（工种）是职业院校的品牌，代表着职业院校的能力和水平，而区域经济的发展对职业教育的专业（工种）设置、学制安排等有着直接的引导和刺激作用。满足企业需求，是职业院校的根本任务，职业院校必须跟上企业发展的步伐，有时还必须同步。企业不需要的专业（工种），职业院校必须淘汰或者调整，否则，职业院校培养的学生将无处就业。对于企业新开办的新专业（工种），职业院校也必须及时熟悉专业（工种），及时培训教师，使职业院校的学生能够尽快为企业的新专业（工种）服务。这是职业教育不同于普通教育的根本点。

第二，区域经济的科学发展推动职业院校生源的充足和效益的提高。职业院校的生源源自于企业对某专业（工种）毕业生的需求，企业需求越多，职业院校的这方面的生源就越好。生源越好，就会提高职业院校的社会效益和经济效益，同样推动职业院校规模的扩大。

第三，区域经济的科学发展在客观上推进了职业院校办学内涵和层次的提升。区域经济的科学发展，为职业教育提供了经济的保障，同时因为对人才的需求，推动了职业院校的专业（工种）的建设，使有些专业（工种）成为学校的品牌专业。学校的专业（工种）建设和品牌专业的建设，是学校内涵建设的关键，也是学校办学层次的外部体现。区域经济发展中的新理论、新知识、新技术、新工艺的出现，客观上推动了职业院校内涵的变化，增加了职业院校内涵建设的科学性。

（3）区域经济与职业院校共同发展推动了区域和谐社会的建设

构建社会主义和谐社会是我们所追求的理想，"要按照民主法治、公平正义、诚信友爱、充满活力、安定有序、人与自然和谐相处的总要求和共同建设、共同享有的原则，着力解决人民最关心、最直接、最现实的利益问题，努力形成全体人民各尽其能、各得其所而又和谐相处的局面，为发展提供良好社会环境。"[1] 构建社会主义和谐社会是贯穿中国特色社会主义事业全过程的长期历史任务，是在发展的基

---

[1] 胡锦涛：《高举中国特色社会主义伟大旗帜 为夺取全面建设小康社会新胜利而奋斗》，《十七大报告辅导读本》，第17页，人民出版社2007年版。

础上正确处理各种社会矛盾的历史过程和社会结果。区域经济和职业院校的共同发展，为构建区域和谐社会创造条件，推动了和谐社会建设。

第一，区域经济与职业院校科学发展共建区域社会的和谐。构建区域社会主义和谐社会，区域经济是基础，职业教育为经济发展提供技能人才保证，两者和谐发展，成为构建区域社会和谐的重要方面，成为推动区域和谐社会建设的重要力量。

第二，区域经济与职业院校和谐发展共建区域社会文明。区域社会文明是由区域中的政治文明、物质文明、精神文明共同构成的。社会文明是一种综合的文明体现，是人类社会共同追求的理想家园。在区域社会文明中，区域经济和职业教育共同构建了区域的物质文明；区域中职业教育、其他教育形式和相关部门一道共同构建了精神文明。区域经济和职业教育是构建区域社会文明的重要力量。

第三，区域经济与职业院校共造经济繁荣。区域经济是区域经济发展的主体，区域经济发展好坏，直接反映了区域经济是否繁荣。职业教育为区域经济培养高素质、高技能人才，有着推动区域经济繁荣的重要责任。在区域经济发展中，区域经济和职业教育共同创造了区域经济的繁荣。

三、职业教育对区域经济发展的作用

职业教育对区域经济的发展具有直接和间接作用。除了直接的基础性、保障性等作用之外，职业教育对区域经济的发展有着显性正作用、负作用和隐性正作用、负作用等等。

1. 职业教育对区域经济的显性作用

所谓显性作用指职业教育对区域经济的某些作用是表现在外面能够看见的作用。从理论层面来看，职业教育对区域经济的显性作用应该是职业教育对区域经济的主要作用。

（1）职业教育对区域经济的显性正作用

所谓显性正作用指职业教育对区域经济的作用是表现在外面能够看见的积极作用。职业教育对区域经济的这种作用是主要的积极作用。

第一，职业教育对区域经济的基础作用。一般说来，区域经济是职业教育发展的基础，但在区域经济的发展中，区域经济又离不开高素质、高技能人才的保障，因此，可以说职业教育为区域经济准备了技能人才，职业教育具有区域经济发展在技能人才方面的基础作用。这种基础作用表现在一是技能人才的实用性。职业院校提供的人才区域经济能够用得上。二是综合素质性。所谓综合素质指技能人才既要有技能，更要有好的品德，没有品德的人才是"坏才"。三是要有创造的意识。一个技能人才有了创造的意识才能在工作中成为有心人，才能创造性地开展工作。

第二，职业教育对区域经济具有理念更新作用。所谓理念更新指职业教育帮助企业建立某些新理念。区域经济对本行业本系统的经营理念、经营情况和经营效用是了解的，职业教育本身的"综合"理念尤其是培养学生的新理念，会推动企业理念的变化，从而推动企业理念的更新。

第三，职业教育对区域经济的人才保障作用。我们前面分析了人才基础作用与这里的人才保障是有区别的。职业教育的人才保障是指区域经济的发展需要什么样的技能人才，职业教育应该保证培养，以不断满足区域经济的用人需求。

第四，职业教育对区域经济的服务作用。服务主要是技能人才的服务，当然还包括了创新理念、企业文化等方面的服务。区域经济包含了区域中不同的经济层次和层面，职业教育应该服务到和服务好。

第五，职业教育对区域经济具有促发作用。所谓促发指职业教育对区域经济有推动发展的作用。职业院校对区域经济的促发作用也是全方位的，从人才导向到人才使用的理念更新；从经营方式到经营的内容；从企业管理的现代化形态到企业内部科学化组合等等方面都具有直接或间接的推动、发展、进步的作用。

第六，职业教育对区域经济发展具有协调作用。所谓协调指职业教育在专业（工种）设置和技能人才的使用等方面对区域经济具有配合得当的作用。职业院校和区域经济在专业（工种）设置上必须协调。两者如果协调不当，那么，培养的人才可能会学非所用或用非所学。职业院校和区域经济在技能人才培养和使用上必须协调。诸如与企业零距离对接、订单式培养等，都是协调的形式。

第七，职业教育对区域经济发展具有推动技术创新的作用。职业教育培养的技能人才多是形象思维型的人才，这些技能人才在技术创新、技能创新、工艺创新上有着独特的条件，会在企业发展的不同时期推动企业不同类型的技术创新。

（2）职业教育对区域经济的显性负作用

所谓显性负作用指职业教育对区域经济的作用是表现在面上能够看得见的消极方面的作用。职业教育对区域经济的负作用有学校形式，也有技能人才个体的形式。

第一，职业教育对区域经济的制约作用。所谓制约指职业教育在人才保障上制约了区域经济的产业升级。《中共中央办公厅、国务院办公厅印发〈关于进一步加强高技能人才工作的意见〉的通知》指出："当前，高技能人才的总量、结构和素质还不能适应经济社会发展的需要，特别是在制造、加工、建筑、能源、环保等传统产业和电子信息、航空航天等高新技术产业以及现代服务业领域，高技能人才严重短缺，已成为制约经济社会持续发展和阻碍产业升级的'瓶颈'。"① 职业教育对

---

① 《中共中央办公厅、国务院办公厅印发〈关于进一步加强高技能人才工作的意见〉的通知》，《高技能人才工作文件汇编》，第56页，中国劳动社会保障出版社2006年版。

区域经济发展的制约主要表现在两个方面，一个是培养的高素质、高技能人才不够企业使用，人才短缺；另一个是培养的人才不是企业所需要的，即"学非所用"，这是职业院校应该注意的。

第二，职业教育对区域经济的破坏性作用。说是破坏性作用可能有人认为是"耸人听闻"，其实这在企业的生产中经常见到。各种生产的浪费、不同的安全事故，都与企业技能人才直接操作相关联。这些破坏性作用，有职业教育中不注重道德教育的因素，有企业技能人才技术不精的原因，还有技能人才技能使用不到位的原因。

2. 职业教育对区域经济的隐性作用

所谓隐性作用指职业教育对区域经济的某些作用是不表现在外和看不到的作用。职业教育对区域经济的隐性作用一般是不太引人注意的。

(1) 职业教育对区域经济的隐性正作用

所谓隐性正作用是指职业教育对区域经济的作用是不表现在外不能够看到的积极作用。职业教育应该积极发掘这种作用。

第一，职业教育对区域经济的人才储备作用。有些技能人才的作用是现实的，有些技能人才的作用是未来的。职业教育在为区域经济培养实用人才的同时，还为区域经济或区域社会储备了相应的人才和某些技能人才的未来作用。

第二，职业教育对区域经济的技术技能的积蓄作用。对于技能人才来讲，有些技术和技能并不是在某一阶段、某一产品或经营中都能运用或全部运用的，有许多技能人才的技术和技能是终生的，并随着环境不同发挥不同程度的作用。对于没有运用或者没有全部运用的技术和技能会以某种静止的形态隐藏于技能人才的身心中，为将来的运用而储备和积累着。

第三，职业教育对区域经济知识积累的作用。知识一般都是在积累中沉淀和积累中发展的。职业教育同其他教育一样，具有极强的知识性，这种知识性包括知识的传授和知识的积累。知识的积累一方面表现在技能人才身上，一方面表现为区域经济中不同经济实体的文化、知识的积淀，还有一种是职业院校的文化以及特色的积淀。

第四，职业教育对区域经济具有创造理念形成的作用。技能人才创造理念的形成最早源于职业院校的培养以及技能人才个体的养成。职业院校的创造教育对技能人才创造有着极为重要的影响。

第五，职业教育对区域经济的经济道德具有养成作用。人的品德是通过教育逐渐形成的，职业教育使人成为人，对未来就业单位的经济道德会产生潜移默化的影响。

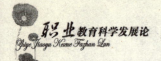

（2）职业教育对区域经济的隐性负作用

所谓隐性负作用指职业教育对区域经济的作用是不表现在外的消极作用。说职业教育隐性负作用主要是指职业教育所培养的个体在实际工作中对企业的消极作用。

第一，职业院校不少学生具有自卑心理，这些心理平常可能不外露，但在某种特定时期会有意或者无意地表现出来。

第二，职业院校部分学生对应试教育具有厌倦心理。我国的应试教育，在读书公平中发挥了重要作用，但对年轻人的积极性和创造性的扼杀是不可轻视的。不少职业院校学生的灰暗心理多来自于对应试教育的反感。这种心理，很大程度上影响了他们学习和工作积极性的发挥。

参 考 文 献

1. 《马克思恩格斯选集》1—4卷，人民出版社1995年版。

2. 《毛泽东选集》1—4卷，人民出版社1991年版。

3. 《毛泽东文集》1—8卷，人民出版社1999年版。

4. 《邓小平文选》1—3卷，人民出版社1993年、1994年版。

5. 《十七大报告辅导读本》，人民出版社2007年版。

6. 《中共中央办公厅、国务院办公厅印发〈关于进一步加强高技能人才工作的意见〉的通知》，《人民日报》2006年6月12日。

7. 《中共中央、国务院关于进一步加强人才工作的决定》，《高技能人才工作文件汇编》，中国劳动社会保障出版社2006年版。

8. 《国务院关于大力发展职业教育的决定》，《光明日报》2005年11月10日。

9. 《国务院关于进一步加强就业再就业工作的通知》，《高技能人才工作文件汇编》，中国劳动社会保障出版社2006年版。

10. 《国务院关于解决农民工问题的若干意见》，《高技能人才工作文件汇编》，中国劳动社会保障出版社2006年版。

11. 《国务院关于做好促进就业工作的通知》，《人民日报》2008年4月26日。

12. 胡锦涛：《高举中国特色社会主义伟大旗帜　为夺取全面建设小康社会新胜利而奋斗》，《十七大报告辅导读本》，人民出版社2007年版。

13. 胡锦涛：《树立和落实科学发展观》，《保持共产党员先进性教育读本》，党建读物出版社2005年版。

14. 胡锦涛：《在全国人才工作会议上的讲话》，《高技能人才工作文件汇编》，中国劳动社会保障出版社2006年版。

15. 胡锦涛：《继续把改革开放伟大事业推向前进》，《中共中央办公厅通讯》2008年第1期。

16. 胡锦涛：《在第十七届中央纪律检查委员会第二次全体会议上的讲话》，《中共中央办公厅通讯》2008年第2期。

17. 胡锦涛：《坚持走中国特色自主创新道路　为建设创新型国家而努力奋斗》，《文汇报》2006年1月10日。

18. 温家宝：《政府工作报告》，《中共中央办公厅通讯》2008 年第 3 期。

19. 温家宝：《在全国人才工作会议上的讲话》，《高技能人才工作文件汇编》，中国劳动社会保障出版社 2006 年版。

20. 温家宝：《大力发展中国特色的职业教育》，《中国教育报》2005 年 11 月 14 日。

21. 陈至立：《全面落实科学发展观 努力开创职业教育工作新局面》，《中国教育报》2005 年 11 月 24 日。

22. 《科学发展观党员干部学习读本》，中央文献出版社 2008 年版。

23. 《中共中央关于构建社会主义和谐社会若干重大问题的决定》，《构建社会主义和谐社会的行动指南》，研究出版社 2006 年版。

24. 翁志勇主编：《经济学概论》，上海大学出版社 2006 年版。

25. 聂华林等编著：《发展区域经济学通论》，中国社会科学出版社 2006 年版。

26. 张晓华等主编：《经济学基础》，机械工业出版社 2006 年版。

27. ［美］保罗·萨缪尔森、威廉·诺德豪斯著：《经济学》，人民邮电出版社 2004 年版。

28. 高洪深编著：《区域经济学》，中国人民大学出版社 2002 年版。

29. 徐厚道编著：《心理学概论》，北京工业大学出版社 2003 年版。

30. 周金浪主编：《教育学》，上海教育出版社 2006 年版。

31. 张春兴：《教育心理学》，浙江教育出版社 2006 年版。

32. 郑金洲：《教育文化学》，人民教育出版社 2005 年版。

33. 吴康宁：《教育社会学》，人民教育出版社 2004 年版。

34. 柳斌总主编：《学校教育科研全书》，九洲图书出版社、人民日报出版社 1998 年版。

35. 《校企合作培养高技能人才成功之路》，中国劳动社会保障出版社 2007 年版。

36. 姜杰等主编：《管理学》，山东人民出版社 2003 年版。

37. 王加微编著：《行为科学》，浙江教育出版社 1986 年版。

38. 张启迪主编：《最新技工学校建设标准与教学实习培训计划实施及就业工作指导手册》，中国劳动出版社 2007 年版。

39. 《中华人民共和国职业分类大典》，中国劳动社会保障出版社 1999 年版。

40. 劳动和社会保障部培训就业司编：《国家职业标准汇编》，中国劳动社会保障出版社 2004 年版。

41. 何秀超：《校企一体 产教结合 和谐发展》，《求是》2008 年第 9 期。

42. 武马群：《以就业为导向，建立更加完善高效的就业工作运行机制》，《中国青年报》2008 年 3 月 14 日。

43. 刘芳：《一所重点中职学校的办学困惑》，《中国青年报》2008年4月28日。

44. 杨丽明：《"金牌工人"窦铁成》，《中国青年报》2008年4月25日。

45. 《中国共产党普通高等学校基层组织工作条例》，山西中医学院网：www. sxtcm. com。

46. 唐贵伍：《学习和贯彻73号文件宣讲精神》，桂电在线：news. gliet. edu. cn。

47. 叶花果：《教不致用，怎样学以致用?》，《中国青年报》2008年5月10日。

48. 马庆发：《职业教育发展战略目标的三大思考》，论文网：www. lwwang. net。

49. 张书泽、陈晓慧：《校企对接还需练内功》，《人民政协报》2008年5月7日。

50. 周明星、刘晓：《我国职业教育学科建设：使命与方略》，中国高职高专教育网：www. tech. net. cn。

51. 朱斌：《试论高技能型人才素质培养的三个层次》，国家示范性高等职业院校建设主题网站：shifan. sqzy. edu. cn。

52. 徐元俊：《对高等职业教育特色的认识》，中国高职高专教育网：www. tech. net. cn。

53. 肖凤茹、孙慧敏：《职业教育和培训：国外的经验与中国的实践》，论文网：www. lwwang. net。

54. 甘肃省临泽县职业中专学校：《课题制教学法》，www. lzzjzx. com。

55. 朱其训：《夹缝学》，文化艺术出版社2005年版。

56. 朱其训：《和谐治政论》，中国青年出版社2005年版。

57. 朱其训：《和谐教育论》，人民出版社2006年版。

58. 朱其训：《和谐经济论》，人民出版社2007年版。

后 记

当我写完本书最后一章最后一个字时，已是深夜时分。全校一片寂静，喧闹一天的校园静得似乎可以听到同学们熟睡的鼾声。远处，火车轰然而过的撞击铁轨声和不时的火车鸣笛声，好像就在窗外；近处，黄河中一片蛙鸣，又好像就在身边。拉开窗户，看着黑夜中的校园，我感到分外的亲切。我爱这所校园，我更爱在这里生活与学习的师生，我也爱我自己的工作。我知道，是可爱的徐州技师学院的师生及上级给我安身立命之处，是师生们以宽厚之心接纳我为徐州技师学院的一员，并让我利用工作之余写出自己的感受。我突然吟出了鲁迅的诗句："运交华盖欲何求？未敢翻身已碰头。破帽遮颜过闹市，漏船载酒泛中流。横眉冷对千夫指，俯首甘为孺子牛。躲进小楼成一统，管他冬夏与春秋。"我说过，我来徐州技师学院工作是为师生打工的，可有人却说这样说是作秀。作秀也好，实话也罢，为师生服务是我进校时立下的誓言，我将尽心、尽力去做，请师生们在工作实践中加以检验。

我是职业教育的外行，这不是我的谦虚之辞，因为职业教育不同于普通教育。相关的教育专家认为：我国的学校教育制度主要包括学前教育、初等教育、中等教育和高等教育四个阶段。而横穿这四个阶段的是普通教育和职业教育两种类型。职业教育"以服务为宗旨，以就业为导向"已把职业教育性质概括得非常清楚，职业教育的导向是"就业"，普通教育的导向是"升学"。我说我外行，是因为我一直在普通教育的院校工作，到了职业院校实实在在地成为一名小学生。因为从教育理念到培养模式，与普通教育大不相同。为了尽快进入角色，我学习了不少有关职业教育的文件，并趁开会和学习之机，参观了不少职业院校，应该说对职业教育有了初步的了解，越学习越有感想，于是便决定写一点职业教育的体会，以求教于师生和职业教育的同行。我在研究中感到，不管是"升学"导向，还是"就业"导向，普通教育与职业教育都是"教育"，而教育又有广义和狭义的概念之分，我们分析的是指狭义的教育，即主要是指学校的教育。而学校教育的教育概念是指根据一定的社会要求和受教育者的身心发展需要，有目的、有计划、有组织地对受教育者施加影响，以培养一定社会所需要的人的活动。从学校的层面来讲，教育有三条主要任务：一是教会学生如何做人；二是教给学生学习的方法；三是教给学生相关的知识和技能。这三条任务无论是普通教育还是职业教育应该是一样的、相通的。而在

职业教育中，不少职教工作者把教给学生技能作为首要任务，忽视了"做人"的教育，这是很可怕的。尤其是职业教育现在已占整个中等、高等教育半壁江山之后，忽视做人教育更应该引起我们的重视。我感到有些院校提出的"岗位主导、德能并重、产教结合、学做一体"倒比较适合职业教育，我们当努力做好。有人曾跟我说，教育谁不懂，谁还没上过学？这是典型的不懂教育，因为不懂才装懂，这恐怕也是某种社会现象吧。还有人跟我说，现在就是要外行领导内行，不懂职业教育也不要怕。我一直没有如此的胆量去对待职业教育，没有如此的胆量去误人子弟。

我写这本书完全是自己经过近一年学习之后对职业教育的理解和体会。书中的职业教育模式和途径有些方面我们这样的职业院校做到了，有些方面我们却远远没有做到。虽然我们认真地虚心地学习了，但我仍然感到我自己现在还不是内行，在某些场合，我仍然在说外行话，这也是决定写这本书的一个原因，用写书来促使自己学习，使自己尽快成为内行。

在成书过程中，我们还遇到了一件特大事件，即"5·12"四川8.0级大地震。这场突如其来的灾难，让人们有不少的体会。我曾在看、听抗震救灾的报道时，不时热泪盈眶，我怎么那么好流泪呢？是什么原因使我好流泪呢？是那逝去的同胞；是那顽强活着的幸存者；是那抗击地震灾害的军人、平民；是那亲临灾害现场的国家领导人；是那排着长队自愿献血的公民；是那踊跃捐款的百姓——包括那衣食不足的农民工；是那种"大爱"，是那种"人性"！人性是最美的，是最可敬畏的，是人都应该具备的。死者长已矣，生者犹可追，珍爱自己，珍爱他人，珍爱社会，珍爱生命，用好好活着来告慰已逝的灵魂。6月7日晚上10时5分，我们从徐州火车站迎接了来自四川地震灾区绵竹的中国东方电气高级技工学校的34名学生，他们原有40名同学，在地震中有6人遇难。因为学校房屋在地震中坍塌，家园毁坏，由国家人力资源和社会保障部分派到不同的职业院校实施对口援助。我们尽了全力从生活、心理、学习上给予了关心、帮助，安排最优秀的班主任、最优秀的老师帮助他们完成学业。这也是我们直接为四川地震灾区做的一件实事。近日来，每当看见四川的同学，我就有要流泪的感觉，我们把这个班独立编班，取名"阳光班"，希望他们在祖国的阳光下成人、成才。

我在工作之余写了这本书，得到了徐州技师学院师生的理解和支持，尤其是得到了院办公室、院领导和中层干部的支持，在此一并表示谢忱。本书是职业教育的入门之作，是自己的某种感受，定有不当之处，敬请大家指正。

朱其训

2008 年 7 月

责任编辑:张文勇　海逸安

封面设计:肖　辉

图书在版编目(CIP)数据

职业教育科学发展论/朱其训 著. -北京:人民出版社,2008.11

ISBN 978-7-01-007488-7

Ⅰ. 职…　Ⅱ. 朱…　Ⅲ. 职业教育-研究-中国　Ⅳ. G719.2

中国版本图书馆 CIP 数据核字(2008)第 174733 号

职业教育科学发展论

ZHIYE JIAOYU KEXUE FAZHAN LUN

朱其训　著

人民出版社 出版发行

(100706　北京朝阳门内大街166号)

北京瑞古冠中印刷厂印刷　新华书店经销

2008 年 11 月第 1 版　2008 年 11 月北京第 1 次印刷

开本:710 毫米×1000 毫米 1/16　印张:16.5

字数:325 千字　印数:0,001-3,000 册

ISBN 978-7-01-007488-7　定价:23.00 元

邮购地址 100706　北京朝阳门内大街 166 号

人民东方图书销售中心　电话 (010)65250042　65289539